JN076534

キリスト教神学とは何か

組織神学入門

李 信建［著］

朴 昌洙［訳］

YOBEL,Inc.

ミラル・アカデミー 20
李信建教授の組織神学講義 5
組織神学入門
Copyright@ 李 信健 2014, printed in Korea
Published by 信仰と知性社

装幀　ロゴスデザイン：長尾優

まえがき——日本語版出版にあたって

長い間、多くの韓国の神学大学で教材として用いられ、たくさんの読者に愛されてきた拙著が日本語に翻訳され出版されることをとても嬉しく思います。筆者が若い頃には、日本人によって書かれた神学書や信仰書が韓国でもよく紹介されていました。しかし、現在はヨーロッパや米国などで学んだ神学者らによる書物は多く世に出されていますが、日本の神学者が書いた神学書はほとんど見当たらなくなりました。それに加えて、定かではありませんが韓国の学者によって日本に紹介された神学書もそれほど多くないように思います。

日韓の間には、いまだ未解決の様々な葛藤があります。しかし、地理や文化において最も近いこの両国は、これからもお互いに強い影響を与え続けることとなるでしょう。その上、民族と国家の境界を超えて全人類のために救いと和解と平和の証人として招かれた教会は、たとえ激しい葛藤があろうとも、キリストにあって一つのからだであることを真剣に告白し実践して行かなければなりません。すでに日韓の間では様々な次元の宣教協力と奉仕が行われていますが、それは実に静かな働きでしかありません。今後はさらなる活発な交流と協力が進むことを心から祈ります。このような状況において、拙著が両国間のより緊密な交わりと一致を実現するためのスプリングボードとして用いられることを心から願います。

筆者が住んでいる町には南漢江《ナマンガン》という川が悠々と流れています。この川は北漢江《プカンガン》という川と合流し西海へと流れ出ますが、全ての川は茫々たる大洋で会います。このように、日本と韓国も様々な面における違いはありますが、そのためのゆえに、三位一体なる神様において一つとなって世界をより幸福にするため緊密に協力できることを望みます。まことに至らぬ筆者を用いてくださる神様に栄光と賛美をささげ、この拙著を読んでくださる日本の読者に神様の慰めと望みがより豊かにありますようお祈りします。

拙著を翻訳してくれた愛弟子朴《パク》 昌洙《チャンス》師と翻訳原稿を監修してくださった方々、また出版のため財政的に後援してくださった方々、労苦してくださった出版社ヨベルの方々に誠に感謝を申し上げます。インマヌエル（神はわれらと共になり）の恩寵が皆様により豊かに臨みますよう切にお祈りします。

2020年5月　韓国京畿道楊平南漢江辺りより　李 信建

まえがき

近年爆発的に知識と情報の量が増え、生活様式も多様になっている。それとは逆に個人が習得することができる知識の量は制約され、行動領域は狭くなり、現代人は矮小化され孤独になりつつある。現代社会の特徴である多元的な生活様式が生の意味と目標、そして個人の主体性を弱め、共同体と歴史に対する総合的な眼力を鈍くする。

現代における教会と神学も同じような状況下に置かれている。現代人はこれまで培ってきた伝統を急速に解体し、追いつきようもない、手にも負えないほどの新しい情報とライフスタイルの流入によって戸迷いを感じている。教会と神学はこのような状況の中で、伝統と現代、過去と未来を仲裁すべき重要な責任を負っているのである。しかし、ある人たちは古い時代の伝統的な主張のみを繰り返し、一方他の人たちは無条件に新しいものを追い求めているのである。

今日の神学はこのような様相となっている。ある神学はただ過去の形式にのみ安住し、またある神学はその形式を破壊することにのみ関心を持つ。これによって最も大きな犠牲を払う者とは若者たちなのである。特に若い神学生や教会の青年たちは、伝統と現代との狭間で戸惑いを感じつつ、より刺激的、より感覚的な誘惑に陥りやすくなるであろう。

筆者はかねてより、神学を講義しつつ青年たちの悩みを聞き、伝統と現代とのバランスをどのように取ることができるのか、どうしたら彼らがより深い真理を探求することができるようになるのか、その通路を開いてあげたいという機会を窺っていた。そんな時《クリスチャンジャーナル》に依頼され、〈成熟な信仰のための誌上講座〉というタイトルで〈組織神学〉を連載する機会が与えられたのである。当初24回の連載企画であったが、紙面上の都合により18回で中断された。その後、大まかな要約をした原稿に内容と資料を補完し、企画通り総24回の分量として完成させ、このように読者諸氏の前に送り出すことができたのである。

韓国はいまだ標準的で基本的な〈組織神学入門〉を出していないかのようである。幾つもの翻訳された欧米の書物は堅く異質的であると考えられ、あまりにも厚過ぎる書物では案内と入門の役割を果たすことができないと考えられる。本書のレベルは、様々な欧米の神学書の内容を集約して構成したといった程度であるが、伝統と現代との重要な神学的問題を理解することができるよう要約し率直な結論を下そうと苦心したものである。

したがって、本書は開放的な対話をすることができることを目的として執筆したものである。特別な体系や枠をあらかじめ組み立てておいた後、文章と読者をその中に押し込めようとする考えは一切ない。ただ筆者が教えられた神学者たちの資料が多く紹介されているのは避けられないことである。もし「認識を誘導する関心」があるとすれば、それは現代において要求される知的な率直性、解放性、連帯性、歴史性に対する関心であろう。

この小さな本が青年と若い神学生、そして成熟な信仰を求める一般信徒の組織神学の有用な手引き書となることを望む。本書の発刊ができるきっかけをそなえてくださった《クリスチャンジャーナル》の職員の方々、出版の責任を担い奮闘してくださった「韓国神学研究所」の所長の蔡洙一先生と職員の方々、そして李ジョンヒ先生に心から感謝を申し上げる。

1992年5月22日　麻浦コゲマルより

李 信建

改訂増補第一版に付して

《組織神学入門》という小さき本書が「恥じらい」を持ちつつも世に出してからいつの間にか14年の歳月が流れた。その「恥じらい」には二つの意味がある。本来、入門書というものはそれに関連した分野において一見識を持っている大学者が、後学のためにと奉仕の次元で執筆される場合が多い。なぜなら大学者のような方々のみが複雑で多様な理論を正確に把握し、明解に整理することができる能力を持っているからである。そのため私のような神学者が入門書を書くというのは、真の恐ろしさを知らない幼子のような行動に見えるであろう。周囲を見渡しても、大学者たちが書いた入門書と翻訳書は決して少なくない。したがって、取るに足りない本書を再び世に送り出そうとしている筆者はまずそこに恥じらいを感じるのである。

そして二つ目の「恥じらい」は、本の厚さを見ても当然のことと思われる。組織神学とは、実に一冊の本に要約することができないほど長い歴史と膨大な分量を誇る。したがって、今日の大学者たちは複数の本を執筆している。それとは違い、本書はただの一冊であり、しかもとても小さい。しかし、いかに分厚い本であろうとも長所と共に短所がある。大きな本を購入し読む人は日増しに減っている。なぜなら近頃の人々は映像を好む傾向があり、なるべくなら薄くて軽い本をと願う。したがって現代人の読書力は弱まりつつあり、小さい本にとってこれは長所となる。あらかじめ構想したことではないが、これからますます小さな本が重要な役割を果たすこととなるであろう。

本書の初版一刷以後、これまで四刷も発行されたことは信じられないことである。「それがどうした」と問う人もいるであろうが、宣伝と販売にあまり力を入れなかったという事実、神学生たちの購買力と書物に対する読書力が日増しに下がってきているという現状を踏まえ、それでも本書が愛されたのは神の恵みと読者の関心のためだと思う。

しかし、度々不自由で不適切な表現を修正しないまま見送るということが心の重荷となり、さらに年月が経つにつれ内容を補完する必要性が生じた。このようなことが修正と改訂の作業に取り組むきっかけとなったのである。精一杯改訂したが、まだ不十分な点が少なくないと思われる。したがって健康と条件が許す限り、今後とも継続改訂していきたい。今後とも読者の方々のご指導ご鞭撻を願うものである。最後に、本書の出版のために苦労してくださった方々と読者諸氏に感謝を申しあげたい。そしていつも支えてくれる妻と勇ましく男らしい息子二人に本書を贈り物としたい。

２００６年12月　富川聖柱山のふもとより

李 信建

改訂増補第二版に付して

初版以後14年ぶりに改訂した本書をまた7年ぶりに再改訂する理由は何か。

まずこの間に出版された新しい文献を紹介する必要があったからである。しかし「入門」という本の性格上、また神学生たちの金銭事情を考慮しなければならないため、あまりにも厚すぎる本にすることをしなかった。したがって、必ず必要とされる文献と内容のみを加えることとした。

次に各ページに脚注を付けるという必要性があった。読者は注における情報もしくは解説に対してあまり注意を払わない傾向がある。なぜなら脚注の内容は本文ほど重要ではなく、その小さい文字を読みにくいと感じるからである。したがって読者には必ず読んでいただきたい重要な内容を各ページ下段の脚注に記した（本翻訳では、脚注は巻末に纏めさせていただきました）。

さらに本の分量を縮小し可読性を高めるため、今まで省略してきた聖書箇所を加える必要が生じた。読者は関連した聖書箇所を探すことに煩わしさを覚えるのか、必要性をあまり感じてもいないことがある。しかし理論の根拠として紹介された聖書箇所は必ず読んでみる価値がある。

最後に、長い文章と理解しにくい文章をもう一度書き直す必要があった。文章と段落をなるべく短くし、難しい用語をより理解しやすく表そうと努めた。したがって、以前より本書が読者に親しく読まれることを願うものである。

最近、韓国の教会に対する嘆きが絶望へと変わっている。何が韓国の教会をこのような状態にまで陥らせたのか。その原因のほとんど牧会者たちに起因する。特にメガ・チャーチの牧会者たちの堕落状況はドラマのように信じがたいものである。聖なる教会がガタガタと崩れていく様をなんと説明しようか。家庭教育の不在か。学校教育の荒廃なのか。神学教育の未成熟ぶりなのか。多過ぎる神学生の数と牧会者の量産や指導力不足なのか。それとも牧会者の貪欲なのか。

ここで挙げた理由以外でも、あらゆる要因が作用したに違いない。しかし、大きな原因の一つとして神学生と牧会者たちが自らを反省する力を養うことを疎かにしたということが挙げられるであろう。砂の上に建てられた家のように、神学生と牧会者たちの神学的な基礎力があまりにも十分ではない。神学校に入学すると間もなく、もう牧会者となったかのように決め込む神学生が少なくないし、牧師となると直ぐ神の左右の座に座ったかのように絶対的な自己確信と傲慢にかられる牧会者も少なくない。このような現象は読書不足から生じるものだと思う。

読書をあまりしない者は次第に判断力や理解力が鈍くなり、年を取るにつれ知力が低下する。不幸にも日増しに大きな影響力をもつようになった電子媒体の影響は韓国人の読書力を徐々に弱めている。その上、盛んに勉強している若者たちでさえ読書を避けるという現象が激しく起こっている。神学生と牧会者も決して例外ではない。読書をしない彼らの未来はもちろん、彼らが担う教会と国の未来が本当に心配である。

筆者は「ソウル・スジョン教会」との協約下において2010年から現在に至るまで毎年一冊の本を執筆してきた。その結果、人間論、終末論、教会論、キリスト論等を続けて出版することができた。これは神の恵みによるものであり、感謝なことである。今後、聖霊論、創造論、三位一体論、神論について執筆する計画を立てているが、未だ実現していない。体力の限界はもちろんのこと、年ごとに新しいテーマで執筆するためには、自らの知識が非常に足りないためである。そして重要な資料を読み解釈し執筆するために一年という時間はあまりにも不十分である。したがって計画を変更した。それは既に出版されたもの、あるいは絶版になったもの、内容が不十分と思われる拙著を改訂することである。本書はまさにその第一歩である。

厚さこそないが、本書は筆者が40年以上にわたり、読んできた書物の重要な内容をそのまま含ませたものであり、神学の宝、信仰の栄養補助食品である。そのため、時間と資金と読書力に自信のない者が、本書を通して神学と信仰の基礎を再び点検するような機会となることを願う。その後、続けてよりよい本に挑戦するための踏み石としてもらうことを願うものである。特に本書は一般信徒の方々が関心をもって読むことができるよう用意されており、ぜひそのような方々にも一読していただきたいと願う。

最後に、取るに足りない筆者を絶えず後援してくださる「ソウル・スジョン教会」の兄弟姉妹の方々と、出版のために苦労してくださった「信仰と知性社」の関係者の方々にもう一度心から感謝と尊敬を申し上げ、出版の喜びをともに分かち合いたいと思う。

２０１４年１月　富川聖柱山のふもとより

キリスト教神学とは何か――組織神学入門

目次

第1章　組織神学とは何か

1　組織神学の意味

「組織神学」とは、様々な神学理論を一つの体系に統一しようとするための働きを遂行するキリスト教神学の一部門である。組織神学の課題は、神学における多岐にわたる分科の内容を元にして、キリスト教信仰の真実さと一貫性、そして責任感を持って時宜適切に表明することである。[1]「組織神学」という用語を誰が最初に用い始めたかは定かではない。にもかかわらず、この言葉は近世に入って、特にプロテスタント神学者たちが使い始めたのは確かなことである。この用語が使われる以前、「教義学」という用語が一般的に用いられた。教義学とは、「教義（Dogma）」に関する理論であると定義することができる。カール・バルト（Karl Barth, 1886~1968）は、教義学とは、「教会が神に関する教会自身の固有な発言の内容と共に自身を検証することである」[2]と述べている。

教義学という用語を最初に使った人物は、ルカス・ラインハルト（Lukas Reinhart, *Synopsis Theologiae dogmatica*, 1659）と知られている。[3]しかし、教義学という用語が17世紀より初めて使われるようになったとしても、オリゲネス（Origenes Admantius, 182～251）以後教義学は存在してきた。彼が書いた「諸原理について（*De Principis*）」は最初のキリスト教的教義学として見なすことができる。[4]しかしラインハルト以前は、教義学という用語より他の用語のほうがよく用いられた。例えば、トマス・アクィナス（Thomas Aquinas, 1225～1274）が著した「*Summa Theologica*（神学大全）」というタイトルからもわかるように、中世期の神学者たちは「スンマ・*Summa*（「大綱」「要綱」「集大成」）という意味を持つ」という用語を使ったのである。しかし、フィリップ・メランヒトン（Philipp Melanchthon, 1497～1560）は、「ロキ・*Loci*（場所・土台を意味するロクス・*Locus* の複数形）」という用語を使い、ジャン・カルヴァン（Jean Calvin, 1509～1564）は、「インスティチュティオー・*Institutio*（綱要）」という用語を使ったのである。

それでは「教義」という用語は、いつ、どこから生じたのであろうか。それは、ギリシア語のドケイン（δοκειν）に由来する。この語は、「信じる」「考える」「見える」「正しいと思う」「決める」の意味を持っている。この語から二つの用法が生じた。その一つは、哲学的な原理あるいは法則であり、もう一つは、法的な決定である。哲学的そして法的な意味が混じり合う中で、ヘレニズム社会に根を下ろしたユダヤ教はモーセの律法と戒めを指し示すために、「ドグマ」という用語を使ったのである。[5] この語法は新約聖書の後期文書でも見つけることができる。例えば、ユダヤ教から改宗した人々は、異邦人もモーセの律法にしたがって割礼を受けない限り救いを得ることができないと主張した。このことによって、キリスト者たちの間に対立と論争が生じた時、この問題を解決するためパウロとバルナバをはじめとする幾人かがエルサレムに上ることになった。エルサレムに滞在していた使徒たちと長老たちがこの問題を巡る議論や論争を繰り広げた末、彼らの父祖たちは彼ら自身も負いきれなかったくびきを異邦人出身の弟子たちの首にかけるのは正しくないと決めたのである。この決定に伴い、パウロとバルナバは小アジア地域のそれぞれの教会を訪れる度、エルサレムの使徒たちと長老たちによって決められた「定め（ドグマ）」を知らせ、守らせ、諸教会を力づけていったのである。その結果、キリスト者の数も増えたと使徒の働き（15：1―16：5）では報告されている。

カトリック神学者のガイゼルマン (J. R. Geiselmann, 1890~1970) は、ここに「ドグマの原型（Urtyp des Dogma)」を見出したと述べている。プロテスタント神学者のエルツェ（M. Elze）もルカの「ドグマ」の概念が新しい内容を含んでいると見た。換言すれば、使徒たちと長老たちの決定とは、ローマ皇帝の勅令のように、イエス・キリストの教会に拘束力を持つ普遍的な決定であったのである。エペソ人への手紙2章15節も「ドグマ」について語っている。キリストは様々な規定から成り立っている戒めの律法（ドグマ）を廃棄されたことにより、イスラエル人と異邦人とをご自身において新しいひとりの人に造り上げ、平和を実現させられたのである。[6]

ところで、プロテスタント神学が「教義学」という用語より「組織神学」という用語を好む理由はなぜだろうか。伝統的に「教義学」は教会の理論、すなわち教理を研究する学問であった。しかし、歴史的・批判的聖書研究を通して、その間絶対視されてきた教理が挑戦を受けることとなった。その結果、聖書の光の中で教理を再検討する必要が生じた。そこで伝統的な「教義学」という用語はその座を「組織神学」という用語に徐々に譲り渡すことになったのである。

「教義学」という用語が「組織神学」という用語に代替されたもう一つの理由は、「教義学」という用語が持つ絶対的で権威的な特徴にある。特に、教理の理論的な要素を強調する東方教会とは違って、西方教会は教理の法的な要素をより強調し、異端審問（*Inquisitio*）を通して人間の良心や学問研究の自由を時に抑圧してきた。なぜなら教会の「教理」は人が同意、あるいは拒否できる見解ではなく、法的に強制されるべき決定と命令であると受け取られていたからである。しかし、現代に至っては、人は教理の絶対性に対する懐疑心を持ち、伝統的な教理を時代の言語と思考において新たに表現できる考えに至ったのである。したがって「教義学」という厳格な用語は次第に忌避される対象となったのである。[7]

2　教義学の起源と課題

（1）教義学の一番目の起源は、「偽りの教えとの闘争」である。時間が経ちながら福音の本質が変わり、弱まり、混合させられる危険が生じ始めた。聖句が異常な内容を入れる器として誤用され、全く違う体系が説教の中に入り込み始めた。教会にとって、ただ聖書の文言に訴えるということだけではこのような危険な状況への対応に手を焼いた。さらに偽りの教えもそれなりに教理の概念と体系を持っていた。それゆえ、間違った体系を攻撃し、または、福音を防御するために、教会も確かな体系を立てる必要性を持つに至ったのである。

（2）教義学の二番目の起源は、「洗礼教育」である。最も単純な信仰も理論的な要素を含んでいる。最も単純なイエスの発言も神学的な内容に満ちている。またキリスト教の福音はただ心だけでなく、人間の考えも形成する。さらにヘレニズム文化の豊かな思想的概念はキリスト教の福音を説くために非常に有用であった。その為、洗礼教育は、次第により神学的な教育に変わっていった。特に、教育レベルが高い人のためには、この教育は教理研究を拡張するしかなかった。

（3）教義学の三番目の起源は、「聖書注解」である。信仰が深まり、教会に活力が満ちれば満ちるほど、聖書をより深く理解するため聖書の教えの脈絡を十分に研究しようとする欲求が大きくなる傾向がある。そして、信者たちは正確で永続的な内容を知り、聖書に出る語彙と聖句の総体的な理解を求めるようになった。

このような教義学の三つの起源は、宗教改革期において発表された代表的な書物のタイトルにも明らかに見える。フルドリッヒ・ツヴィングリ（Huldrych Zwingli, 1484～1531）の書いた「*Commentarius de vere et falsa religione*, 1525（まことの宗教といつわりの宗教についての注解）」は偽りの教えとの闘争から生まれ、ジャン・カルヴァンの「*Institutio christianae religionis*, 1536-1560（キリスト教綱要）」は洗礼教育（教理問答）から、フィリップ・メランヒトン（Philipp Melanchthon, 1497～1560）の「*Loci theologici*, 1521（神学総覧）」は聖書を読む人のための一種の辞典として使用された[8]。

それでは現代において、教義学あるいは組織神学はどんな課題を果たすべきであろうか。ホルスト・ゲオルク・ペールマン（Horst Georg Pöhlmann, 1933～）によれば、「教義学とは大体四つの根本的な機能、すなわち、実存的（教会的）機能・再生産的（要約的）機能・生産的（新理解的）機能・合理的（学問的）機能を果たすべきである」と述べる。彼の主張は以下のようにまとめることができる。

(1)　教義学は本質的に教会の機能としてそれ自体が目的ではなく、信仰のために奉仕することが大切である。

(2)　教義学は聖書の教えを要約して捕らえ、私たちの時代のためにそれを新たに表現することが大切である。

(3)　教義学は聖書と教会の教えをただオウム返しに語るのみでなく、新しく語ることが大切である。
(4)　教義学はキリスト教信仰を学問的に解明することが大切である。[9]

ダニエル・L・ミグリオリ（Daniel L. Migliore, 1935～）によれば、現代組織神学は次の課題を果たすべきであると唱える。

(1)　組織神学は信仰共同体のケリュグマと実践が、真のものであるかどうかイエス・キリストにあって示された神の啓示によって照らし検討することが大切である。
(2)　組織神学は信仰共同体のケリュグマと実践が、イエス・キリストにあって示された神の啓示の完全な真理を相応しく表現しているかどうか検討することが大切である。
(3)　組織神学は信仰共同体のケリュグマと実践が、イエス・キリストにあって神を現在状況において生ける実在として証言しているかどうか検討することが大切である。
(4)　組織神学はイエス・キリストの福音を伝える信仰共同体の宣布が、個人と社会を変革する実践に伴っているかどうか検討することが大切である。[10]

3　神学の歴史

すべての認識は歴史的である。なぜなら人間は歴史的存在として常に歴史の影響を受けるのみでなく、自ら新しい歴史を形成してきたからである。したがって、神の啓示についての認識は常に歴史的な性格を持つ。神学的認識がいつも歴史的であるというもう一つの理由は、神の歴史性にある。神は超歴史的・超越的存在で、同時に歴史の中で活動し、新しい歴史を創造し、自ら歴史となる方である。したがって、神の歴史的活動を証言する神学とはいつも歴史性を帯びるはずなのである。したがってキリスト教の歴史において、教理は非常に複雑で細分化された発展の過程を見せる。さらに、教会は聖書と伝統を理解し、単純に伝達する務めを果たしただけではなく、変わっていく多様な歴史的状況においてもそれらを新しく翻訳し、新しく解釈しようと努力したのである。このことは、ただ教理史においてのみだけではない。すでに聖書の中でも、多様な伝承資料が発展してきた事実が明らかに見えるのである。(11)

しかしながら、新しい教理が生じる可能性はあるのだろうか。このような問いについて、ほとんどのプロテスタントは否定的に反応する。しかし、カトリック教会はおおよそ肯定的に答えようとする。16世紀以後、カトリック教会は新たな教理を出したという例をあげることができる。聖母マリアの「無原罪の御宿り《おんやど》」（1854年）と「聖母マリアの被昇天」（1950年）と「教皇不可謬説《ふかびゅう》」（1870年）の教理がまさにこれである。

ところが、東方正教会は第2ニカイア公会議（787年）までの決定事項のみを最終的教義として認め、プロテスタントには七つの全地公会議（正教会とカトリック教会の両方によって有効性が認められている第1回から第7回までをいい、正教会の訳語である。）について幾つかの異見は見えるが、新しい教理の追加はしなかった。プロテスタント神学者たちは影響力を持つ教理的陳述や告白を時代ごとに新しくやり直そうと努めてきたが、決定的に新しい教理を加えたわけではなかった。(12)

いつまでも変わらないただ一つの神学体系は有り得ない。絶対的な真理として確信される教理も、変わっていく世界観の中において、新しく表されることをもってのみ、意味と価値を持つことができるのである。したがって、教会は新しく変化した精神的枠組み（パラダイム、Paradigm）の中で新しい形態の神学を続けて形成してきた。(13) ハンス・キュング（Hans Küng）の分析によれば、神学は自然科学に対して呼応するように古い理解モデルや体系を新しいものに変えてきた。神学は今まで巨大な五つのパラダイムを経て独特に変化し発展してきたのである。

(1)「原始キリスト教黙示文学パラダイム、Early Chrsitan apocalyptic paradigm」は終末を待ちながら、未来を向いて時間的救いの図式の中で思考する。イエスは黙示文学的風土において活動し、彼の思想と布告は典型的な黙示文学的終末への待望によって規定されていた。イエスの布告と行動の中心は黙示ではなく、神の御国であったのにもかかわらず、彼の地平と理解と表象は黙示文学であった。原始キリスト教共同体のすべての考えと活動も黙示文学的象徴を通して形成された。最初の世代のキリスト者たちはイエスと彼の復活と聖霊体験に基づいて終末を待望した[14]。

(2)「原始キリスト教黙示文学パラダイム」と違って「古代教会ヘレニズム・パラダイム、Early church Hellenistic paradigm」は宇宙的・空間的図式の中で上から下に思考する。前者がイエスと神の関係を聖書的・具体的な表現方法として説明するならば、後者はヘレニズムの形而上学の存在論的・本体論的概念らを通して説明する。前者が世界の歴史において、御子を通し聖霊にあって成し遂げていく神の力動的な啓示活動を深く考察するならば、後者は永遠の神ご自身とその内密で固有な本性について静態的に反芻する。新しいパラダイムはパウロによって主導された。パウロはイエスの布告との確かな連続性を維持したが、全く違う観点と範疇と象徴、すなわちヘレニズムのパラダイムを受け入れて伝承を変形させた。新しいパラダイムはオリゲネス（Origenes Adamantius, 182~251）によって完成された。このような転換の結果は特にニカイア公会議において明らかにされた[15]。

(3)「中世ローマカトリック・パラダイム、Mediaeval Roman Catholic paradigm」は、ラテン的特徴を持っており、三位一体論とローマ教皇権理念の発展を通して明らかに見える。新しいパラダイムは信仰と理性を調和させ、新プラトン主義（Neoplatonism）の神観と聖書の神観を共に思惟したアウグスティヌス（Aurelius Augustinus, 354~430）によって創始され、理性と自然と哲学と人間を再評価したアクィナス（Thomas Aquinas, 1225~1274）によって総合された。アウグスティヌスは、神自身であり一つである父なる神から思惟しなく、ただ一つである神性（三つの位格が共有するただ一つの神的実体）からの思惟を通して新しいラテン的パラダイムの中で三位一体論のパラダイム転換を成し遂げた。そして、アクィナスはローマカトリック・パラダイムの古典的な完成形態を創出した。彼は新プラトン主義に根を下ろし、理性と自然、自然法、哲学、人間を巡る問いを再評価したのである。(16)

(4)

「宗教改革プロテスタント・パラダイム、Reformation Protestant paradigm」の出発点は福音に戻ろうとする精神であった。ルター（Martin Luther, 1483~1546）自身の宗教改革の熱意と画期的な歴史的爆発力は、あくまでも教会をイエス・キリストの福音に戻らせようとしたことから始まった。彼はこの必要性を聖書（特にパウロの書信）によって明白に悟ることとなった。数百年かけて、積もり積もったあらゆる伝統や法律の権威に抗議して、ルターは「聖書の優位性」を明らかにした。そして神と人間との間において仲介者として崇拝されていた数多くの聖人の立場を拒否し、「キリストによる仲介の十全性」を明らかにした。また霊魂の救いを得るための人間的努力と教会が規定した贖宥状（Indulgence）のような、あらゆる敬虔な宗教的保険に抗して「恩寵と信仰の十分性」を明らかにした。ルターは聖書とキリストを中心として神学全体を新たに設計し、物理学的・生理学的範疇と静態的な秩序、またアリストテレス（Aristoteles, 384~322 BC）の論理学を好んだアクィナスとは違い、人格的範疇と歴史的力動性、また弁証法的思考方式と逆説的表現を用いた。[17]

(5)「中世ローマカトリック・パラダイム」では「教会と教皇（教会＝教皇）」が最高の権威であり、「宗教改革プロテスタント・パラダイム」では「神のみことば」が最高の権威であったなら、「近代啓蒙主義パラダイム、Modern Enlightenment paradigm」では「人間の理性」が最高の権威となる。真理にかかわるすべての問題の裁判官となった人間の理性への新しい信頼と確信とともに近代は始まった。厳密な意味の近代の総体的構造は信仰に対する理性の優位、神学に対する哲学の優位、恩寵に対する自然の優先性、教会に対する世界の主導権を基礎として築かれた。「近代啓蒙主義パラダイム」はフリードリヒ・シュライアマハー（Friedrich Schleiermacher, 1768~1834）を通してその具体的な姿を示した。彼はイマヌエル・カント(Immanuel Kant, 1724~1804）の影響を受けて自然の一貫した法則性を確信し、歴史的批判を肯定した。彼によると、宗教の本質は思惟の行為ではなく、直感と感情である。それゆえ命題と教義と概念は宗教ではなく、宗教に関する反省である。[18]

(6)啓蒙主義を支えていた根本的な仮定は、啓蒙主義それ自体によって大きく揺らいだ。今日、近代の理性への絶対的信頼と進歩への絶対的信頼は崩れたように見える。道具的理性は今日重んじられる全体論的な傾向によって、至る所で疑問視されており、進歩への確信は生態系と自然的生の拠り所の深刻な破壊、それゆえにその信頼性を失った。理性と進歩と国家を中心とした「近代啓蒙主義パラダイム」は今日に至っては新しいパラダイム、すなわち「ポストモダン生態・社会市場経済パラダイム、Postmodern ecological: social market economy paradigm」へと進入した。新しい時代のキリスト教には、現実の多様な次元、すなわち、宇宙的次元（人間と自然）、人間論的次元（男性と女性）、社会政治的次元（貧者と金持ち：貧富の差）、宗教的次元（人間と神）などにつながる多くの課題が課せられている。キュングによると、この新しい時代のパラダイムは教派を超えて教会一致を目指す「エキュメニズム・パラダイム」になるだろう(19)、と考えられている。

第2章　信仰とは何か

1　信仰は今も変わらず可能であるか

現在、私たちは非常に変化と可能性に富んだ世界の中に住んでいる。現代人は人類が過去数百年、さらには数世紀に渡って成してきた業績とは比較にならないほどの驚くべき業績を短い間に成し遂げている。一夜にして新しい理論と商品が人気を博し、年を重ねるほど学問と技術は飛躍的に発展している。そのため、現代人は一生の間に学習すべき負担を抱えることとなったが、一方では、輝かしく発展した情報技術により自分が願う情報と知識をどこでも簡単に得られる可能性を有することとなった。したがって、現代人は過去の世代がかつて想像もできなかったほどの立派な未来を設計できるようになった。

しかし技術文明の輝かしい発展と同時に現代文明の限界も次第により明らかになってきている。現代人は、無限の成長とは〝真夏の夜の夢（A Midsummer Night's Dream）〟（シェイクスピア作の喜劇）にすぎないという事実をだんだんと実感しているのである。エネルギー資源は枯渇し、環境は急速に破壊・汚染されている。科学技術の顕著な発展によって人間は万物の中で最も優れた存在となった一方、限りない人間の欲望と破壊力を統制する力は日増しに弱くなっていったようである。さらには、人間生存のためには必須要素である人生の意味と歴史の目標さえも、だんだんとかすんでいくか、もしくはまったく喪失してしまったようにさえ見える。現代人は人生の意味や歴史の目標を新たに見つけようと務め、ほんとうに信じて献身できる対象を探そうともがいているのである。果たして私たちは何を信じることができるのだろうか。また信仰の対象をどのようにして発見することができるのだろうか。そして、人生の確かな土台と信頼の根拠、希望の目標をどこで得ることができるのだろうか。しかしながら、このような問いに答える前に、私たちは先ず信仰というものの本質を正しく知る必要がある。

信仰とは何か。信仰は特別な人が追う奇異な行為ではなく、すべての人間が持つ人生の根本的な態度だと言える。人はあることに疑いをかけ信じないこともできるのである。しかし、人間は究極的には何にも頼らずに生きることができない。ルターは、人間はだれでも各々自身の神に心を依存していると言っている。もし、人間が自身の心を全的に頼っている存在を神と呼ぶことができるとしたら、すべての人間はある究極的な力ないし見えない神に襟首をつかまれているとも言えるだろう。なぜなら、信仰は人生の行為として既に生活の中に深く根を下ろしているからである(1)。

パウル・ティリッヒ（Paul Tillich, 1886~1965）は、人間の究極の関わり（Ultimate Concern）には絶対者への関心が現れていると語る。宗教とは、人間の精神生活のうちの一つの特別な機能ではなく、精神生活の深層次元（Dimention of depth）なのである。宗教とは、ただ人間の道徳的機能や認識的機能、そして審美的機能や感情のような所で拠り所を探すそのようなものではない。宗教は人間の精神生活のあらゆる機能の深層に存在するのである。宗教はこのすべての機能の深さの次元である。深層（根底、深さ）とは、人間の精神生活において究極的なもの、無限なもの、無条件的なものを指す隠喩である。宗教とはまさに究極の関わりなのである(2)。

信仰は究極的に関心を持つ状態である。信仰の原動力は人間が持つ究極的な関心の原動力そのものである。究極の関わりとしての信仰は全人格的《ホリスティック》な行為である。信仰は個人の人生の真ん中で起こり、信仰が持っているあらゆる要素を含めている。信仰は人間精神の最も深い中心部から現れる行為なのである(3)。

したがって、人間はある種類の絶対者を選ぶことも捨てることもできるが、絶対者それ自体からは決して逃げることができない。詩篇では、ある無名の詩人が人間のこのような状況を次のように真率に告白している。

私はあなたの御霊を離れて、どこへ行けましょう。
私はあなたの御前を離れて、どこへのがれましょう。
たとい、私が天に上っても、そこにあなたはおられ、
私がよみに床を設けても、
そこにあなたはおられます。
私が暁の翼をかって、海の果てに住んでも、
そこでも、あなたの御手が私を導き、
あなたの右の手が私を捕らえます。（詩篇139：7―10）

信仰は盲目的に運命をかけて投機することでもなく、人生の崖っぷちに追いやられ、疲れてどこに落ちるかも分からないまま無条件に身を峡谷で躍らすような冒険行為でもない。[4]信仰は人生自体に根をしっかりとおろしている人間の信頼行為である。また信仰は、人間が単純に同意したり否定したりする知識の内容ばかりではない。同時に信仰は無知を容認するかけ声でもない。

言うまでもなく信仰は、人間の頼る対象、すなわち人間自身の人生を堅固に支えてくれるのが何かを知りたがる。このような見解から、信仰は知識を含み、理解を求める。ティリッヒの言葉通り、

人間の中心的行為である信仰は、人格の理性的構造に結び付いている。しかしながら、信仰が人格の理性的構造と同一であるとは考えられない。信仰が無意識的行為でないように、人間の理性的機能が動かす行為でもない。信仰は人間存在の理性的・非理性的部分を越えて現れる行為なのである。(5)

信仰は確かに知識を含むと共に、これを超える性質を持っている。それゆえ信仰は一次的な知識であるというよりは、究極的な信頼であり、人格の中心部から起こる人間の全人格的《ホリスティック》な信頼の行為として現れる。信頼は盲目的な幻や対象と無関係な想像ではないため、確かに信頼の対象に係わっている。この対象を呼ぶ方式は文化と時代と人とによって、非常に多様であるが、非人格的には一般に「法」、「道」、「真理」などと呼ばれ、人格的には「天帝」、「神」、「アッラー」などと呼ばれている。

もしそうであるならば、キリスト教がいう信仰とは何であろうか。旧約聖書において、信仰は神の真実さに対する人間の根気強い信頼であり、神の業に対する人間の正しい応答を意味している。特にキリスト教の信仰において大きな比重を持つ信仰の行為とは、絶望的な状況にもかかわらず、約束としての神のみことばに失望せず、固く掴もうとする人間の真実な信頼の行為であると言える。(6)それゆえ信仰はつねに真実さと密接な関わりを持っている。

もしおそくなっても、それを待て。

それは必ず来る。
遅れることはない。
見よ。彼の心はうぬぼれていて、
まっすぐでない。
しかし、正しい人はその信仰によって生きる。（ハバ２：３―４）

新約聖書において、信仰はイエスの癒しと赦しに対する人間の信頼に関わっている。ここで信仰は苦難から人間を救うイエスの使命と能力への完全な信頼として現れる。しかしイエスはただ人間の苦難を解決することだけにとどまらず、彼らをイエス自身の救いの行為の証人とすることを願われた。イエスを通して示された信仰の本質は、神が開け放っておかれた可能性に向かって全的に心を開放する態度であると言える。信仰はすでに与えられた状況に適応するのみならず、これを克服することを求めている。一方、パウロとヨハネの場合には、信頼とともに、信仰の内容についての認識と同意も重要な比重を占めている。(7)

2　信仰とは何か

(1)　信仰はある事実よりも人格的存在に関わっている。特に、マルティン・ブーバー（Martin Buber, 1878~1965）は神と人間との関係と、信仰の人格的特徴を非常に強調している。彼によれば、人が自分以外の存在と関係を結ぶ態度である「我－それ（Ich-Du）」と「我－汝（Ich-Es）」とを区分する。「我－それ」の関係は、主体と客体の関係、支配と被支配の関係、一部分にだけ関わる関係、一方的な関係である。これとは違い「我－汝」の関係は、主体と主体の関係、相互的な関係、存在全体に関わる関係、私欲を満たすために相手を道具として扱わない関係そのものを目的とする関係である。さて、神と呼ぶ人は、一つの「汝」を考える。神は個人の存在とその深さの源泉として日ごとの具体的な生活において「永遠の汝」として会えるのである。[8] これと同じく、ハインリヒ・オット（Heinrich Ott, 1929~2013）も「人間を人格的存在として造り、相手を知覚して相手の関心事に深く関わるもう一人の相手として造られた方が、人格的相手を知覚し配慮してあげることができないだろうか」と言うのである。[9]

信仰は人間の全人格的《ホリスティック》な信頼の行為である。それゆえ信仰は単純に客観的知識と情報に対する知的な同意のみではない。さらに信仰は個人の潜在力ないし可能性に対する限りない確信でもなく、個人の限界性を超えようとする欲望やより高い願いを表出する行為でもない。もちろん、心理学者や唯物論者らはキリスト教のような信仰が一種の幻や願いの投射であると攻撃した。[10] 一方、このような現象がキリスト教の宣教と牧会活動にかなり否定的な影響を及ぼしたのは事実であるが、キリスト教のアイデンティティーを正しく確立するきっかけとなったのも事実である。キリスト者の信仰は心理現象とは全く無関係ではない。しかし、ただ心理現象によってのみ解釈できるわけでもない。キリスト者の信仰は、何よりも歴史の中に介入して来られた人格的存在である神に対する信頼から出発するのである。

(2)

もし信仰が人格的な神に関わっているなら、信仰はまた神が歴史的に行なった業《わざ》にも関わっている。神はひたすら行動する存在である。キリスト教の神は、ヘレニズム哲学が言うような世界の究極の原理として世界の背後にとどまっている形而上学的な最高神でなく、歴史の中で新しい歴史を創造する方である。キリスト教の神は自分の民が行く道を導き、彼らと同行する方である。[11] それゆえに、イスラエルの民は神を思う度に、その方が行なった過去の行動を回想しながら、その方がまた行う未来の行為を期待していた。イスラエルの民は歴史を考える度に神を思い、神を思う度に歴史を考えたのである。[12]

新約聖書においても、信仰は、特にイエス・キリストにあって、近づいた神の国とその未来、イエスの運命とその未来、そしてその方とともに起こる未来の歴史的事件とつながっている。イエスは、ご自分がこの地上に来られた目的と使命を具体的歴史的な解放につないで宣言した。彼は、人間を歴史から超歴史的な領域へ救うために来たのではなく、歴史の中において構造悪（Structural evil）の下で呻いている人間を救うために来たのを公に宣言した。

わたしの上に主の御霊がおられる。
主が、貧しい人々に福音を伝えるようにと、
わたしに油をそそがれたのだから。
主はわたしを遣わされた。
捕らわれ人には赦免を、
盲人には目の開かれることを告げるために。
しいたげられている人々を自由にし、
主の恵みの年を告げ知らせるために。（ルカ4：18―19）

したがって、イエスを信じ従う信仰は当然歴史的な性質を帯びざるを得ない。[13]

(3)

もし信仰が神の歴史的・人格的行動にかかっているなら、信仰は常に決断と事件として存在する。言い換えれば、信仰はある状態や所有物としては存在しない。信仰は、「私たちがポケットに入れ携えることができるビー玉ではなく、私たちがいつでもそこに飛び込むことができる川のようなものである。[14]」すなわち信仰の確実性はあるが、信仰の安定性と持続性の保障は有り得ない。ルターによれば、確信と疑いの葛藤は一生続き、来世に至ってこそ疑いとの戦いは終わり、確信が完全に支配すると述べている。そういった意味で、信仰は常に冒険であり、信仰者は不可能なことに立ち向かう勇士である。信仰の確実性（*Certitudo*）は安

定性（*Securitas*）とは区分されるのである。[15]
ティリッヒの言葉通り、限られた人生という根源的な構造は普遍的状態を指しており、これは特別な状態でのみ悩みを起こす原因となる。同じく、疑いは信仰の中にある永続的なものではないが、信仰の構造の中にある要素として常に存在する。存在論的疑いと信仰とは同一線上の、すなわち究極の関わりの状態という線の上にある実体としてお互いに関係する。真面目な疑いは信仰を確かめる思考である。これは関心の対象に対する真面目な態度を意味している。[16]

信仰は少しでも古い性質となることができない。古い信仰はすでに死んだ信仰である。なぜなら、信仰は自身が立っている土台の上で、常に新しい決断と新たな献身をしなければならないからである。しかし信仰は、転げ落ちる巨大な岩を、山頂まで持ち上げようとするギリシア神話の人物シーシュポス（Sisyphus）のように無謀なものではない。[17] さらに信仰は、広大な海で遭難した一隻の小船が、見込みがない状況にも拘らず、救助を求めてじたばたするような無意味なことではない。人が信仰を通して掴もうとするのは、架空ではなく、自分をすでに支えている堅い土台である。そのような点において、信仰は基本的に贈り物（Gabe）と言える。同時に、信仰は自分を支えているその土に自らがしっかりと立とうとすることにおいて、人間の務め（Aufgabe）でもある。

(4)　信仰は停止状態の事物に関わるのではなく、生きる神とその方の行動に焦点を合わせる。ユルゲン・モルトマン（Jürgen Moltmann, 1926~）の言葉通り、キリスト教の神は世界の内に存在する神や世界の外に存在する神ではなく、イスラエルの出エジプトと預言とによって知られた〝希望の神〟（ロマ15：13）であり、〝存在の特性としての未来〟（エルンスト・ブロッホ：Ernst Bloch, 1885~1977）を持つ神である。それゆえこの神は、私たちが自分の内や自分の上にではなく、初めからただ自分の前に持つことができる神なのである。神はご自身の未来における約束において、私たちと出会い、それゆえ、〝持つこと〟ができず、ただ生活の中で待ち望むことができる神なのである。(18)

信仰とはいつも自分の民とともに行動する神、あるいはご自分の民を導こうとされる神の行動とそれに伴う行為である。したがって、信仰は常に時間的過程であり、常に未来への希望として現れる。信仰は旅人の信仰であり、キリスト者の実存は途上の実存である。信仰はいつも先に立って行く方の約束と未来に従う。そのため信仰は希望の構造を持つ。信仰は私たちが望んでいる事がらを保証し、目に見えないものを確信させる。（ヘブ11：1）

聖書では、信仰は望みと祈願とともに使われている。信仰は一つの道である。神を認識する一つの道なのである。そしてこの道を辿って、私たちは前に置かれているものに向かって行くのであり、心を未来に向かって開放することでもある。なぜなら神は〝歴史の神〟であり、いつも新しく、そしていつも新しい方法で人間に会おうとされるからである。[19]

(5)　信仰は私たちが頼るべき支え木を毎瞬間新しく掴む行為であり、ただ信頼の行動だけではなく、信頼の内容をも要求するものである。すなわち、信仰は承認、知識、知恵、告白のような性格を持つ。信仰は虚空に向かって身を投げる行為ではなく、対象に向かって自分自身を委ねる人格的行為である。そのため信仰は自身が頼る対象を明らかに知ろうとする。信仰は神のみことばを知り、悟ることを願うのである。

アウグスティヌスによれば、神についての知識は信仰を前提とし、さらに信仰自体はより深い理解を求めるとされる。キリスト者は自分が何を信じるか、何を望めるか、何を愛すべきかを理解したがる。[20] 信仰が確かであればであるほど、知識への渇望はより大きくなり、また知識が大きくなればなるほど、信仰もより堅固になる。それだけでなく、信仰の対象である神自身も信仰者に明白な同意と告白を要求するようになる。

信仰は信頼する知識であり、知恵のある確信である。したがって、信仰はいつも意識的・告白的であり、キリスト教の様々な信仰的伝統との対話に開放的でなければならない。そういった意味で信仰は神学を必要とするのである。さらに信仰は祈りだけではなく、悟りをも求める。盲目的な信仰ではなく、理解を求める信仰こそ成熟な信仰を生み出すのである。

第3章　信仰・知識・イデオロギー

1　信仰と知識

前章において、信仰とは盲目的な冒険ではなく、現実から逃避するようにそそのかす幻ではないということを強調した。信仰は教会の教えや伝統を否応なしに受け入れるような受身的で客観的な行為でもない。また信仰は他人が理解できない異常な呪文を唱えたり、神秘的なエクスタシー（恍惚境）を体験するような主観的な行為でもない。もちろん、信仰は決断する性質を持っていて、確かに主観的な確信に係わる。だが、しかし信仰は知識には説明できない理論の空白を埋める作業仮説（working hypothesis）でもなく、知識に代わる似非《えせ》知識でもない。よい信仰は無条件に信じること、問わずに信じること、むやみに信じることとは何も関係がない。

信仰は知識の結論から生じるものではないが、信仰それ自体にいつも知識を含んでいる。乳飲み子が乳を飲ませる女性を自分の母親であると証明した後に彼女の胸に抱かれるわけではない。しかし母親を信頼すればするほど、母親に対する赤ちゃんの知識も日増しに深まる。赤ちゃんは母親を信頼するほど知り、知るほど信じる。そして、信頼と知識が循環過程をめぐる間、信仰はより豊かな理解へと至る。また信仰は自分が信じる対象を理解することを求めると同時に他人に説明し告白するよう求める。ペテロは次のように言った。「心の中でキリストを主としてあがめなさい。そして、あなたがたのうちにある希望について説明を求める人には、だれにでもいつでも弁明できる用意をしていなさい」（Ⅰペテ３：15）と。

もちろん信仰と知識は完全に一致するというわけではない。「私は神がいると知っている」とは言わず、「私は神を信じる」と言う。それにもかかわらず、信仰と知識は完全に切り離すことができない。換言すれば、私たちはよく知りもしない神を信じることができない。カルヴァンは信仰を〝高次の知識〟と呼んだ。彼によれば、「私たちが信仰を〈知識〉と呼ぶものは、普段私たちが人間の感覚的知覚で知る事物に対する知識と理解とは違う。信仰は感覚をはるかに超えたものであって、信仰に到達するためには、人の心はそれ自体を突き破ると同時に超えて行かなければならない。信仰に至った時、心はその時感じるものをあまりよく理解できない。しかし理解できないことを信じる時、その確信の確かさのゆえ、ある人間的な事柄を自分の能力で知覚した時よりも多くのことを理解するのである。[1]」

バルトは信仰を「五感を持ったまま正常に受け入れる知識」と定義した。彼によれば、信仰とは承認（Anerkennen）と認識（Erkennen）と告白（Bekennen）である。承認とは従順と適応、そして屈し従属させる知識である。認識はそれ自体が信仰の根本的な行為ではないが、その行為は従順し適応するという知識それ自体の中で成立する。信仰の従順は知識がない従順ではなく、また洞察と理解がない盲目的従順でもない。信仰は仮説的でも問題視される知識でもなく、根本的に非常に激烈で厳密で確実な知識である。したがって、信仰は知性を犠牲にするのではなく、却って知性を求める。そして信仰は告白である。知識を得るには、それ自体を認識することでもあり、承認と認識は告白と一致するのである。[2]

これらのことが理解できないと、信仰と知識の間で誤った葛藤が生じ、信仰について誤解が生じる。それゆえ、ここでは知識と誤った関係を結ぶ間違った信仰理解の中から二つのケースを指摘してみよう。[3]

(1)　**実証主義者**は、ただ経験的に把握できるもののみが真理であると言い、信仰を一種の錯覚ないし虚偽であると批判する。これは余りに一方的な見解である。なぜなら、経験によって検証されたものが真理であるという命題は経験によっては検証できないからである。しかし、信仰がこのような見解と対決するからと言って、啓示資料を客観的に証明してみようと努力しても、信仰は一種の疑似科学（例えば錬金術のようなもの）に変質してしまい、結局崩れてしまうだろう。

信仰は確かに知識を含むが、知識によって完全に把握できる、あるいは実証できるというはずのものでもない。証明された信仰は、信仰を保護するというよりも却って信仰を破壊する。もし私たちが、信仰の対象である神を世界の対象と同じように実験室での検証をもとに、それを土台として信じるなら、神は世界の一部のように見なされ、信仰（神学）に代わって知識（自然科学）がその領分に足を踏み入れてしまうだろう。神は普遍的確実性をもって、証明できる客観的存在ではない。神は信仰と愛と希望の実践にあって示される一つの現実であり、信仰生活から離れて存在するものではない。しかし、信仰は根拠のない冒険でも虚空への飛躍でもないが、相変わらず自由な決断の性格を持っている。さらに、信仰は超越的恩寵の活動とも無関係なものではない。

(2) **合理主義者**は、ただ合理的・理性的に説明できるもののみを真理と言い、信仰を迷信と批判する。これもいとも狭小な見解と言える。ブレーズ・パスカル（Blaise Pascal, 1623~1662）は「理性の偉大さは自分の限界を知ることにある。理性の最後の一歩は理性を超えるものが数え切れないほど多いことを認めることである。もしそうでないと、理性は貧弱なものである。理性を否認することより理性に適したことはない。心情は理性が知らない自己自身の道理を持っている」[4]と述べる。

しかし信仰が合理主義と対決すると言っても、非合理的で逆説的な信仰に陥ったら――テルトゥリアヌス（Quintus Septimius florens Tertullianus, 155?–240?）は「不合理なるが故に我信ず（ラテン語：*Credo quia absurdum*）」と言ったと伝えられている――信仰は知性を犠牲にした空虚な形式的信仰となってしまい、結局崩れてしまうだろう。その結果、信仰を神秘主義に結び付けたり、理性を無条件に罪悪視したり、懐疑と疑いを単純に悪魔の誘惑の手段として、非難を浴びせたりする危険に陥ってしまうであろう。

ティリッヒの主張通り、もし信仰が理性を破壊したのなら、信仰は自己自身と人間性をも破壊するだろう。究極の関わりの状態として、理解される信仰は理性と葛藤しない。理性は自身の有限性を認識しつつ、その中にあって動くが、理性は無限の領域に属する経験をするのである。理性は一時的関心によって動くが、これと同時に人間は自身の潜在的無限性を認識する。また、このような認識は究極的関心、すなわち信仰の形態として表れるのである。[5]

信仰は証明された知識ではないが、一種の知恵として知識の通った信仰であり、この知識とは信仰が通った知識である。[6]真の信仰には理性が従う。信仰は敵地に深く浸透する空挺兵のようである。理性と経験という戦車部隊と歩兵部隊が、到達するまで占領地を守る。[7]このように、信仰は理解力を超えるが、信仰は認識ないし知識とも呼ばれる。「それは、この人たちが心に励ましを受け、愛によって結び合わされ、理解をもって豊かな全き確信に達し、神の奥義であるキリストを真に知るようになるためです。このキリストのうちに、知恵と知識との宝がすべて隠されているのです。」（コロ2：2―3）、「すべての聖徒とともに……人知をはるかに超えたキリストの愛を知ることができますように……。」（エペ3：18―19）

このように信仰が知識を含んでおり、それ自体が、深奥な知識と素晴らしい知識と呼ばれるなら、信仰は当然その体系を持とうと努めることになる。私たちはこれを「神学」と呼ぶ。それ故に、知っていても知らなくても、信仰者たちはすべて神学者なわけである。さらに神学は専門な神学者のみの専有物ではなく、あらゆる信仰者の共通の務めでもある。もし信仰者たちが、神学をひたすら神学者たちにのみ押し付け、容易く信じようとするなら、誤った神学に振り回されていても、それを見分ける判断力を失い、事ごとに他人に依存しようとする未熟な信仰者となるであろう。自ら独立を希望せず、あるごとに親の助けを求めようとする若者を、成熟な大人と認めにくいように、他人の助言を聞かなければ、信仰生活が送れないという信仰者はまるで「乳飲み子のような信者」と呼ぶしかないのである。

神学とは、信仰についての学問としてあらゆる信仰者に課された務めである。それ故、あらゆる信仰者は伝道訓練や祈祷訓練に限らず、神学訓練も受けるべきである。神学は、一次的に信じる内容を説明しようとする努力である。したがって、あらゆる信仰者は自分自身が信じる信仰の内容を、確かに知ろうと努めるべきであり、時には専門神学者の助けも受けるべきである。

ところで、神学は一種の信仰の知識であり、信仰者たちはこの世界にあって、他の信仰（信念）を持っている人々と共に生きるのであるから、神学とは常に当代の世界観にも関わるべきである。また、世の人々と共にこの地球に住んでいるのであって、信仰者だけがこの世から離れて別世界に住んでいるというわけではない。それでも、信仰者は世の人々に対し自分の信仰を説明すべきであり、彼らを戒めるためにも彼らと対話をすべきである。私たちはこれを「弁証的課題」ないし「論争的課題」と呼ぶ。このような課題も、ただ専門神学者たちにのみ押し付けてはいけないのであろう。

2　信仰とイデオロギー

イデオロギー（Ideologie）という言葉は、数十年前のフランスでのみ通用した言葉であったが、本来は観念（Idea）についての研究を意味する言葉であった。次第にカール・マルクス（Karl Marx, 1818~1883）とフリードリヒ・エンゲルス（Friedrich Engels, 1820~1895）以後、この言葉は虚偽意識を含め、主に曖昧な抽象観念を表現する言葉として用いられ、ウラジーミル・レーニン（Vladimir Lenin,

1870~1924）以後は、ある集団ないし共同体が持っている特徴的な観念や態度の意味として用いられて、漸次一般的な語彙となった。今日この言葉は、広範囲に「信念体系」ないし「世界観」とも呼ばれる。[8] それならばイデオロギーはどういう機能を持つのであろうか。

(1) イデオロギーは、宇宙と歴史にあって人間が置かれている一つの場所（精神・自我・国家・政党・階級など）を定めようとする。

(2) イデオロギーは、このような立場から、自然と歴史を解釈しそこに意味を与えようとすることにより、宇宙、地球、人間、精神、物質などを全体的に理解しようとする。

(3) イデオロギーは、個人や共同体が意味のある行動をするように、卓越した目標と動機を提示しようとする。

(4) イデオロギーは、その目的に達するため、古い世界観と論争し凌ごうとする。

信仰は決して特定のイデオロギーと同一視されることはできない。しかし、信仰はいつも特定の世界観を含むか、もしくは特定のイデオロギーと重なる部分を持つ。そして信仰は他の信念体系に向かって自身を弁明し、相手を説得する課題を実行する。そのため信仰はいつもイデオロギーと批判的に対話すべきである。そして信仰は、特定のイデオロギーないし特定のイデオロギーの手先に変質しないように、イデオロギーと常に対話すべきである。したがって、イデオロギーの問題は未信者のみならず、まさに信仰者自身の問題でもある。信仰はイデオロギーを通して自身を理解し、批判することと同時に、偶像化した特定のイデオロギーを批判する課題をも行なうべきである。では、信仰はどのようなイデオロギー的機能を行なうことができるのだろうか。

(1) 信仰は無知と好奇心の産物として知識の代替物となり得る。

(2) 信仰は恐怖や無知、そして無能力によってもたらされる感情を発散する排出口として用いられることがある。

(3) 信仰はある行為や、事件に公的あるいは神聖な性格を付与して共同体や集団を結束させる。

(4) 信仰は褒美で機嫌をとったり罰で脅したりして、社会的規則を守る動機を付与する。

(5) 信仰は人間が自身を理解し、また世界にあって自身が置かれている立場を理解するよう助ける。(9)

このような信仰のイデオロギー的機能のため、信仰者はイデオロギーとの批判的対話を諦めてはならない。もし、信仰が当代のイデオロギーについて無関心な態度を取ろうとするなら、この世界を神の支配ではなく、他のイデオロギーの支配下に放置するということになり、誤ったイデオロギーが犯す悪行を手助けすることになるであろう。その上信仰者は、知らないうちにイデオロギーの手先となってしまう危険性があると言える。

言うまでもなく、この世において絶対的なイデオロギーは存在しない。信仰は特定のイデオロギーを飾る衣装となってはいけない。しかし、信仰が自身を説明し、相手を説得し、世界を解釈し、そして変革するという課題を持っている限り、暫定的ではあるが最善のイデオロギー、すなわち自由・正義・連帯性・人間性・平和などといったキリスト教的価値観と符合するイデオロギーを選択し、それと批判的に協力すべきである。

信仰は苦しい世界から脱出させるという行為ではなく、責任をもって世界を形成して行こうとする行為である。さらに、信仰は世界を非難する行為ではなく、世界を救う行為でもある。まさに信仰は、常に現実的希望として表れ、いつも愛と同行するしかない。そして、世界に向かって中立的な沈黙、ないし傍観は真の信仰の姿勢ではない。そのような信仰は、世界を救うこともできなく、悪の世と悪魔の手に自身をすっかり任せる行為になってしまうであろう。教会とは、麻薬でもなく甘ったるい砂糖でもない。教会とは、世の光と塩であり、また神の国のパン種である。したがって、信仰は常にイデオロギーと対話すべきであり、誤ったイデオロギーを批判する務めを果たすことが大切である。(10)

第4章　信仰と希望と愛

中世期は「愛の神学」（アウグスティヌス）が優勢であったと言われるが、宗教改革期には「信仰の神学」（ルター）が特に強調されたと言える。しかし、今は「希望の神学」（モルトマン）がよく評価されている。このように、信仰と希望と愛は時代ごとに各々重要な比重を得たが、この三つはキリスト者の生活の中で互いに切り離せない要素である。これらはすでに初代教会の時から、キリスト者の根本的な特徴の相異なる側面であり、まるで三位一体のように互いに分かち難く結び付いているのである。

例えば、パウロはテサロニケ人への手紙でこのように述べた。「絶えず、私たちの父なる神の御前にあなたがたの信仰の働き、愛の労苦、主イエス・キリストへの望みの忍耐を思い起こしています。」（Iテサ1：3）そして、パウロは愛を強調する点において「いつまでも残るものは信仰と希望と愛です」（Ⅰコリ13：13）と言った。このように信仰と希望と愛のこれら三つは互いに離れて別々に存在することは決してできないのである。これらの中から、どれ一つも欠けることなく別々に存在することはできないのである。では、ここから「信仰と希望と愛」の関係を論じてみよう。

1　信仰と希望

信仰は聖書全体から見ると、特に希望と密接に関わっている。旧約聖書において、信仰と希望が並んで登場する箇所が多数みられる。その中から幾つか取り上げてみる。イザヤは神について、「この方こそ、私たちが救いを待ち望んだ私たちの神」（イザ25：9）と言う。エレミヤも神に向かって、「イスラエルの望みである方」（エレ14：8）と叫ぶ。詩篇の詩人たちも、「私は主を待ち望みます……私は主のみことばを待ちます。」（詩130：5）「神なる主よ。あなたは、私の若いころからの私の望み、私の信頼の的です」（詩71：5）と告白する。

さらに新約聖書においても、信仰と希望は交換して用いられるほど、神との関係を表す特徴的な概念として用いられる。アブラハムの信仰は、目に見える希望と対立する信仰、そして目に見えない希望を仰ぎ見る信仰として説明されている。「信仰によって、アブラハムは、相続財産として受け取るべき地に出て行けとの召しを受けたとき、これに従い、どこに行くのかを知らないで、出て行きました。」（ヘブ11：８）信仰によって義と認められるという事実を強く主張するパウロは、「私たちは、この望みによって救われているのです」（ロマ８：24）と告白する。パウロはよく信仰の確信と希望の告白を一緒に結ばせる。それ故「もし私たちがキリストとともに死んだのであれば、キリストとともに生きることにもなる、と信じます。」（ロマ６：８）、「私はこう確信しています……どんな被造物も、私たちの主キリスト・イエスにある神の愛から、私たちを引き離すことはできません」（ロマ８：38—39）と告白するのである。ヘブル人への手紙も「信仰は望んでいる事がらを保証し、目に見えないものを確信させるものです」（ヘブ11：１）と言うのである。

ルターは、信仰と希望の関係を次のように説明する。

「信仰は知性に基づき、希望は意志に基づく。信仰は真理に関わり、希望は神の慈しみに関わる。信仰は純粋な真理のため偽りの教理に対抗し、希望は試練とその結果である苛立ち・悲しみ・絶望と戦う。信仰は神のみことばに向かい、希望は神の働き、すなわち約束された恩寵へと向かう。信仰によって私たちは、神がご自分の約束に真実であると認め、希望のゆえ私たちはその約束を私たちのものにする。(1)」

カルヴァンも信仰と希望を一つの同一行為の二つの面であると理解している。

「信仰はそれ自体から希望を生み出し、そしてそれを明らかに表す。この希望に欠けているなら、私たちがどんなに信仰について明晰に、また修辞をこらして論じるとしても、私たちはその信仰について何も持っていない。要するに、希望とは神から真実に約束されたと信じた事柄への期待である。そこで、信仰は神を真実であると信じ、希望は神がご自身の真実さを明らかに示す時を待ち望む。信仰は神が私たちの父であると信じ、希望はその方が父として私たちに対してつねに働くことを期待する。信仰は永遠のいのちが私たちに与えられるのを信じ、希望はそれがいつの日にか現れることを待ち望む。信仰は希望の基礎であり、希望は信仰を養い支える……希望は黙して主を待つと同時に、信仰が余りにも急速に不信仰にならないように慎めるのである。希望は神の約束を疑って動揺し、あるいは約束の真実さを疑わしめないように信仰を堅固にする。希望は信仰が疲れ果てないようにこれを元気づける。希望は信仰が途中で、あるいは出発点そのものから失格することがないように、信仰を究極の目標に達するようにする。結局、希望は信仰を絶えず回復し更新して、堅忍を全うするように力を与える。(2)」

ディートリヒ・ボンヘッファー（Dietrich Bonnhoeffer, 1906~1945）も次のように言う。

「望まない信仰は病んだ信仰である。このような信仰は、まるで空腹にも関わらず食べようとしない子どものようであり、疲れているにも関わらず寝ようとしない男の子のようである。人間は、信じれば信じるほど確かな望みを抱こうとする。無限に望むことは決して恥ずかしいことではない。いつか神に会えることを望まない者が、どうして神について語ることができるだろうか。永遠の平和を味わうことを願わない者が、どうして人々の間の平和と愛について語ることができるだろうか。新しい創造における新しい人間性に参与することを望まない者が、どうしてそれについて語ることができるだろうか。どうして私たちが私たちの希望を恥ずかしいと思うだろうか。私たちがいつか恥じることになるものは、私たちの希望ではなく私たちの哀れで苛立っている絶望である。絶望は神を信頼しない行為であり、偽りの謙遜にあって神の約束が何処から自分に与えられたかを把握しない行為であり、この世での人生を諦め、神の永遠の能力と栄光に対し喜びを持って見通さない行為である。[3]」

『希望の神学』でモルトマン（Jürgen Moltmann, 1926〜）も次のように言う。

「信仰は人間をキリストに結び、引き上げる。希望はこの信仰を通して、キリストの偉大な未来に向けて自身を開かせる。したがって、希望は信仰と離れられない同伴者である。もしこの希望がなければ、私たちが信仰についていくら才覚のある大人らしい言葉を言ったとしても、信仰を全然持っていないのと同じと断言してもいいだろう！　このように、キリスト者の生活において信仰は先に来るが、希望は優越である。もし信仰によるキリストについての認識がなければ、希望は虚空に浮いているユートピア的な希望となってしまう。しかし、希望がなければ信仰は崩れて小さくなり、最後には死んでしまう。信仰によって、人間は真の生活の道に従う。しかし、希望のみが人間をこの道に留まらせる。このようにして、キリストへの信仰は希望を信頼へと導くのである。そして希望はキリストへの信仰を深くし、生活の中においてそれを生かすのである。(4)」

2　愛と希望

信仰が希望と密接につながっているように、愛も希望とつながっている。パウロは、「すべてを期待する」（Ⅰコリ13：7）と言い、信仰と同様に愛も天にたくわえられてある祝福への希望から出るものだと言う。「それは、キリスト・イエスに対するあなたがたの信仰と、すべての聖徒に対してあなたがたが抱いている愛のことを聞いたからです。それらは、あなたがたのために天にたくわえられてある望みに基づくものです。」（コロ1：4―5a）、「終末の霊」（ヨエ3章、使徒2：17）である聖霊が初代教会のキリスト者たちに臨んで「終末のしるし」（使徒2：19）である不思議なことが行われた時、彼らは希望に溢れ、「みな一緒にいて、いっさいの物を共有にしていた。そして資産や持ち物を売っては、それぞれの必要に応じて、みなに分配していた」（使徒2：44―45）のである。

復活の霊にあって、誰一人自分の所有に執着することがない。永遠のいのちを確信する人は、自分の所有物に頼る曖昧な確実性をもう必要としないからである。自分の所有物は、これを必要とする人のためのものとなる。それ故、彼らはみないっさいの物を共有していたので、彼らの中には貧しい者が誰もいなかった。資産を持っている人々はそれを売り、使徒たちに代金を持ってきて、使徒たちはそれを必要に応じて各々に分け与えたのである。[5]

これぞまさにイエスが見せた模範に対する実践と言える。イエスは、「神の御国が近づいた！」と宣言しながら、その証拠として特に貧しい人々と連帯する姿を見せた。なぜなら、希望は自己中心性を破り、隣人との関係に入らせるからである。これに伴い、イエスを受け入れた取税人のザアカイは不正によって蓄えた富を貧しい人たちに喜んで施した。このように希望に染まった人は愛の実を結ぶのである。

ボンヘッファーが語ったように、「愛はどんな人も諦めない。しかし放蕩に身をやつした者が悔い改める瞬間があり、愛自身を否認し、破壊し、使い果たしたその者が自分の愛を再び回復する瞬間もある。愛は病人をいたわる医者のようである。この愛は今なお病人のため希望を持つ。そして病人はこの希望に期待をかけるのである。愛は病人が床離れができるのを望み、病人を決して諦めない。そして愛はすべてを望む。愛がないまま、すべてを望むのは愚かで軽率であり、根拠のない楽観主義である。どんな条件もなくすべてを望み、それでいて愛に基づいた希望をもって人々を励ますということが私たちの務めである。[6]」

3　信仰と愛

聖書において、愛は信仰との関連でよく強調される。新約聖書でよく引用される「あなたの隣人をあなた自身のように愛しなさい！」（レビ19：18）という戒めは、たんに倫理的な義務というより、神に対する信仰の証拠と表現として理解されている。したがって、在留異国人（旅人）であったイスラエルの民を救い、ご自分の民として契約を結んだ神は、契約に対する真実な従順として、そして神の愛に対する人間の真実な応答として愛を強調した。そこでこの愛とは、特に在留異国人・孤児・やもめのような社会的弱者に対する愛としてあらわれなければならない。「（あなたがたの神、主は、）みなしごや、やもめのためにさばきを行い、在留異国人を愛してこれに食物と着物を与えられる。あなたがたは在留異国人を愛しなさい。あなたがたもエジプトの国で在留異国人であったからである。」（申10：18―19）

しかしイスラエルの預言者たちは、神についてのまことの認識と礼拝とは、まさに公義を行い慈悲を施す行為と引き離せないという事実を非常に強調した。「わたしの好む断食は、これではないか。悪のきずなを解き、くびきのなわめをほどき、しいたげられた者たちを自由の身とし、すべてのくびきを砕くことではないか。飢えた者にはあなたのパンを分け与え、家のない貧しい人々を家に入れ、裸の人を見て、これに着せ、あなたの肉親の世話をすることではないか。」（イザ58：6―7）

それゆえ預言者たちは、隣人を愛さない者たちの礼拝は神の忌み嫌うことであり、お怒りになることだと批判したのである。「わたしはあなたがたの祭りを憎み、退ける。あなたがたのきよめの集会のときのかおりも、わたしは、かぎたくない。たとい、あなたがたが全焼のいけにえや、穀物のささげ物をわたしにささげても、わたしはこれらを喜ばない。あなたがたの肥えた家畜の和解のいけにえにも、目もくれない。あなたがたの歌の騒ぎを、わたしから遠ざけよ。わたしはあなたがたの琴の音を聞きたくない。公義を水のように、正義をいつも水の流れる川のように、流れさせよ。」（アモ5：21–24）

このような精神は、イエスにも受け継がれている。イエスは、「心を尽くし、思いを尽くし、知力を尽くして、あなたの神である主を愛せよ。あなたの隣人をあなた自身のように愛せよ！」（マタ22：34–40）と強調した。信仰の真正さと有益性はただその実によってのみ判断できる。「あなたがたは、実によって彼らを見分けることができます。ぶどうは、いばらからは取れないし、いちじくは、あざみから取れるわけがないでしょう。同様に、良い木はみな良い実を結ぶが、悪い木は悪い実を結びます。良い木が悪い実をならせることはできないし、また、悪い木が良い実をならせることもできません。」（マタ7：16–18）実を結ばない木は死んでいるのであり、同じく愛を行わない信仰も死んでいるのである。「信仰も、もし行いがなかったなら、それだけでは、死んだものです。」（ヤコ2：17）生ける木は必ず実を結ぶはずであり、同様に生ける信仰も必ず愛を行う。それで愛とは信仰が基づいて立てられる堅い岩（マタ7：24–25）とも言える。愛は律法全体と預言書の核心である（マタ22：24–40）。愛は最後のさばきの標準である（マタ25：31–46）。そこで、パウロの言葉通

り、「山を動かすほどの完全な信仰を持っていても、愛がないなら、何の値うちもありません。」（Iコリ13：2）

このような流れの中でボンヘッファーは、「従順のない安価な恵み」をひどく批判し、「従順のある高価な恵み」を熱意をもって強調したのである。彼は「信じる者だけが従順であり、従順な者だけが信じる。信仰はただ従順にあってのみ存在する。信仰が敬虔な自己欺瞞と安価な恵みにならないためには従順の第一歩を踏み出さなければならない[7]」と述べたのである。

私たちは「信仰のみ（*Sola fide*）」によって義と認められるが、信仰は必ず愛の実を結ぶ。そこで、信仰は決して個々たる孤立した存在にはならないのである[8]（*Sola fide numquam sola*）。何の行いもなしに、ただ恵みのみによって神の前で義と認められる信仰、すなわち、私たちを義と認める信仰は私たちをいつも愛において働かせるのである。愛は信仰にとって決して引き離すことのできない同伴者である。それゆえ、信仰と愛と希望はキリスト者の三つの側面、あるいは三つの特徴としてパウロの言葉通り、永遠に離れることなく共に残るものであろう。

4　なぜ愛が一番すぐれているのか？

信仰と希望と愛はすべてが重要である。しかし、その中で一番大切で究極であるものは愛である。

なぜなら、信仰と希望はただ愛にあってのみ存在できるからである。それゆえ、最後の日に神はただ愛を求める。このような脈絡において、ボンヘッファーが次のように強調したのは実に正しい。

「私たちのあらゆる活動や思いの中で、あらゆる憂いや恐れの中で、あらゆる願いや希望の中で、ほんとうに最後まで残るものは何であるかを尋ねられたなら、ひたすら愛であると答えられる。すべて他のものは残らず、消え去ってしまう。愛に基づかずに私たちが考え、追い求めたすべてのものは消え去ってしまう。愛のないあらゆる思いやあらゆる悟り、そしてあらゆる発言は消え去ってしまう。ただ愛にあってのみ、人間は他人のために自己自身を与え、自分の志を諦めることができるからである。ただ愛のみが私自身からではなく、他の存在から、すなわち、神ご自身から出て来るからである。ただ愛においてのみ、神は行動するからである。私たちより出て来るあらゆるものは必ず消え去ってしまう。神より出て来るものは決して消え去らない。愛は神ご自身であり、神のみこころである。(9)」

希望と信仰は愛に仕えるしもべであり、手段でありそれ自体が目的ではない。パウロが「愛が一番すぐれている」という理由は何か。神が最後に要求するのはまさに愛だったからである。最後のさばきの譬え話（マタ25章）を見れば、後に裁き主として来られるイエスはただひたすら愛の実を求める。ただ信仰のみが唯一の目的のように思い、間違って生きる者たちと愛の実を結ばないむなしい希望に陥った者たちは慌てふためくであろう。後にも先にも愛が一番大切なのである。愛は永

遠である。愛は最もよいものであり、最もすぐれている賜物である。なぜなら神は愛だからである。[10]（Ⅰヨハ4：8）

そこで、ボンヘッファーは次のように自問自答している。

「神の前で信仰によって生き、その方を望みながら生きることよりもすぐれているものは何か。それは神にあって愛に生きることである。創造主と被造物の間にある無限の距離を決して忘れない信仰の謙遜さよりもすぐれているものは何か。神の来臨と神の栄光を渇望する希望の確信よりもすぐれているものは何か。それはすでにここで神の近づいた在り方と臨在をつねに確信する愛である。それは神の愛に頼り、そして神の愛が私たちの愛を願うという事実を確信する愛である。キリストにあって救いを得るという事実を固く信じ、キリストによって義と認められる信仰よりもすぐれているものは何か。いつもキリストを喜んで待ち望む希望よりもすぐれているものは何か。それは他人のためにあらゆるものを赦す愛であり、兄弟の救いのために自身の救いまで譲る愛である。信仰と希望は愛の変わった形態において、いつまでも残る状態に入る。終末にあらゆるものは必ず愛に変わるのである。完全さとは愛を意味する。そして愛は完全さを意味し、この世においての完全さのしるしは十字架である。したがって、十字架はこの世において完全な愛のために私たちが必ず歩いていく大切な道であり、そして常に歩いていく大切な道である。[11]」

第5章　神は誰か

1　神は死んだのか

「神は死んだ。私たちが彼を殺した」とフリードリヒ・ニーチェ（Fiedrich W. Nietzsche, 1844~1900）は声を大にして言った。(1) もちろん、彼が殺したのは家父長的で権威的な神の姿だけで、神の存在自体ではない。誤った神の姿は当然死ぬべきであり、今は私たちがそれを殺すべきである。しかしニーチェの言葉通りに、現代人はまるで神が死んだように、神がいなくても全然気にならないかのように、平然と生きている。さらに現代人には神だけではなく、神という言葉さえも完全に死語になったように見える。

現代人は神という存在をもう必要としていないように見える。ボンヘッファーは獄中で書いた手紙で現代人をカント（Immauel Kant, 1724~1804）の表現に従って「成熟な人間」、「成人化された人間」と呼んだ。彼が獄中で経験した多くの人々は、超越的な感覚や神の存在を信じない無宗教の者たちであった。また、彼らは人間の自律性を信じて神も偶像も礼拝しない虚無主義者であった。[2] ボンヘッファーがすでに予見したように、現代人は自身の運命と未来を神に期待するよりは、自ら計画し、形成しようと努力し、未来の不安を神に委ねるよりは、人間的な手段やあらゆる社会保障制度に任せようとしたのである。

果たして人間が神のようになったのであろうか。そうではない！　人間が神を殺した結果、死ぬことになったのは神と言うよりは、むしろ人間と言える。そこで、今私たちはニーチェとは違って、「人間は死んだ。私たちが彼を殺した」と叫ばなければならない。意識の世界と、現実の世界から神を追放し、神を殺した現代人に訪れて来たのは不安や価値・目標・目的の喪失である。そして神を否定した土壌より、虚無主義、すなわち、殺傷と戦争、搾取と破壊の毒草が雨後の竹の子のように世界を覆っている。それで現代人はいま一度、名もなく知りもしない「ゴドー（Godot）」を待つのである。[3]

現代人の能力の背後には無能が隠されており、彼らの知識の背後には無知で覆われている。オット（Heinrich Ott, 1929~2013）の言葉通りに、「私たちの時代に解放された人間が権威ある父なる神を殺したとしても、それが誰であり、何であるかを少しも理解していない。彼らの能力とは、ただ彼らの無力の裏面にすぎず、彼らの知識とは彼らの無知の裏面にすぎない。[4]」

人間は決して神から逃げることができない。なぜなら神は、現実に対する徹底的で必然的な質問と関わっているからである。自己意識と世界に対する意識が人間の本性に属しているのと同じように、神に対する意識は構造的に人間の本質に属している。世界に対する意識と自己意識と神に対する意識は構造的に引き離せない統一体を成しているのである。[5]

こういうわけで、神の名を呼ばない現代人も、結局のところ、運命・偶然・意味・秩序・良心・希望・承認・成功などのような他の欲求を通して「知られない神」（使17：23）を探し求めている。現代人は神をその視野から見失ってしまったとはいえ、むなしいことを自覚していながら、責任を感じている。現代人は自己意識と主観性とを超えてくる力に対し、ぼんやりとした義務感を感じている。彼らはこの力を無条件に「神」という神聖な概念によって説明しない。むしろ、世俗化した形で説明する。この力は、言い表すことができず、五里霧中の状態にとどまっている。このような潜在的、あるいは世俗的宗教性は、世俗的で目立たない形で表現される。[6]

では、どうすれば、私たちは目に見えない神を認識することができ、神の存在をどうやって証明することができるのであろうか。今まで神の存在を証明するために数多くの試みがあった。それらの試みは次のような三つの形で要約できる。

2　神存在の証明の試み

(1)　世界から神を証明しようとする試み（宇宙論的・目的論的証明）

世界から神を証明しようとする試みは、ヘレニズム哲学（Hellenistic philosophy）に由来する。その中で最も古典的で有名なものには、トマス・アクィナスの「五つの道」がある。これは理性の自然的能力によって神存在を証明する試みと言える。アクィナスは、あらゆる運動の原因、あらゆる結果（作用・効能）の原因、あらゆる存在の必然的根拠、あらゆる段階の最上の境地、世界の秩序（美・合目的性）を与えた者を神と呼ぶ。(7) これらの立場は最近までローマカトリック教会の公式的見解として明らかにしていた。例えば、第一バチカン公会議（1870年）では、「このように聖なる母である教会は、あらゆるものの最初《アルファ》であり最後《オメガ》である神が、人間の自然的理性の光と被造物とによって、はっきりと認識されることができると教える」ことを明らかにした。

このような試みは、カントによって不当なものとして反駁された。なぜならこれは、人間の経験から出発して、人間の経験を超える所に到達しようとするので、矛盾（逆説）に陥るからである。理性は、神・自由・霊魂のような一般的な形而上学的観念を否定することのみならず、証明することもできない。(8)

アクィナスの方法通り、神を証明することができると主張しても、彼が理解した神は、結局世界の一部分だけである。このような神は、世界という機械装置の中の、発動機のような存在にすぎない。因果関係によって世界に必然的に関わっている神とは、世界を創造することも、摂理を成すこともできる自由な神ではなく、祈りと礼拝の対象にはなり得ない。そして、この世界が神的秩序に成しているという考えは、不合理な悪と苦難によって挑戦を受けるしかない。神によって調和と秩序が取れた世界像は非現実的な幻である。[9]

ヴォルフハルト・パネンベルク（Wolfhart Pannenberg, 1928~2014）は、世界の現実を普遍歴史として理解する。そして、神をあらゆる現実の根源・統一性・全体性に対する質問の対象にするという新しい方法で、世界から神を論証しようとする。神は世界においての偶然性の根源であり、歴史の中に存在する。そして、あらゆる出来事の相関関係は、歴史を超越する神の統一性の中にその根拠がおかれているのである。ひたすら神についての思考のみが歴史的な出来事の独自性を保ち、それと同時に歴史の統一性を考えることが出来るようになる。神は世界史の地平の中で、すべての現実を規定し、その全体性の根拠として、暫定的ではあるが、現在的に経験される。[10]

しかしモルトマンが主張しているように、歴史はまだ完結しないまま進んでいる。それ故に、未だ私たちは歴史的現実を全体として把握することができないために、歴史的現実から神を証明できないのである。[11]

(2) 実存から証明しようとする試み（実存的証明）

実存から神を証明しようとする古典的な形は、アウグスティヌスによって試みられるようになった。しかし、神の前で彼自身が、まさに問いと謎の存在となったのである。すなわち、彼は「私の神、あなたの前で私はだれですか」と尋ねた。これには何の意味があるのか。人間はただ世界の一部分の構成物ではないため、真の自己認識は神認識において生じ、真の神認識も自己認識において生じるという事実を意味する。そこで、アウグスティヌスは、「あなたは私たちを、あなたを探し求めるように造りました。あなたの中で安息を見つけるまで、私の心はまことの平和を享受できなかったのです」と告白するのであった。[12]

ブルトマン（Rudolf Karl Bultmann, 1884~1976）によれば、神に関して、私たちは客観的なことは何も知らない。私たちが世界において、物事について答えを追い求めるように神について語ろうとするなら、人間自身の実存について語らなければならない。神は、有限で決断に左右される現実的な問題と共に問われる対象である。したがって、神の存在という命題は一般的な理論的真理や客観的真理として理解されるのではなく、私たちの実存自体の表現としてのみ理解される。神はただ人間が自身の実存を把握する時にのみ把握される。神はただ、人間が自身を自分の可能性として選択する時にのみ把握される。[13]

カール・ラーナー（Karl Rahner, 1904~1984）の「超越的人間論」によれば、人間は有限な質問の地平を設定し、そしてこれを超えていくことによって、自身を無限な地平の存在として立証する。人間は自身の有限性に関する徹底的な経験を通して、この有限性を乗り越え、自身を超越の存在ないし精神（Geist）として立証する。人間はいつも日常の行為の中で、無限性に露出されており、無限性によって浸透されていく。そこで、人間は無限な可能性としての自身を経験するのである。人間は自身の精神的実存の中で、現存在の根拠である聖なる神秘に向かうようになっていく。この神秘は根源的で自明なものである為、それはまた、人間から隠れているということである。このように人間を絶えずとらえながら、人間自身を抜け出させる絶対的神秘を、私たちは神と呼ぶ。したがって、神認識は全く人間自身の中に根拠する認識でも神秘な人格的な内面性の過程でもなく、さらに人格的な神の自己啓示の性格を持つことでもない。神認識は超越的で経験的な特性を持つということである。[14]

ハインリヒ・オット（Heinrich Ott, 1929~2013）もラーナーの見解を認め、不安・楽しみ・倫理的義務・死の経験以外にも、責任性を例に挙げて次のように説明する。

「責任性は人間の根本的な経験である。ところで、〈責任的存在〉とはいつも〈誰の前で〉、すなわち、法廷の前で責任を負うべき存在である。人間が行いまたは、させる〈全てのこと〉に責任を取るなら、彼らがあらゆることに関して、自身の人生全体にかかわる責任を負う究極的な法廷があるべきである。この最後の法廷こそ、私たちが〝神〟と呼ぶものである。」現代人は不安・楽しみ・倫理的義務・責任性・死などの根本的経験ないし、限界経験において神を経

験している。(15)

しかしアウグスティヌスが言う「心の不安」はキリスト教の神を理解するための一般的・人間的な前提ではなく、流浪する神の民の表徴であり、あらゆる人間のためのキリスト教的使命の目標である。人間の実存は、聖書的神理解によって始めて、神の問いによって動かされるのである。(16)

そして人間の不安は神を求めさせるが、時には聖書が語る真の神にむかって動くよりは、幻想（フォイエルバッハ、Ludwig A. Feuerbach, 1804~1872）ないし、人間自身の投影（マルクス、Karl Marx, 1818~1883）ないし、抑圧的勢力の投影（エンゲルス、Fiedrich Engels, 1820~1895）を投射する可能性もある。不安は真の神を求めさせることもあるが、偽りの神を作り出したり、代替された神を求めさせたりする可能性もある。これらのことによって人間は一時的には心の平安を経験できるはずであるが、このような平安はいつか偽りの平安として表沙汰になり、人間をより大きい不安に追い立てていくであろう。

(3)　神概念から証明しようとする試み（存在論的証明）

神から神を証明しようとする試みは、アンセルムス（Anselmus Cantauriensis, 1033~1109）に由来する。彼によれば、神は「その方よりも大きなことを考えられない方」であるため、存在しないということを考えられない。もし「その方よりも大きなことが考えられない方」が存在できないと考えられたなら、その方は「その方よりも大きなことが考えられない方」ではないであろう。しかし、これは解決できない矛盾である。(17)

しかし、カントはこの証明が必然的な判断と必然的な存在との混同を含めていると指摘した。考えられた存在はただ考えられた存在だけであって、決して現実的な存在にはならない。必然的な判断は、いかにそれが最高の存在ないし最も現実的な存在者に関するものであったとしても、私たちが判断している対象の必然的な実在を保証しない。実在は一つの述語（属性）ではないので、どんな観念からも実在を引き出すことができない。(18)

バルトの解釈によればアンセルムスの神理解は思索からではなく、創造主である神に対する理解から出たものである。そのため、アンセルムスの命題は信仰の命題であり、彼の見通したものは神の名の啓示である。神を考えるということは、必然的なことではない。神はただ神自身を通してのみ認識される。信仰は恵みと神秘なのである。(19)

モルトマンによれば、神存在の存在論的証明も他の証明のように、先取りされた終末の一片である。なぜなら「神はご自身を神によって証明する」ということや「神は神である」ということは、「神がすべてにおいてすべてとなり、神がすべてにおいてご自身を証明する」ということを含むからである。歴史において、神の全能の神聖に関してはキリストの復活という曙光《しょこう》しか存在しない。(20)

これらの神存在の証明方式を、私たちはどう判断すべきであろうか。モルトマンによれば、このような三つの自然神学は根本的に「旅人の神学（*theologia viatorum*）」であり、従順な思索によって、歴史における神の約束された未来を先取る神学である。それゆえ自然神学は、常に歴史的・暫定的・可変的・開放的である。自然神学、すなわち実存の神学及び歴史の神学は、現在的現実の不十分な材料を以って神的未来の光を集める小さな庭、ないしその反射光であり、すべての主として示されるであろう神の約束された宇宙的栄光の曙光《しょこう》であり指示である。したがって、私たちは神証明の方式を逆転させるべきである。すなわち、私たちの世界から神を証明するのではなく、神から世界を証明しなければならないということである。[21]

昔イスラエルの民は、神存在の証明を知らなかった。イスラエルの人々に対し、神は宇宙とその法則の美しさ・人間の自己理解・神概念を通して彼らに自らを認識させたのではなく、歴史の中で認識させたのである。そして新約聖書に従えば、神は宇宙と実存と理性の神という概念ではなく、キリストの十字架と復活の事件の中で認識されたのである。歴史的現実における神の約束、それが実現される歴史の地平の上において神が認識されるのである。それゆえ自然神学は、信仰の前提になることはできず、ただ未来の目標となるだけなのである。あらゆる人間に神が啓示され、証明されることができるという自然神学は、信仰の前提ではなく希望の未来的目標である。それは、神がすべてにおいてすべてとなる、まだ到達していない未来の地を先取りするということである。[22]

自然神学、あるいは一般啓示は神を指示、ないし暗示させるが、神について証明することはできない。それはただ「知られない神」（使17：23）を指すだけであり、神を明白に知らせることができないからである。一般啓示において、認識される神は偶像と混同される可能性が少なくない[23]。さらに、罪の下にいる人間は自然的神認識の可能性を甚だしく歪曲したり、変質させるのみならず、神の受肉と十字架の愚かさと復活の現実を理解するよりは、むしろあざ笑うこともする。「死者の復活のことを聞くと、ある者たちはあざ笑い……」（使17：32）。一般啓示は、隠れた神の目隠しの前で終わりを告げ、この目隠しはただ神自身によってのみ開けることができる。このような神の自己啓示（特別啓示）は聖書に証言されており、聖霊の力を通して信仰によって受け入れることができる。

3　神はどのような方か

さて聖書において証言された神は、どのような方として啓示され認識されるのであろうか。旧約聖書において、神の名としてよく用いられる名称は「エール（El）」である。これは神を意味するセム族（Semites）の一般用語でありながら、特定の神の名としてもあらわれる。「エール」という言葉にはほとんど他の言葉が結び合って表され（エール・エルヨーン、エール・ロイ、エール・オーラームなど）、その強調形でもある複数形が「エロヒーム（*Elohim*）」であり、それは「神は実際に言葉通りに神である」という意味を持つ[24]。

しかし、旧約聖書において神が自らモーセに啓示した名は「ヤハウェ」である。「神はモーセに仰せられた。〈わたしはあるという者である〉」（出3：14）「ヤハウェ」という単語は「存在者」の意味を持つが、その語源（*Hajah*）は「存在」というよりは、「活動」を意味する。したがって、ヤハウェとは「わたしは行動する者、すなわち、歴史の中で救いのため活動する者」という意味を持つ。[25] マルティン・ブーバー（Martin Buber, 1878~1965）によれば、ヤハウェとは「わたしはわたしがなろうとする者となろう」という意味である。これについて言えば、神は常に存在するが折《お》りに触れ、新しい約束と新しい活動の中で存在すると考えられる。それゆえ、神はご自身の現れを、特別な形と場所に制限しない。神は自由な方であり、旅路に従って動く神だからである。[26]

モルトマンは、神を「希望の神」（ロマ15：13）「未来を存在の特性として持つ神」（エルンスト・ブロッホ、Ernst Bloch, 1885~1977）と理解する。それゆえ、私たちは神を自分の中や上に持つことができず、初めから常に自分の前に存在する方であると考えることができる。神はご自身の未来の約束において私たちに出会われるため、私たちは神をただ生活の中において待ち望むことができるのである。[27] したがって、抽象的で静的な原理ではなく、人間の実存と歴史において、常に新しい形式で、新しい出来事、それに伴う新しい問いを通して、お出会いに来られる自由な方として、神を理解しなければならないのである。

イスラエルの民が歴史の中で出会った神は、創造と歴史の主であり、王として聖なる恐れるべき方である。だがしかし、旧約聖書においては神はただ恐ろしい方だけではなく、自ら選んだ民を愛する慈愛《じあい》に富む方としても理解される。神は特に貧しくて哀れな者、やもめと孤児を助ける方である。そのため、神はしばしばイスラエルの民から「父」とも呼ばれているのである。

新約聖書においても、神は創造と歴史の主として語りかけ、行動しながら自身を啓示する方として証言されている。特に新約聖書は、神が人格的な父であるという事実を頻繁に強調する。さらに、イエスはご自身と神との関係を表す「アバ」、「父」という言葉をよく用い、弟子たちにも神を「われらの父」（主の祈り）と呼ぶ権利を許したのである。

しかし、神の啓示は特定の形で制限されるはずがない。実に、神は様々な形によってご自身を啓示される。それにもかかわらず、見えない神の究極的な啓示は、イエス・キリストの受肉を通して明らかに示されたのである。ヨハネは「ことばは人となって、私たちの間に住まわれた。私たちはこの方の栄光を見た。父のみもとから来られたひとり子としての栄光である。この方は恵みとまことに満ちておられた。」（ヨハ１：14）と証言する。新約聖書においてイエスは、神の子、見えない神のかたち（Ⅰコリ４：４、コロ１：15）、神の栄光の輝き（ヘブ１：３）と呼ばれる。まさに、イエスは神と人との仲介者（Ⅰテモ２：５）、新しい契約の仲介者（ヘブ８：６、９：15、12：24）となるのである。

天と地を創造し歴史を治める神は自由な方である。神はまた愛でもある（Ⅰヨハ４：８）。さらに

「自由の中で愛する方」[28]でもある。特にイエスにおいて、神はご自身の自由を制限し束縛するほどに世を非常に愛する方としてあらわれた。愛の神は、愛の対象を遠くから同情するのみならず、それと共に自ら苦しみをお受けになる方でもある。換言すれば、創造主である神は、ご自分の造られた世界に自ら入って来ただけではなく、被造物の姿までもとった。歴史の主権者である神は、歴史の中に入って来ただけではなく、歴史の目標を成し遂げるために自ら歴史となったのである。

それゆえ、神の超越性は徹底的に神の内在性から理解されるべきであり、神の内在性も同じく神の超越性から理解されるべきである。すなわち、神は超越性において内在し、内在性において超越する。神は世界を超えて存在しながら、たまたま世界の内にも存在するというのではなく、本質的に世界の内に存在するのである。しかし、神が世界と全く一つになるということではない。神は世界の内におり、さらにはイエスにあって世界の一部となるであろうが、それにもかかわらず、神は世界の主と統治者であることを諦めることなく、依然として世界の中でこれと向き合っているのである。[29]

第6章　三位一体とは何か明瞭

1　三位一体論の起源

三位一体論はキリスト教の教理と神学の中で最も神秘的で不思議であり、それでいて最も理解しにくい項目の一つと言える。にもかかわらず、キリスト者たちは礼拝をささげる度に、使徒信条をもって三位一体の神を告白するのである。「我は天地の造り主、全能の父なる神を信ず。我はその独り子、我らの主、イエス・キリストを信ず。主は聖霊によりてやどり……」そして、礼拝が終わる時にも、牧師の祝祷の中で三位一体の神についての告白を聞くことになる。「主イエス・キリストの恵み、神の愛、聖霊の交わりが、あなたがたすべてとともにありますように。」しかし、三位一体が何を意味するのか、そして三位一体についての誤った理論に対する反論を尋ねられる度に、ほとんどのキリスト者たちは確信を持ってその反論に対して答えることができない。彼らの大半は、自分にも不確かであいまいな論理をもって、理屈に合わない話を語ろうとする。

ある者たちは、三つ葉のクローバを用いて、一体を成しているという事実を挙げて三位一体を説明しようとする。また他の者たちは、一人が三つの役割を務めることに関連付けて三位一体を解明してみようとする。三位一体を理解するため、分かりやすい譬えと環境の中で材料を探している。このように、三位一体を具体的に説明しようとする試みを理解することはできる。なぜなら、まさにこのような努力の中で、三位一体が無駄な思索と神話的魔術ではなく、人生に密接に関わりを持つ具体的な真理として、事実を立証しようとする真摯な試みが盛り込まれているからである。しかし、このような努力を通して、多くの人が無意味な思索や空虚な想像の中に陥って、的外れの理論を主張する場合がよく見られるのである。

聖書には明白に、三位一体という言葉が記されていないばかりか、さらに三つの存在が一つの存在を構成するという方法、一つの存在が三つの存在に成る方法について、具体的に説明する箇所が見当たらない。しかし、三位一体論は決して思索の産物でも理論的な創案でもない。三位一体論は、キリスト教を他の宗教と区分する最も独特な内容でありながら、キリスト教の神理解を最も明白に表す重要な鍵の一つと言えるのである。(1) それゆえ、三位一体論が理解しにくいからと言って、これを簡単に避けても諦めてもいけないのである。キリスト教信仰の対象である神は唯一でありながらも、三つの位格《ペルソナ》をもって存在する神である。それゆえ、キリスト教の神論の特徴は、ユダヤ教とイスラム教のような唯一神論でも、また多くの人が思い違いをするような三神論でもない。キリスト教の神は三位一体の神なのである。神は三つの位格《ペルソナ》で存在しながらも、三つの神ではなく、一つの神として統一された単一の存在である。しかし、このような逆説を私たちはどのように理解したらよいであろうか。

旧約聖書には、神が三つの位格として啓示されるとは記されていない。しかし、ヤハウェである神の人格化を次の三つの種類で説明する。旧約聖書において現れる神の三重的人格化は、新約聖書における三位一体的啓示の例として意味を持つ(2)。

⑴　神の知恵が世界と人間の中で人格化ないし擬人化される。「知恵は、ちまたで大声で叫び、広場でその声をあげ、騒がしい町かどで叫び、町の門の入口で語りかけて言う。〝わきまえのない者たち。あなたがたは、いつまで、わきまえのないことを好むのか。あざける者は、いつまで、あざけりを楽しみ、愚かな者は、いつまで、知識を憎むのか。わたしの叱責に心を留めるなら、今すぐ、あなたがたにわたしの霊を注ぎ、あたたがたにわたしのことばを知らせよう。〟」（箴１：25－23）

⑵　知恵に関連して神のことばも人格化される。「主よ、あなたのことばは、とこしえから、天において定まっています。」（詩篇119：89）、「主は地に命令を送られる。そのことばはすみやか

に走る。」（詩147：15）

(3)　旧約聖書は神の霊を人格化する。「神である主の霊が、わたしの上にある。主はわたしに油をそそぎ、貧しい者に良い知らせを伝えさせるためである。」（イザ61：1a）

新約聖書では、空虚な思索に陥らないで、神を三重的に語る箇所がよく見受けられる。「それゆえ、あなたがたは行って、あらゆる国の人々を弟子としなさい。そして父、子、聖霊の御名によってバプテスマを授けなさい。」（マタ29：19）、「主は一つ、信仰は一つ、バプテスマは一つです。……父なる神は一つです。」（エペ4：5―6）この二つの箇所から考えられることは、神は三つでありながら、同時に一つであるということである。すなわち、三重性は単一性の形に表されるということである。パウロは「主イエス・キリストの恵み、神の愛、聖霊の交わりが、あなたがたすべてとともにありますように」（Iコリ13：13）と語る。これは教理的公式ではなく、礼拝の特徴を帯びる表現として祝祷の根拠になっている。ここでパウロは各々独立した三つの存在として言うのではなく、単一的存在と示しているのである。また、先の箇所以外にも類似した箇所が他にもいくつも見られる。(3)

使徒以後の時代からカトリック教会の初期の頃まで、三重的告白の形は特に洗礼にかかわって用いられてきた。しかし、三位一体論を教理的に弁証するため、実体（*substantia*）と位格（*persona*）の概念を本格的に取り込んだのはテルトゥリアヌス（Quintus Septimius Florens Tertullianus, 155?～240?）である。彼によれば、神は永遠の前から一つの神であるが、ひとりではない。その方の理性（logos, *ratio*）、または知恵（sophia, *sermo*）も永遠であると言える。一つの神は数的な単一性ないし一元論的な単一性ではなく、それ自体の中ですでに区分されている単一性なのである。[4]

教会が三位一体論を明確に確立した動機と目的とは一体何であるのか。それは、何よりも異端思想から防御するためであった。その時神学者たちが借用あるいは使用した概念は、ほとんどヘレニズム哲学から借りてきたもので、非常に複雑で多様な形態で紹介された。しかし、イエスを主と神の子として信じる信仰と唯一神の信仰、その両方を仲裁して一致させようとする解釈の中で、教会が排斥した二つの極端的な理論を挙げるとするならば、それはまさに「従属論」と「様態論」である。[5]

2　誤った三位一体論

(1)　従属論（Subordinationism）

従属論は非常に多様な形で出現した。従属論を擁護した者たちとは、何よりも早くから出始めたロゴスキリスト論、特に、エイレナイオス（Irenaeus, 130?~202）、ユスティノス（Justin Martyr, 100?~162?）、オリゲネス（Origenes Adamantius, 182?~251）が強く主張したキリスト論に対し反対したグループである。テオドトス（Theodotus of Byzantium）の主張によれば、イエスは本来神ではなく単なる人間であったが、洗礼のとき聖霊を通して神の特別な力を受けて完全に生きることができるようになったとする。この理論は「力〈デュナミス〉」を強調する故、よく「勢力的ないし動態的従属論〈Dynamic Subordinationism; Dynamic Monarchianism or Adoptionism〉」とも呼ばれる。イエスは、いくら完全な者としても神自身ではなく、旧約聖書に登場する神の人たちと等しい存在と言える。

サモサタ出身のパウロ（Paul of Samosata, 200~275）はこれとは少し異なってはいたが、似たような特徴を持つ理論を主張した。彼はヘレニズム哲学よりロゴスの概念を借りてきた。しかし、ロゴスは霊ないし知恵のように純然と神の属性にすぎない。神は唯一無二の方である。そのため、イエスの中にはロゴスが出現することが不可能になる。しかし、イエスは罪のない人であり罪を克服した人であったため、神は彼にロゴスを与えた。そして、イエスは世界において最も高い位に上げられたと言うのである。

最も激しい論争を起こした理論はアレイオス（Areios, 250?~336?）による理論であった。彼もオリゲネスのようにイエスを既に存在していたロゴスと見なした。ところが、ロゴスは神の属性ではなく最高の位置に置かれた最初の被造物である。まさにこのロゴスがイエスに受肉したのである。ここで、ロゴスは創造された神、もしくは半神的な存在のようである。すなわち、ロゴスは神自身ではなく、ただ神的な存在にしか過ぎないのである。この見解によると、神は自身の中に多様な神性を内包する存在の中で、最も高い存在のようである。実はこのような理論は、グノーシス主義の理論と非常に似ているのである。

(2)　様態論（Modalism or Madalistic Monarchianism）

様態論とは、神の唯一の支配（モナルキア主義ないし独裁論ないし君主論）を主張する点において、他の極端な主張と一致している。そして、様態論はロゴス・キリスト論を排撃するかおろそかにする点において、初期の勢力的従属論とも一致する。しかし、その理由は全く違っている。非常に多様な形で出現する様態論であったが、一つの神（父）を啓示の主体として見て、イエスと聖霊をただ同一の神の相異なる様態ないし様式と見なそうとするのである。

このような理論を最初に示したのはスミルナ出身のノエトス（Noetus of Smyrna, 180~200 頃活躍、天父受苦論者（ノエトスとサベリウスは両方とも様態論の中心的な人物で、それぞれ天父受苦論（Patripassianism）とサベリウス主義でよく知られ、ついには異端として排斥された。））であった。彼によれば、父自ら自己変化をし、子として生まれた。言い換えるなら、神自らが生まれたようなものである。そして神は苦難を受けた後、再び天に昇って行ったと主張するのである。また、サベリウス（Sabellius, ~260?様態論派の指導者）によれば、神は救済史の過程において、相異なる顕現様態を三回とったとされる。最初は創造主と律法授与者である父、または救い主である子、そして生命を造って生かす霊として顕現したと述べたのである。

このような理論の根幹には、神の複数性と哲学的唯一神論を仲裁しようとするストア思想が背景にある。すなわち、多くの神々は一つの神的本質を携える相異なる存在（仮面、出現形態）として現れたということなのである。この考え方で言うなら、神は三回も仮面をかぶって歴史の中に現れた「隠された四回目の存在」のようなものであり、おそらく他の仮面をもかぶって顕現することができる力を持っているという「多重仮面の神」のようなものになってしまうのである。

3　三位一体論の本質と意味

教会は325年のニカイア公会議において、極端的な二つの理論を排撃し、アタナシオス（Athanasius of Alexandria, 296?～373）の主張に従って「子は創造されずに父より生まれ、父のように永遠であり、父の本質と同質である」と宣言した。このことによってキリストの神聖が確立され、381年のコンスタンティノポリス公会議において聖霊の神聖に関する信条が追加され、完全な三位一体論が確立されるに至ったのである。教会は、神に序列をつけようとする従属論と、啓示の背後で沈黙する異なる神と見なして啓示を軽視する様態論を拒否した。そして神の唯一性と神の啓示、この両方を保存しようとした。三位一体論の確定によって、教会は「神が三重的啓示において実に自己自身を示した」という事実を告白することができた。それと同時に、「神は唯一性を侵害しないながらまさに自己自身を啓示した神である」という事実を告白することができたのである。

もちろん、教理論争は人間的な葛藤と政治的な勢力による影響を、全く受けなかったとは言えないであろう。そして、正統主義と自任するか教理論争に勝った人物と集団においても、しばらくの間、従属論と様態論の要素がある程度残っていたと言える。険しい論争と起伏に富んだ過程において、教会は三位一体論を確立するに至った。しかし、教会が確立した三位一体論はヘレニズム哲学をはじめ、当代の様々な概念を借りて説明したものであった。従って、人々にとって難解な理論と受け取らざるを得なかったのである。同様に、現代においても三位一体論は理解しにくい教理として見られ、説明するにも気詰まりな教理として回避されるか、無視されるといった傾向がしばしば見られる。例としてフリードリヒ・シュライアマハー（Friedrich Schleiermacher, 1768~1834）とイマヌエル・カント以来、プロテスタント神学において三位一体論は、何の意味もない神学的な思弁と見なされてきたという経緯がある。(6)

しかし、三位一体論はただ空虚な理論的遊戯ではない。三位一体論はキリスト教において福音の中心的内容を体系化したものであるため、安易に諦《あきら》めてはいけないことなのである。そのため神学者たちは、時代ごとに新しい表現と概念を通して、三位一体論を説明しようと努めてきたのである。彼らは三位一体論の神秘を解くため「三位一体の痕跡」を見出そうと努めた。例えば、アウグスティヌスは人間の内面の中で三位一体の痕跡を見出した一人である。人間は精神的存在として記憶・認識・意志を持っている。そして霊魂の能力は、意志・認識・愛である。彼は特に愛の行為において三位一体の痕跡を見出そうとした。すなわち、神は愛する者、子は愛される者、そして聖霊はこの両方をつなぐ愛の紐であるとしたのである。[7]

アンセルムスは、ナイル川の上流・中流・下流で三位一体の痕跡を見出そうとした。ヘッカ（Theodor Haecker, 1879~1945）は、感覚・思考・意志、体・魂・霊、植物・動物・人間を三位一体の例として挙げた。フィリップ（Wolfgang Philipp, 1915~1969）は、我《われ》・汝《なんじ》・それ、人間・歴史・自然、現在・未来・過去、偶然性・目的性・因果性などを三位一体の比喩として挙げた。また、アルトハウス（Paul Althous, 1888~1966）によれば、神は私たちの上にいる者（父）・私たちの間に来た者（子）・私たちの中にいる者（聖霊）であるとした。[8] バルトは、啓示者・啓示・啓示現実、創造者・和解者・救済者、隠蔽・開示・自己伝達、自由・形態・歴史性のような三重的図式で三位一体を説明しようとした。[9]

モルトマンによると、神（父）は十字架において自らご自身（子）を見捨てた。このように見捨てることにおいて父と子は徹底的に分裂したのである。しかし、父の見捨てた苦しみと、子の見捨てられたという苦しみにあって、父と子は最も密接に結合する。まさにこのような出来事により聖霊が出た。それゆえ、十字架の事件こそ三位一体の神においての事件なのである。[10]

さて、以上のことから、三位一体論は私たちに何を教えようとしているのであろうか。神はただ孤独であるか、あるいは独りで満ち足りているような神ではない。さらに、神は人間に対する支配と独裁を正当化するような背後における独裁者、ないし陰で操っているような者でもない。唯一の神に対する信仰は、父が家族を支配し、男性が女性を支配するような社会的・歴史的な現状の神学的・理念的な根拠になってきた。このような政治的・宗教的な歪曲は、ひたすら三位一体の神に対する信仰に戻ることによってのみ、修正することができるのである。[11]

なぜなら、三位一体の神は真に聖書的社会主義の原型として、あらゆる種類の個人主義や全体主義を拒否し、またあらゆる種類の独裁支配を排撃するからである。換言すれば、三位一体の神は政治的独裁、聖職者の階級的支配、男性優越主義ないし成人優越主義、人種優越主義、人間優越主義（自然破壊）などを拒否する。三位一体の神は、個人主義のみならず、集団主義をも拒否し、隣人に対して心を開き、彼らとともに喜びと悲しみを分かち合うような兄弟姉妹の共同体を願っているのである。

神は三つの位格において互いに区別されているが、独りで存在するのではなく他の位格に参与し、他の位格とともに交わる。神は三つの位格において独立した主体を成すが、他の位格と絶えず結合し、他の位格にあって互いに所有し、互いに分かち合う。三位一体の神は、愛の関係において互いに循環し浸透しながら一つの理想的な共同体を成す。[12] したがって、ただ連帯と参与の関係に基づいて建てられた兄弟姉妹の共同体のみが、永遠の三位一体の生き生きとした象徴となれるのである。[13]

第7章　無神論をどのように受け取るべきか

「神は存在する」という事実は、聖書が人類に与えた最大の賜物である。聖書において神の存在は自明なことであり、すでに初めから前提とされている。「初めに、神が天と地を創造した。」（創1：1）したがって、聖書において神の存在は、決して否認されたことも疑われたこともない。

しかし、聖書にはイスラエルの民の中でも、神を否認するといった者たちがたまに現れるという事実を、隠すことなく記録する。ダビデは次のように嘆いた。「愚か者は心の中で、〈神はいない〉と言っている。彼らは腐っており、忌まわしい事を行っている。善を行う者はいない。主は天から人の子らを見おろして、神を尋ね求める、悟りのある者がいるかどうかをご覧になった。彼らはみな、離れて行き、だれもかれも腐り果てている。善を行う者はいない。ひとりもいない。」（詩14：1―3）「罪は悪者の心の中に語りかける。彼の目の前には、神に対する恐れがない。」（詩36：1）

ヨブが酷《ひど》い苦難を受けている時、彼の妻は苦難に合いながらもなお変わらず神を信じる夫に向かって、「それでもなお、あなたは自分の誠実を堅く保つのですか。神を呪って死になさい」（ヨブ2：9）と叱った。パウロも、「神の真理を偽りと取り代え、造り主の代わりに造られた物を拝み、これに仕えた」（ロマ1：25）者たちがいると言う。このように、聖書は神を尋ね求めることなく、礼拝しない者たちがいるという事実を隠すことなく伝えているのである。

しかし、聖書に出てくる無神論者たちは、神の存在を実際に否認する理論的無神論者というよりは、神の活動を否認する実践的無神論者と言える。聖書は理論的無神論者を全く知らない。しかしながら、現実的に神に激しく抵抗する者たちだけでなく、神を露骨に否認する者たちも出現するという事実も疑いのない現実である。

聖書的には不可能なことが、現実的にはなぜ可能であるのか。理論的・実践的に、神の存在を疑い否認するのみならず、神に抵抗する者たちは、一体どのような理由でそうするのであろうか。なぜ無神論者たちは、依然として無神論を喧伝《けんでん》しているのであろうか。[1] 今まで現れた無神論は、次のような形で神の存在を否認する。[2]

1　理性の名によって（合理主義的無神論）

フランス啓蒙主義時代において、唯物論学派の中心人物であったドニー・ディドロー(Denis Diderot, 1713~1784）は、人間を一つの機械と見なした。彼はただ感覚的に体験できるもののみを認定し、超感覚的なものを拒否した。彼の主張によれば、神は一つの亡霊であり、捏造《ねつぞう》された偽りである。彼は神に代わって偶然・自然・良心を崇拝した。特に、彼は理性を熱烈に崇拝した。彼によれば、理性は暗い夜を照らす松明《たいまつ》であり、ただ理性の声のみを聞かなければならないのである。

啓蒙主義的無神論は、19世紀の世界観である実証主義に大きな影響を与えた。実証主義はただ実証できるもの、すなわち感覚的に経験できるもののみを認定する。実証主義を創始したオーギュスト・コント（Auguste Comte, 1798~1857）によれば、学問とはただ存在するものに限られなければならない。学問は常に相対的で、世界と関連を結ぶ。したがって、神のように世界から隔たっているもの、つまり絶対的存在というものはない。コントは、歴史の過程を神話的時代・形而上学時代・実証科学時代と区分し、宗教の終末を予言したのである。

イギリスの哲学者兼数学者であるバートランド・ラッセル（Bertrand Russell, 1872~1970）は、新しい合理主義及び新しい実証主義を代弁した人物とされ、公に神を否認した。彼は「宗教は必要か（原題：Why I Am Not a Christian, 1927）」という著書の中で、宗教の土台は「恐れ、すなわち神秘と失敗と死に対する恐れである」と主張し、神は自由な知性を束縛すると言った。宗教とは違い学問は卑怯な不安を克服するよう助け、世界は生きるべき価値のある所とさせるであろう。学問の存在は、はるか昔から無知という牢獄に囚われていた人々を、自由な知性によって彼らを束縛から解き放つであろう。イギリスの生物学者トマス・H・ハクスリー（Thomas H. Huxley, 1825~1895）は、ラッセルと同様に、神の存在は無知で不幸な人間の逃げ場所であり、人間が考案した仮説であると見なした。

2　自然の名によって（自然主義的無神論）

近代無神論の父ルートヴィヒ・A・フォイエルバッハ（Ludwig A. Feuerbach, 1804~1872）は、カール・マルクスと共にヘーゲルの観念論を鋭く批判した、いわゆる青年ヘーゲル左派に属する人物である。フォイエルバッハは、ただ肉体的・物質的世界のみを現実と見なす唯物論を信奉した。彼によれば、精神的世界はただ物質的世界の投影に過ぎないということである。彼はキリスト教を常に観念論と混同し、彼岸の宗教として見なした。彼は聖書を引用し「私たちは、ことばが人となり、精神が物質となるのを要求する」と言った。もし、あらゆる現実が物質的で、神が非物質的であれば、神は存在しない。なぜなら、ただ自然を通して説明できるもののみが存在することができるからである。超自然的なものはない。そして、彼は自身の唯物論を「自然主義」と呼んだ。また「神が自分の形として人間を創造したのではなく、人間が自分の形として神を創造した」と主張した。神は天に投影された人間本性の鏡ないし一種の理想的な人間、または理想的な自我の延長である。それゆえ神学は人間学なのである。

自然科学者エルンスト・ヘッケル（Ernst Haeckel, 1834~1919）も、フォイエルバッハの影響下で自然を熱烈に信奉し、チャールズ・ダーウィン（Charles Darwin, 1809~1882）の進化論から強い影響を受けた。ヘッケルの信念は、自然の統一性と自然法則の永遠性に基づいている。彼によれば、ただ一つの世界のみが存在し、他の超自然的世界は存在しない。物質的世界と非物質的世界のように、相互分離した二つの異なる世界はない。ただ感覚的で認知できるもののみが現実なのである。自然は超自然的法則を制定した者を必要としない。自然とは、ただ自身の法則に従って発展するだけである。宗教の根は、世界において説明できないもの、世界の謎を説明しようとする理性の欲望なのである。しかし、現代の驚くべき学問の発展は世界の謎を解ける段階に至っている。宗教の啓示は人間の幻想の産物である。真の啓示はただ自然の中でのみ見出すことができる。したがって、自然という神殿と自然において示される真善美という価値への礼拝は、教会とその迷信にとって代わるであろうと述べた。

3　人間の名によって（マルクス主義的無神論）

カール・マルクスも、ヘーゲルの観念論を鋭く批判したヘーゲル哲学の弟子であった。唯物論者であったマルクスによれば、人間の意識はただ社会的条件の変化によってのみ変化し、その逆にはならないとされる。マルクスの思想を支配した重要な概念の中の一つは疎外である。労働者は、資本家の所有となるということにおいて、自分自身から疎外される。労働者は、自分自身の主人とはならない。労働者は、より多くの商品を作れば作るほどより安価な存在となる。彼らが、多くの価値を創出すればするほど、彼らはより安価な存在となるのである。したがって労働者は、自分の労働をなじみが薄いものと感じ、彼らの労働は内的欲求ではなく、外部の抑圧によるものとなる。このような疎外は、私的所有の廃止によってのみ克服されることができる。これによって、共産主義とはまさに、マルクス主義の目標となったのである。

キリスト教と似ている目標を目指していたにもかかわらず、なぜマルクスはキリスト教と一致することができなかったのであろうか。マルクスが無神論者となった理由は、革命を通してこの地上においてパラダイスを建設すべき人間の務めを、忘却させるのが彼岸の神であると見たからである。地の資本家のように、天の資本家も人間を不幸にさせてしまう。天の資本家は地の資本家のよい模範であり、地の資本家の行為を正当化する。しかし、宗教的に悲しむことは現実の悲しみの表現のみならず、それに対する抵抗でもある。宗教は抑圧された被造物の嘆きであり、民衆の阿片である。換言すれば、宗教は不幸の表現であると同時に、不幸を見ないようにする想像の中での幸福である。しかし、幻想を必要とする状況が廃棄されるような時になったのならば、状況にかかわる幻想もついに廃棄することができるであろう。

エルンスト・S・ブロッホ（Ernst S. Bloch, 1885~1977）も投影理論から出発する。彼によれば、宗教は天に投影された下層の人々の映像である。下層階級の人々が取り去られる時、神という映像も消え去る。しかし、上を向く投影は下を向く投影でもある。ラテン語で「宗教（レリギオ、Religio）」とは、「過去との結び付き」を意味する。すなわち、宗教は太古の世界創造の神話的神との結び付きなのである。したがって、宗教は過去との結び付きである。しかし、人間は過去から抜け出して未来を見なければならない。人間の本質は希望にある。希望の能力は、人間を動物から区別する。人間は本質的に前を見渡すことができる。そして、人間は既存の現実に満足することができない。人間は宗教的な彼岸を望まず、疎外と貧困が取り去られたような幸福な地を望むのである。

マルクスと違い、ブロッホは無神論とキリスト教を一つと見なす。ただ無神論者だけがよいキリスト者となれるのである。そして、ただキリスト者だけが無神論者となれる。キリスト教は、未来を見渡し、現実から抜け出すことができるので、本質的には無神論で非宗教的でもある。聖書的無神論は、天の神を廃位し、その場の人間と人の子イエスを座らせる。イエスの国は現実の転覆《てんぷく》であり、また、現実を創造された神に対する拒否でもある。天の神はイエスが実現された、支配がない人間と一致することができない。したがって、イエスは無神論者となるのである。

4　生命の名によって（生命哲学的無神論）

フリードリヒ・W・ニーチェ（Friedirich W. Nietzsche, 1844~1900）は、アルトゥル・ショーペンハウアー（Arthur Schopenhauer, 1788~1860）の「意志の哲学」の影響を強く受けた。ニーチェは「愚か者は神を求めるが、私たちは神を殺した。神は死んだ。私たちが神を殺した」と叫んだ。神を殺した人間の偉大な行為は人間をして超人とならせる。そして、人間は神のようになった。超人が登場するためには神々は死ななければならないのである。啓蒙主義が、無神論を主張したのは、人間が再び人間となるためであったが、ニーチェが無神論を主張したのは、人間が克服され超人が誕生するためであった。したがって、ニーチェは「強者となれ！」と叫んだのである。そしてキリスト教の隣人愛の戒めは、強者の倫理に取って代わったのである。強めさせるのは善であり、弱めさせるのは悪である。また、神は弱者の発明品であり、宗教は意志の病であり弱者の感情である。超人は強い生命の意志を持つ人のことである。神は生命の反対概念として発明され、人間に生命を与えるのを嫌がる嫉妬心の多い独裁者であるとする。しかし、天の独裁者は、自らが十字架にかけられることによって苦難を受けはしたが、ニーチェにとって、十字架にかけられた神ほど彼に憎しみを起こさせるものはなかった。十字架の神は生命に対する呪いであり、イエスの十字架は生命に対する反乱である。あるいは、より優れた生命に対する信仰によって武装したキリスト教は、初めから生命と世界に対する嫌悪である。したがって、ニーチェは「大地に忠実であれ、そして超地上的な希望を説く人々を信じてはいけない!」と叫んだのである。

ヨハン・ヴォルフガング・フォン・ゲーテ（Johann Wolfgan von Goethe, 1749~1832）とニーチェの影響を受けたフランスの文学者アンドレ・ジッド（Andre Paul G. Gide, 1869~1951）によれば、勇気こそ最も大きな徳であり、それを妨げる宗教は拒否しなければならないと述べる。神は幻想であり、世界のみが唯一の現実である。教会は人間の監獄である。人間は自ら道徳の尺度を作らなければならない。如何なる代価を払ってしても、人間は自分自身に忠実であらねばならない。他のすべてのものは疑ってもかまわないが、自分自身は疑ってはいけない。人間は自らを創造する。人間は自己の道徳の尺度を自ら作らなければならない。自分の人生を行き果たそうとする勇気こそ最も大きな徳なのである。これを妨害するあらゆるものは、拒否しなければならないとされるのである。

5　成熟の名によって（心理主義的無神論）

医者として精神分析学を創始したジーグムント・フロイト（Sigmund Freud, 1856~1939）は、無意識の重要性を見出した者として有名である。無意識とは、人間が意識することができないが、それに劣らず強い影響を与える。人間の無意識（衝動）は、自我（意識）によって抑圧されているが、決して取り除いたり統制したりすることができない。しかし、なぜ自我は無意識を抑圧するのであろうか。それはいわゆる超自我ないし良心が監督し命令するからである。超自我は一方では人間を未熟にさせるが、他方では内面化した倫理的善悪観念を通して熱情と衝動を飼い慣らして人間を社会化しようとする。ところで、フロイトによれば、超自我は文化のみならず、宗教も生み出す。宗教とは、経験の沈殿物あるいは思考の結果ではなく、幻想、すなわち最も古く、最も強く、最も切実な人間の願望の成就である。宗教は、人類の無知な幼児時代の幻想であり、幼年期の無力感が一生にかけて持続されるのを痛感した人間が、より強い父親として神に依存しようとする欲望から生じたものである。その一方、フロイトは神を精神的な病、すなわち、神経症（ノイローゼ）の産物と見なしたのである。

エーリヒ・S・フロム（Erich S. Fromm, 1900~1980）はフロイトの体系を独特に改め直した。フロイトのように、彼も宗教を心理的幻想と見なした。彼によれば、成人は幼少時代に父母に執着した感情を神と社会の権力者たちに移している。宗教は心理的に大衆の独立を妨げ、知能的に大衆の歓心を買い、権力者たちの前で幼児のように従順に行動するように飼い慣らす機能を持つ。宗教は、幻想を通して現実的な満足を妨害し、あるいは代替しようとする最も古い集団的機能である。また、宗教は失敗を慰めたり、階級的な状況に対して心理的に断念させたり、抑圧される者たちの苦しみについて抑圧者たちが感じる罪責を軽くする機能を持つものなのである。

6　自由の名によって（実存主義的無神論）

文学者であり哲学者でもあったジャン＝ポール・サルトル（Jean-Paul Sartre, 1905~1980）は、フランスの代表的な実存主義哲学者としてよく知られている。彼にとって実存主義とは何であろうか。彼が代弁した実存主義の出発点は、ドストエフスキー（Fyodor M. Dostoyevsky, 1821~1881）の命題のようなものである。もし神が存在しなければ、すべてが許されるであろう。神が存在しなければ、人間は自由になれるであろう。神が存在しなければ、人間は存在できるであろう。人間は彼自身を創造するほど絶対的に自由であろう。人間は彼自身の創造者であり、創造者なる神は不必要になり、存在もしない。実存とは本質より先である。すなわち、人間の運命は前もって定められているのではなく、自ら彼自身の運命を決定するのである。人間は、自身が行うあらゆる行動に関して自ら責任を負わなければならない。人間が自ら責任を取るためには神が存在してはならないのである。もし神が存在しないなら、神の戒めによって自己を正当化することも赦しを求めることもしてはいけない。人間が自ら自分の人生の尺度となる戒めを作らなければならない。人間以外には法律を制定する者がいないからである。人間は自ら自分の道徳を選ぶことができる。人間が自ら善と悪を決定することができるため、天における神は存在せず、善悪の裁き主はいないことになる。したがって、神はいない。存在するのはただ私だけである。もし神が存在するなら、人間は無となる。このように、絶対的自由を叫んだサルトルは、市民社会に統合されるのを拒否する行為であるとしてノーベル文学賞を断り、一夫一妻制を批判して契約結婚を実践した。

フランスの作家アルベール・カミュ（Albert Camus, 1913~1960）も、人間のための神を拒否した。人間は自ら責任を負う者とならなければならず、世界に対する人間の責任を奪う神は、人間が人間らしくなるのを妨げるのである。なぜなら、人間の本質は責任感にあるからである。それゆえカミュは、キリストの身代わりの贖罪を激しく批判した。このような行為を通して、人間は自己行為に関する責任を剥奪されてしまうからである。したがって、まさにギリシア神話に登場するシーシュポス（Sisyphos）は、カミュが主唱した実存主義の原型であった。シーシュポスは絶えず転がり落ちる巨大な岩を山頂に押し上げる罰を受けることになった。神々は苛酷にも、シーシュポスにこのような無意味な労働の刑罰を与えたのである。しかし、カミュは軽蔑を通して克服できない宿命はないと見なした。シーシュポスは、神々を蔑んで彼らを制圧し、乗り越えることができたのである。彼は神々を否認することによって、岩が彼自身の宿命となり、彼を支配するのではなく、もはや彼が岩を支配することとなったのである。成功の希望こそないが、岩に対する彼の闘争は人生を価値あるものとする。これらのことによってシーシュポスは幸せな人間となる。そして、カミュはイエスとは違い「私の国はこの世に属している」と述べた。

7　苦難の名によって（神義論的無神論）

１９６７年ドイツで行われたアンケート調査によれば、神を信じない理由として次のような答えが出されたと言う。両方の世界大戦を考える度に神に対する信仰は消えてしまうという。神はあまりにも私たちを失望させ、そして見捨てた。もし神が存在するなら、この地上においてこれほどまでに不幸は起こらないであろう。神はあまりにも多い苦難をゆるし、世には悲惨なことが多過ぎる。このように、今日最もあり触れている無神論はまさに苦難という名によって正当化されるのである。このような無神論は、多くの文学作品によって描かれている。例えば、ドイツの文学者トゥホルスキー（Kurt Tucholsky, 1890~1935）、ボルヒェルト（Wolfgan Borchert, 1920~1947）、アンデルシュ（Alfred H. Andersch, 1914~1980）などの作品を挙げることができる。トゥホルスキーが無神論者となったのは、人間が互いにほしいままに行った殺戮《さつりく》の故であった。このような出来事をゆるす神は存在するはずがない。また、彼は平和主義者であった。次第に、彼の戦争に対する闘争は、神に対する闘争へとつながっていったのである。ハンブルクの作家ボルヒェルトは、１９４５年、戦争で受けた障害を負って帰郷した。彼は数多くの苦難をゆるす神は存在できないと思った。戦争と神は、それ自体が矛盾なのである。そして、アンデルシュもナチスの存在をゆるす神はもうそれ以上信じられないと思った。神は賛美歌の歌詞のような堅いとりでではなかったのである。神は気ままに自分の国を他の者に譲り渡した悪戯好きな者である。神は不在であった。神はあまりに遠く離れており、世界はサタンの国となってしまい、神は世界を屠畜場《とちくじょう》としたのである。このような状況下では、人々は祈りを神が聞かれるということを決して想像することができず、祈ることを辞めていったのである。神に対する叫びは全く意味を持たなかった。どんな慰めも、殉教も意味がなかった。このような苦難において彼が経験し知り得たことは、「神は耳が聞こえないか、または死んだ神である」ということであった。

8　無神論に対するキリスト者の答え

(1)　ハンス・キュング（Hans Küng, 1928~）によれば、まず初めに無神論を認めて扱わなければならないとする。神を否定することはできる。しかし、無神論を合理的に問い詰めて排撃することはできないからである。無神論は立証も反証もできない。なぜなら、実在の根本的不確実性という経験にこそ、無神論を主張しつつ固守するという十分な契機となるからである。結局、無神論は不可能であると結論付ける論拠と事実はない。「神は存在しない」と語る人の主張を実証的に反駁することはできないからである。そのような主張の前に、いくら厳密な論証を立てても馬鹿らしいものに過ぎない。立証されていない無神論的主張は、究極的に一つの決断、及び実在それ一体に対する根本的決断より出てくるのである。したがって、神を否定する人を合理的に反証できないとするのである。(3)

キュングの主張通り、有神論も無神論もみな純粋理性によっては立証も反駁もすることができない。なぜなら、神が存在するというのは、究極的に信頼に身を投じる行為の中においてのみ認識されることができるからである。人間は常に自由な存在であるため、有神論か無神論かを選択するのは彼自身の自由な決定の結果なのである。しかし無神論は、不確実な実在は存在できないという条件を提示する能力がないという点で、根本的に合理性が欠如しており、それゆえ究極的な根拠喪失、基礎喪失、目的喪失、実在その一体の無意味、没価値によって虚無主義に陥る危険がある。(4)

(2)　神の存在を否定したり疑ったり、または神に抵抗したりするのは、結局神から逃げることが出来ないという事実を逆説的に示す。「私はあなたの御霊から離れて、どこへ行けましょう。私はあなたの御前を離れた、どこへのがれましょう。たとい、私が天に上っても、そこにあなたはおられ、私がよみに床を設けても、そこにあなたはおられます。私が暁の翼をかって、海の果てに住んでも、そこでも、あなたの御手が私を導き、あなたの右の手が私を捕らえます。」（詩139：7―10）

神に立ち向かう絶望的な闘争は、神に対する真の経験でもある。人間は、挫折の中で神を隠れている存在として経験する。避けることができない真の存在であるその方の偉大性を通し、神を経験した者のみが神の存在を正しく理解することができるのである。なぜなら、真の神は私たちの思想と意志と信仰までも無限に超える方であるからである。

したがって、エーリヒ・フランク（Erich Frank, 1883~1949）が語ったように、絶対的な疑心と絶望は神に対する否定のみならず、神に対する抵抗でもある。しかし、神に対する絶望的な闘争においてようやく人間は神の真の姿を経験する。彼は神から逃げることが出来ないという事実を知ることになる。彼は挫折の中において、神を「切り立った崖と高く雄大な山岳」と認めることになるのである。[5]

ルターによれば、啓示された神（*Deus revelatus*）は、隠れている神（*Deus absconditus*）でもある。啓示によって現れた神は隠れている神である。神は私たちに、直接的な啓示ではなく、十字架と苦難の中で逆説的な啓示をされる。神はこのように、ただ隠れている方としてのみ罪人に自身を啓示されるのである。[6] したがって、無神論とは一種の「否定神学（*Theologia negativa*）」とも言えるのである。[7]

このような観点で、アクィナスは次のように言う。

「神に関する発言は、それがどんなものであったとしても、私たちに神の実在を知らせることはできない。私たちは神の真理を知るために、自分が知っていると思う、その方に関するあらゆる話を排撃しなければならない。神の存在に対する主張は、神の本質が問われているのではなく、実体と呼ばれる果てしなく広がる大洋に関して指示をするだけである。それゆえ、神は無知という暗夜に残ることになり、その中で私たちは、私たちの生において神に最も近くなることができるであろう。[8]」

アウグスティヌスが神を「真理自体」と呼ぶとしたら、人間はただ自分が信じている真理の名によってのみ、真理を否定できる。すなわち、人間はただ神の名によってのみ、神を否定することができるのである。さらには、神を否定する論理も究極的には神を立証しようとする努力の一つと見ることができる。神を否定する者たちもほとんど代替された絶対者、すなわち、成功、承認、理性、自然、自由、意味、運命、良心、義務などを信じているからだ。まさにこの点においても、気をもみながら神を否定しようとする努力は、神を証明しようとする努力という逆説的な真理に見えるのである。

(3)　大概の無神論は、キリスト教の真の神というより、教会の間違った教え、世相の誤った考えの神の姿に狙いをつけている。神は確かに理性を超越するが、理性自体を無条件に否認はしない。なぜなら、理性も神の被造物だからである。神は、人間が明らかに理解できないようなことをたまに行うが、しかし、ご自分の被造物を真に愛し、人間の究極的な幸福と繁栄を願っているのである。神は、確かに人間の自由を制限するが、このことを通して、人間を未熟で無責任な存在とするということを望まない。神は人間が理解し難く、克服し難い苦難をゆるしもするが、苦痛を楽しんで虐げる天の独裁者ではなく、また、世界に勝手に号令をかけたり支配したりする暴君でもない。神は人間の苦難を同情するのみならず、苦難と連帯して自身の苦難を通して苦難を克服するのを願われているのである。(9)

しかし、今までたまに教会はこのような神より独裁的で迷信的な神を伝えてきた。それゆえ、無神論に対しては、教会にも少なからず責任があると見るべきである。したがって、教会は無神論を理論的に反駁しようとして努める前に、無神論者たちに対して真の神の姿を示すため、真剣に努力しなければならないのである。

(4)　最後に言いたいのは、無神論とは本質的な理論的無神論というより、大方実践的ないし意図的無神論であるということである。無神論は、ほぼ教会の無能と腐敗、偽善の土壌の上で育ち、まさにこれらのものから栄養を摂取したと言えるのである。口先で「主よ、主よ」と言いながらも、生活の実《み》をろくに結ばないキリスト者も実践的無神論者と言える。それゆえ無神論者は、キリスト者の自己反省に寄与し、「羊と山羊」を分けるキリストの最後の審判台（マタ25：31─46）の前に、あらかじめ立たせると言える。

キリスト者は、無神論者を嘲ったり責めたりする前に、自身を省みようと努めるべきである。仮に教会が、弱者より強者を味方するようになったとしたらどうであろう。民衆の希望となるというよりは民衆の阿片となって、隣人の苦しみに対しても無関心になり、世界にも無責任な態度を教会がとったとしたならどうか。パリサイ人よりさらに正しいとは言えなくなり、「神に最も近い」とあえて言うのは、無神論者たちより難しいであろう。したがって、教会は無神論者たちに対して高慢な態度を持ってはいけないのである。

もし、教会が自分の使命を忘れて誤ったならば、教会も神に捨てられてしまうということが考えられる。「もし神が台木の枝を惜しまれなかったとすれば、あなたをも惜しまれないでしょう。」（ローマ11：21）この聖句が記しているように、実際に教会が、ただ世界に見捨てられたというだけのことではなく、神にも見捨てられたということが少なくなかったであろう。世界に見捨られるということに対して教会は多少の悔しさを味わったということがあっても、神に見捨てられたということは、当然のことであり自業自得ではなかったのではないだろうか。

ボンヘッファーが語ったように、キリスト教を敵対視するということは、教会を腐敗させ、見かけは敬虔であるが実は不信仰的な信仰への抵抗として、むしろ希望的な不信仰と言ってもよいであろう。なぜなら、希望的な不信仰は否定的であるが、神に対する真の信仰と真の教会の遺産を保存しているからである。神は不純な信仰より、かえって率直な不信仰を喜ぶであろう。[10]そして、ルターが語ったように、神は不敬虔な信者たちが叫ぶ「ハレルヤ」よりも、無神論者たちによる呪いをより喜んで聞くことができる。[11]

教会は人々を非難する前に、キリスト者としての光をそれらの人々の前で輝かせ、無神論者である彼らが教会のよい行いを見て神を崇めるようにしなければならない（マタ5：16）。したがって、教会は無神論者たちに祈りと伝道の負債、またそれ以外にも愛と悔い改めの負債をも負っているのである。教会は彼らを忍耐と希望をもって扱い、真の福音をことばと行いによって示さなければならない。無神論の問題とは、結局無神論者だけの問題ではなく、教会の問題でもあるという事実を私たちは率直に認めるべきなのである。

第8章　創造とは何か

旧約聖書は、創造に対する信仰告白によって始まる。「初めに、神が天と地を創造した。」（創1：1）キリスト者たちは使徒信条を通して「我は天地の造り主、全能の父なる神を信ず」と、ずっと昔より告白してきた。そして新約聖書は新しい創造に対する幻想で語を結ぶ。「もはや夜がない。神である主が彼らを照らされるので、彼らにはともしびの光も太陽の光もいらない。」（黙22：5）このように、聖書は神がまさに万物の「初めと終わり」（黙22：13）であるのを証言する。したがって、創造信仰はキリスト者の中心的な信仰告白の一つとして初めから非常に重んじられてきたのである。

キリスト者たちが信じる神とはまさに、天地を創造された神である。もし神が創造主でなければ、そのような神は聖書ないしキリスト教の神ではなくなる。創造を神の本質から引き離すことはでききない。なぜなら、神は世界の抽象的原理としての「静態的存在」ではなく、世界の創造主として「行動する神」だからである。さらに創造とは、キリストからも引き離せない関係にある。初期キリスト教において、キリストに対する信仰告白は創造主についての信仰告白と密接につながれていた。それだけではなく、この二つは同じ信仰告白であったのである。「私たちには、父なる唯一の神がおられるだけで、すべてのものはこの神から出ており、私たちもこの神のために存在しているのです。また、唯一の主なるイエス・キリストがおられるだけで、すべてのものはこの主によって存在し、私たちもこの主によって存在するのです。」（Ⅰコリ8：6）そして聖霊の臨在のためのキリスト者の祈りについても、ずっと以前から創造信仰と緊密につながっていた。「来たり給え、創造主なる聖霊よ！（*Veni, Creator Spiritus!*）」このように創造信仰は三位一体の神に対する信仰と切り離せない関係を保っていたのである。

それゆえ、キリスト者たちは始めから創造を否認し、けなす者たちと戦わなければならなかった。最も古代教会を深刻に脅したグノーシス主義は、根本的に二元論的世界観を教えた。グノーシス主義によれば、旧約聖書の神、すなわちデミウルゴス（*Demiurgos*）は、悪い世界の創造主であり低級な悪の神であった。そのため、救い主イエスが物質世界に捕らえられた人間の霊魂を解放するため天より降って来たのである。救い主イエスは悪い肉体を取ることができず、ただ外形的な人間の姿をして現れただけであった。したがって、イエスの身体の死と復活は何の意味も持たないのである。(1)

このように、創造と身体の価値を認めようとしないグノーシス主義の誤った教えに立ち向かってキリスト者たちは、天地を創造した神と人の身体を持って生まれたイエスとを明確に告白した。

近代に至って、聖書の創造信仰と教会の存立を最も脅かすとみなされたのはまさに科学であった。特に世界の起源と生成過程をめぐって、教会と科学との間に激しい葛藤が生じ、最終的に教会は科学者たちを酷く断罪することをも厭わなかった。神学と科学との間に起こった、本格的な初めての争いは、天動説に関するものであった。古代ギリシアの数学者で天文学者でもあったプトレマイオス（Claudius Ptolemaeus, 83?~168?）が唱えた地球中心説（Geocentrism）は、コペルニクス（Nicolaus Copernicus, 1473~1543）の太陽中心説（Heliocentrism）によって覆された。そして、彼の理論を支えたガリレイ（Galileo Galilei, 1564~1642）は、宗教裁判の担当判事の前で命を守るため本心を隠し、地動説を放棄する旨が書かれた文書を読み上げたと言われている。しかし、初めてコペルニクスの発見の重要性を認識して、これを宇宙に適用してあらゆる中心主義を解体したブルーノ（Giordano Bruno, 1548~1600）は火刑に処せられてしまったという事実もある。(2)

カトリック教会は200余年間にわたって、有能な天文学者たちが認めてきた地動説に反対し、またプロテスタント神学者たちもカトリック神学者たちに劣らず地動説を反駁《はんばく》した。例えば、ルターは「ヨシュア記の太陽運行停止の事件」を根拠とし、そしてカルヴァンは詩篇93篇1節を根拠として、地動説を反駁し、またメランヒトンとウェスレー（John Wesley, 1703~1791）も地動説を異端視したと言われる。[3] 教会と科学との間に展開されたこのような葛藤の過程において、科学者たちは創造信仰を虚妄の神話と迷信だとけなし始めた。しかし、もし科学がそれ自体の学説を絶対視すれば、科学は客観的で厳密な学問と言うことができなくなり、一種の偶像崇拝となってしまうであろう。[4]

そして、教会は科学の攻撃を防御し遮断するに汲々とするあまり、時に聖書の創造信仰を取り違えることもあり、完全に無視することもあった。しかし、もし教会が創造信仰を世界の生成過程に関する科学的情報とみなしていたら、教会は科学の前で常に敗北を喫するしかないであろう。なぜなら、創造信仰の核心は、世界と人類がどのような過程において生じたかを科学的に明かそうとするものではなく、神と世界と人間に関する根本的な立場を表明しようとするものだからである。[5]

聖書の人々は神が「どうやって、How」世界を創造したかを問わなかった。したがって、創造に関する聖書の理解は多様であり、創造過程も決定的なものとしては固定されなかった。彼らは同時代の人に、知性的に通じることができる表現様式を探し、創造を表現しようと努めたのである。そのため、聖書は複数の創造物語を示している。[6] そして創造は、それ自体で理解されるというよりは、歴史の中で現れた神の救いの啓示に関する経験の光の中で理解されていたのである。それゆえ、創造信仰は救いの信仰と重なって示される。すなわち創造信仰は、イスラエルの民が神に対して体験した歴史的経験を、宇宙的地平に拡張したものである。ゲルハルト・フォン・ラート（Gerhard von Rad, 1901~1971）によれば、救済史との神学的な関連性の中で創造を見るということになった時、ついにイスラエルの民はこの両方の正しい神学的課題を見出すことができた。すなわち、創造の概念は神の啓示を通して悟られた歴史の概念から新しく説明されたのである。[7]

したがって、創造論と進化論との対決は聖書の創造信仰に対する誤解より生じた不幸な結果と見ることができる。原則的に、進化は創造それ自体とどんな関連もなく、この両方の間にはどんな矛盾もない。しかし、科学の誤った攻撃と教会の誤った防御によって生じた結果は科学と教会に不幸をもたらしたのであった。[8] しかし今日に至っては、人類による深刻な自然破壊と生態系の危機に瀕《ひん》して、科学者たちと神学者たちは、過去のぎこちない関係を克服し、共同責任の立場で互いに尊重しながら協力できる余地を広めているのである。特に「生命の宗教[9]」であるキリスト教は、日ごとにだんだん大きくなっていく生命の危機に瀕して、創造信仰の本質と意味が何であるかを改めて真剣に問うことになった。しかしながら、キリスト者が信じる創造とは何であろうか。聖書と伝統的な神学は、創造を次のように三つの範囲において理解する。[10]

1　元始の創造（*creatio originalis*）

キリスト者は神が世界を「無から創造した（*creatio ex nihilo*）」と信じる。もちろん、聖書はこの表現を直接的に使ったりはしない。しかし「創造する（*bara*）」という単語はただ神のみに適用して使われる単語として、どんな質料ないし材料も、どんな苦労もなく行われる創造活動を意味する。[11]世界は神のことば（*dabar*）によって創造された。ヘブル語「ダバル」はただ言葉としてではなく行為と行動を含んでいる。神のことばは安価の無能ではなく、創造力である。[12]神が言うと、万物がことば通りに生じた。したがって、世界は自ら生じたものでも、「無形の質料」より創造されたものでもない。さらに世界は神と混沌（*Chaos*）の勢力との闘争の末にやっと勝ち取られたものでもない。聖書は根源的な闇に関するあらゆる神話的理論を拒否する。神は光と闇を創造された方である。「わたしは光を造り出し、やみを創造し、平安をつくり、わざわいを創造する。わたしは主、これらすべてを造る者。」（イザ45：7）創造はただ神の自由と決定によってのみに行われた。このように「無からの創造」という表現は、創造主の絶対的自由と主権を表すに相応しい。もし神が世界を無から創造しなかったのなら、神は真の意味で創造主であるはずがないのである。[13]

神は絶対的に自由な創造主である。世界創造は全く神の自由な行為なのである。なぜなら、神ご自身以外には創造に先行するものは何一つ考えられないからである。[14]そして創造が行ったのは神が願われたからである。創造は神の全能の活動である。またその創造とは、神の聖なる愛の活動でもある。神の自由とは神の愛と同一である。[15]そして「神の自由よりの創造（*creatio ex libertate Dei*）」とは、気分による恣意的な創造を意味するのではない。神の自由とはすべてのことを気ままにできるという全能ではなく、愛であるということなのである。神はご自分の自由な愛より創造をされる。[16]したがって、創造とは疑わしく怪しいものではなく、現実的であり、善いものである。[17] 創世記の記録によれば、神はご自分の造ったものを見て、「非常によかった」（創1：31）と言われた。

それでは神が世界を創造した動機と目的とは何であろうか。創造の意味に関する説明について、今まで三つの観点で行われている。

(1) 神中心的観点

世界は「神のために」創造された。神によって生じた万物は、神のために存在する（ヘブ2：10）。創造の内的意味と動機は神の栄光にある。しかし、神がご自分の栄光のために必ず世界を創造すべき内的な必要があったとは言えない。先に言ったように、創造は神の自らの自由な行為なのである。神が世界を創造した動機と目的が、ただ神ご自身のみ花を持たせようとする利己的な愛であるはずもない。創造の動機と目的は、明らかに人間の幸福と世界の繁栄を目指す。「神は彼らを祝福された。神は彼らに仰せられた。生めよ。ふえよ。地を満たせ。地を従えよ。」（創1：28）それにもかかわらず創造の最も中心的で本質的な動機は創造主の栄光にあるのである。

カルヴァンは、誰よりもっとも熱烈に神の栄光を創造の目的として強調する。神は人間の有益と救いのために万物を創造した。それと同時に、私たちは私たち自身と与えられた賜物を通して神の力と恵みを感じ、そして神を信頼し、神に祈り、神を賛美し、神を愛そうと努めなければならない。[18]

ミラード・J・エリクソン（Millard J. Erickson, 1932〜）によれば、創造は神のみこころを実行することによって神に栄光を持たせる。生命のない被造物は神に栄光を持たせ、生命のある被造物は彼ら自身に向かう神の計画に服従する。すなわち、ただ人のみが意識的に自ら神に服従でき、そこで神に最も完全なる栄光を持たせる事が出来るのである。[19]

(2)　キリスト中心的観点

すべては「キリストにあって」「キリストによって」「キリストのために」創造された。「万物は御子にあって造られたからです。天にあるもの、地にあるもの、見えるもの、また見えないもの、王座も主権も支配も権威も、すべて御子によって造られたのです。万物は、御子によって造られ、御子のために造られたのです。御子は、万物よりも先に存在し、万物は御子にあって成り立っています。」（コロ１：16―17）バルトはこの聖句を根拠として、創造の意味と本質、創造の目標と目的をイエス・キリストの中で見出す。

バルトによれば、被造物は自ら存在するものではない。被造物は自分の存在を自ら選択しなかった。被造物が常に存在できるのは創造主によってである。また、被造物は自分自身のために存在するものでもない。被造物はそれ自体が自分の根拠と始まりではないというのと同じく、自分の目標と目的でもないのである。神はご自分の栄光の中で、お独りで存在するのを願わず、ご自分とは異なる現実を創造し、ご自分の被造物を愛するのを願われた。創造とは神の自由な愛の意志、すなわち契約の実現である。したがって、創造は契約の外的根拠であり、契約は創造の内的根拠なのである。[20]

ところが、契約の本来的根拠と意味、啓示と完成はイエス・キリストである。イエス・キリストは、神ご自身によって行われた契約の主張・貫徹・成就であり、神の意志による最終的な完成である。したがって、創造と保存と統治は神の恵みの行為としてただイエス・キリストにあってのみ意味を持つ。[21] バルトと同じくフランツ・ムスナー（Franz Mußner, 1916~2016）も、創造をイエス・キリストより見ようとする。彼によれば、イエス・キリストはあらゆる創造の隠れている生命の原理であり、創造の恵みの根拠であると語るのである。[22]

(3)　終末論的観点

パウロによれば、被造物も神の子どもたちの現れを待ち望み、滅びの束縛から解放され、神の子どもたちの栄光の自由の中に入れられることを期待する（ロマ8：19―21）。そこで、モルトマンは創造を、創造の終わりと完成より新しく理解しようと努める。彼によれば、創造の内的根拠と目的は、栄光の国、神の国である。なぜなら、初めの創造は救いの歴史に向かって開かれており、救いの歴史は新しい創造のためにあるからである。したがって、世界は栄光の国の約束と先取である。

創造世界は神の国の現実的な約束であり、世界は歴史の終わりに永遠の栄光へと変わる。こういうわけで、バルトが主張したように、歴史的契約が創造の内的根拠ではなく、まさに栄光の国が創造の真の内的根拠なのである。なぜなら永遠の国は、また歴史的契約の内的根拠でもあるからである。[23]

しかし、創造を終末の観点より理解しようとするモルトマンの試みは、創造を聖霊の観点より理解しようとする試みと変わらない。なぜなら、創造は神の霊において行われたからである。もちろん、聖書と創造に関する伝統的理解によれば、創造は三位一体論的に理解された。父なる神は、子を通して聖霊の力によって万物を創造された。したがって、神のことばがある所に神の霊も存在するのである。さらに、ことばによる創造事件、それ以前にも神の霊の振動エネルギー（創世記１：２）があった。神は命じ、区分し、判断するといった自分のことばを通して万物を創造された。万物はその「種類にしたがって」異なる。神は常にご自分の霊の呼吸において語られる。ことばと霊は互いを補完し合っている。ことばは細分し差別化するが、霊は結合し一致させるのである。[24]

2　継続的創造（*creatio continua*）

もし、神が栄光の国のため世界を創造されたのなら、創造は一つの活動と方向にあるはずである。したがって、この世界は開放された体系と理解することができる。モルトマンが言った通り、この世界はそれ自体を通り越している。それは天と地を新しくし、統一し成就させるという栄光の国に向かって開かれるということである。[25] あらゆる体系は、時間的構造を持っているため、一様にして未来に向かって開かれている。[26] それゆえ、宇宙は閉まっている体系ではなく、開かれている体系であり、互いに加わり交わる体系でもあり、未来を先取し超越する体系なのである。[27]

神の世界創造は、一回的で完結された創造ではなく、未来の目標と完成に向かって絶えず開かれている創造である。神の創造の力は今日も変わらず作用している。神は創造を続け、創造は止まることがない。[28] 神学者たちはこれを「継続的創造」と呼び、「初めの創造」とは異なる「間接的創造」と理解した。神はご自分の被造物を引き続き労わり導かれる。神学者たちはこれを「摂理」と呼んだ。[29] それゆえ、摂理論は創造論に属する。神はご自分が創造した世界を決して見放されない。何故なら、神はご自分の被造物を非常に愛し、その上、何よりも創造それ自体が、すでに神の真実で責任的行為であり、神の契約意志と選択の行いだからである。[30]

もし、創造を過去において完結された一瞬の出来事のみと理解するならば、その考えは理神論(Deisim)に帰結してしまう。「理神論」とは、世界を創造された神が、現存する世界にはまったく介入されないとされる理論である。このような理論に立ち向かって伝統的神学は神の創造は持続的であると強調してきた。この世界は、神によって始められたということだけでなく、毎瞬間神に頼っている。したがって、どんな状況においても、またどんな瞬間においても、神の創造と救いの可能性は全く消え去る事なく、どんな事件もこのような可能性を破壊することができないのである[31]。神の摂理は三つの形で展開される。それは、保持（ないし保存、*conservatio*）、共働（ないし協同、または同伴、*cooperatio*）、統治（ないし指導、または調整、*gubernatio*）である。そして、神の統治は容認（ないし許容、*permissio*）、阻止（*impenditio*）、善導（*directio*）、限界付け（*determinatio*）を通して行われるのである[32]。

どうやって神はご自分の被造物を保存されるのか。神は人間の罪と宇宙的混沌にもかかわらず、被造物の生命の霊を保存される。したがって、あらゆる被造物は神の霊の臨在に依存している。「あなたが御顔を隠されると、彼らはおじ惑い、彼らの息を取り去られると、彼らは息絶えて、自分のちりに帰ります。あなたが御霊を送られると、彼らは創造されます。あなたは地の面を新しくされます。」（詩104：29―30）無から創造された世界は常に無によって脅かされる。それでも、世界はただ神の霊の臨在によってのみ、存在も生存もすることができるのであり、また、常に創造主は被造物を堅く支え、破滅から守られるのである[33]。

しかし、神学の伝統は「継続的創造」を長らく「創造の回復」のみに限り、「継続的創造」をおよそ保存し共働する活動のみとみなした。しかし、これは聖書的な立場ではない。神は創造されたものを保持し、共働するのみならず、創造されたものから新しいものを創造される。神は破壊的な勢力に立ち向かって、創造された世界を保持するのみならず、世界を新しく創造される。神は日ごとに新しい恵みを与えられる。「それは朝ごとに新しい。あなたの真実は力強い。」（哀3：23）「見よ。わたしは、すべてを新しくする。」（黙21：5）神の継続的創造とは「保存し、革新する行為」と言える。すべての保存するという行為は、まことに革新的であり、すべての革新する行為とはまことに保存的なのである。[34]

そして「継続的創造」はどんな労苦もなく出来た「初めの創造」とは異なり、神の苦労と忍耐と苦難を通して展開される。したがって、自らこの世界を創造された聖なる神は、御霊を通して創造の中に現存するのである。神は被造物の活動と共に、被造物の中で、被造物を通して、そして被造物から活動されるのである。[35]

3　新しい創造（*creatio nova*）

もしアウグスティヌスが言った通りに、神が世界を時間の中ではなく時間と共に創造されたのなら、創造とは変化できるものであり、未来に向かって開かれている不完全な体系とも言えるであろう。そして「初めの創造」は「継続的創造」へ続き、「継続的創造」は未来的、終末論的な創造の目標に向かって進む。神の創造は、神の国である栄光の国に向かって疾走する。このような状態を聖書では「新しい天と新しい地」と呼ぶ。そのときには「もはや死はなく、悲しみも、叫び声も、

苦しみもない。」なぜなら、「以前のものが過ぎ去ったからである。」（黙21：４）

万物の究極的で新しい創造は、日ごとの創造保存をはるかに取り越す。新しい創造は、破壊だけでなくその可能性も克服し、そして人間の暴力による死だけではなく被造物の死滅可能性も克服する。新しい創造は、現在において創造の根本的な数々の条件を変える。新しい創造を通して、被造物は時間の力から永遠の現在へと解放され、死の力から永遠の生命へと解放される。[36]

それならば、いつから新しい創造は始まるのか。モルトマンは、キリストが貧しい者たちに神の国を、病人たちに癒しを、そして罪人たちに神の義をもたらした時、万物の新しい創造が宣言されたと述べた。しかし、万物の新しい創造とは、キリストが死人よりよみがえり、彼の復活を通して死の権威が克服された日と同時に始まった。したがって、キリスト者たちはキリストの復活の日を新しい創造の最初の日と理解した。この日は光の新しい創造と共に始まった。これは「神のかたちであるキリストの栄光にかかわる福音の光」（Ⅱコリ４：６）である。目撃者たちの証言によると、「復活したキリストの顕現」は新しい創造の最初の日の宇宙的光において行われたのであるとする。それゆえ、キリスト者たちは早くから復活の日を「八日目」、すなわち新しい創造の最初の日と呼んだ。[37]彼らはキリストの復活を宇宙的次元で新しい世界の始まりと理解した。「だれでもキリストのうちにあるなら、その人は新しく造られた者です。古いものは過ぎ去って、見よ。すべてが新しくなりました。」（Ⅱコリ５：17）

であるならば、新しい創造とはいったい何を意味するのか。これは単純に、既に行われた古い創造を回復することということでも、代替することでもない。新しい創造とは、その言葉通り、創造を完全に新しくし、異なった形に革新するということを意味する。これは時間的な生が永遠の生へと変わり、歴史が永遠の神の国へと変わり、時間的な創造が永遠の創造に変わることを意味する。新しい創造が成し遂げられた時、初めの創造は神の安息において完成に至る。神はその被造物の間において安息し、現存し、あらゆる被造物を祝福する。そして、神はあらゆる被造物をきよめる。歴史の終わりに来る安息日は、「終わりなき祝日」となる。あらゆる被造物はこのような創造主の祝日のため創造され、この祝日の中で祝福されるのである。(38)

第9章　人間とは何か

ソクラテス（Socrates, c. 470~399 BC）は、デルポイのアポロン神殿の入口に刻まれていた「汝自身を知れ」という格言をよく投げかけながら、人々をどうにかして悟らせようと努めたとする。人間にとって、自分自身への探求ほど真剣に取り組むべき対象はないであろう。人間とは、自分自身を解釈しなければ生きていくことができない存在である。それは、人間の行動や態度のもとに、一定の人間学的な立場、すなわち人間に対するある観念が敷かれてあるからである。それゆえ人間は、他の対象に対して全く無関心であるか、あるいは無知な状態であるということができるとしても、自分に関して、仮に重い病にかかったり、死を意識するようになったりする時には、全く無関心や無知であるということはできないのである。

今日、人類は技術の面においてはかなり進歩しているが、人間理解の面においては、それほどの進歩を成したとは言い難い。人間に関する知識が、他の知識よりずっと遅れていると言っても過言ではない[1]。過去のどんな時代においても、今日のように、人間そのものが最も大きな問題の種となることはなかった。そして、私たちの時代のように、人間の本質と起源に関する様々な見解が不確実で、曖昧で、多様であるということはなかった[2]。現代人の不幸の原因のうち一つは、まさにここで見つけることができるのである。人間は自分の本質と価値に対する信念を失ってしまい、不幸と虚無感に陥ることとなってしまった。その上、余りにも機械的で打算的な人間理解によって人間の尊厳性と自由は次第に立つ瀬を失ってしまっているのである[3]。

人間とは何であろうか。私は何であろうか。人間であるなら、誰でも一度はこのような問いかけをしてきたであろう。「私は誰であろうか」という問いに解答を得るため、人は多様な観点からこれについて考えようとする。生物学的に見れば、人は父母の子である。社会学的に見れば、人は父母の職業と社会的な身分による特定な階層の中に住んでいる。心理学的に見れば、人は環境と歴史の影響を受け存在している。法律学的に見れば、人は出生届と共に代えられない一人の存在として登録されている。文化人類学的に見れば、人は文化によって形成されると同時に文化を創造する存在でもある。

これらすべての観点は、人間理解にある程度寄与するが、満足できる答えを与えるとは言い難い。そしてこれらの見解は、時には自分と調和をとることができるが、時には自分に葛藤をもたらすこともある。最も大きな問題として、「私は誰であろうか」という問いに関して、私自身が答え難いという点にある。なぜなら、私は自分に関して問いかける者であると同時に、その問いに答えようとする矛盾に置かれているからである。したがって、人間は自分自身に関する問いを持って奥まった部屋と内面に入るだけでなく、自身を開いて他の存在と対話しようと努力すべきである。そしてさらに一歩進んで、人間は究極的で絶対的な存在に向かって問いかけ、その存在から答えを得るため祈願すべきである。

聖書においても、人間が自分自身に問いかけ、自己を認識することは孤独な瞑想においてではなく、神が自己に訪ねて来て使命を任せる時だと言える。[4]例えば、モーセは神の前で自分の存在と使命を悟った。「モーセが神に申し上げた。私はいったい何者なのでしょう。パロのもとに行ってイスラエル人をエジプトから連れ出さなければならないとは。」（出3：11）ダビデも神の前で自分の存在を問い、その答えを得ようと願った。「人とは、何者なのでしょう。あなたがこれを心に留められるとは。人の子とは、何者なのでしょう。あなたがこれを顧みられるとは。」（詩8：4）「あなたこそは私のすわるのも、立つのも知っておられ、私の思いを遠くから読み取られます。」（詩139：2）

詩篇を黙想することが好きだったボンヘッファーもこのような観点で次のような詩をつくり読んだ。[5]

私は一体何者か。
悠然として、晴れやかに、しっかりした足どりで、
領主が自分のやかたから出て来るように
獄房から私が出て来ると人は言うのだが。

私は一体何者か。
自由に、親しげに、はっきりと、命令をしているのが私の方であるように、
看守たちと私が話をしていると人は言うのだが

私は一体何者か。
平然とほほえみを浮かべて、誇らしげに、
勝利にいつも慣れているように、不幸の日々を私が耐えていると人は言うのだが。

私は本当に人が言うような者であろうか。
それとも、ただ私自身が知っている者にすぎないのか。
籠の中の鳥のように、落ち着きを失い、憧れて病み、

のどを締められた時のように、息をしようと身をもがき、
色彩や花や鳥の声に飢え、やさしい言葉、人間的な親しさに恋いこがれ、
恣意や些細な侮辱にも怒りに身を震わせ、
大事件への期待に追い回され、
はるかかなたの友を思いわずらっては気落ちし、
祈り、考え、活動することに茫然とし、意気阻喪しつつ、
あらゆるものに別れを告げる用意をする。

私は一体何者なのか。
前者であろうか、後者であろうか。
今日はある人間で、明日はまた別の人間であろうか。
どちらも同時に私なのであろうか。
人の前では偽善者で、
自分自身の前では軽蔑せずにはおられない泣き言を言う弱虫であろうか。
あるいは、なお私の中にあるものは、
既に勝敗の決した戦いから、算を乱して退却する敗残の軍隊と同じなのか。

私は一体何者なのか。
この孤独な問いが私をあざ笑う。
私は何者であるにせよ、
ああ神よ、あなたは私を知り給う。
私はあなたのものである。

聖書は人間をどう定義するのだろうか。以下、神学的に最も大事に思われてきた人間理解を三つの観点から見てみよう。[6]

1　神の被造物

旧約聖書の創造記事において、人間は他の被造物の中の一つとして表れる。人間は神の被造物である。この事実は一体何を意味するのだろうか。これは、人間は周りの他の被造物に依存しており、他の被造物のようにか弱くて死ぬべき無常な存在として創造されたという事実を意味する。人間（アダム）は地（アダマ）に束縛されており、地に依存し、終に地に帰るべき存在である。このように人間は徹底的に自分を他の被造物と同様に有限の存在として彼らと共に、そして彼らに頼って生きるべき存在として理解される。

だが、旧約聖書において創造は特別な時間的順序を持つ。人間はあらゆる被造物が創造された後に最後に登場する。そして光と闇、天と地、植物と動物は人間の創造を備えるために創造されたように見える。このような点で、人間は最高の被造物と言える。換言すれば、人間は創造の頂点に立っており、創造者は人間を中心として、世界を人間の居住地として造る。そして人類創造の過程も他の被造物の創造とは違い、厳かで真心のこもったものとして表れる。創造物語において、神は人間を創造するための自身向けの決定を三度も反復された。これはまったく例のない、特別な創造活動を表し、まさにこの点において人間は唯一で独特な位置を占めるのである。(7)

しかしながら、創造の王冠は人間ではなく安息日にある。創造は、人間のためのみならず、神と共に安息を享受するあらゆる被造物によってほめたたえられる神の栄光のためにある。したがって、人間ではなく、安息日が創造の完成と目標である。世界創造は安息日、創造の交わり（祝宴）であるすべての世界の救済を目指している。(8)しかし人間は安息日の前の最後の被造物として自分の中ですべての他の被造物を具現する。生命の現象において複雑なシステム（ないし体系）である人間は、自分より単純なあらゆるシステム（ないし体系）を自分の中に含めている。従って、すべての他の被造物は人間の中に現存している。人間は「世界の像（*Imago mundi*）」として神の前ですべての他の被造物を代表ないし代理している。人間は彼らのために生き、語り、行動する。人間は世界の像として、祭司的被造物であり聖餐的存在である。そのため、人間は神の前で創造の交わりを取り成すのである。(9)

2　神のかたち (*Imago Dei*)

聖書は、人間を「世界のかたち」として見るが、もう一方で、「神のかたち (*Imago Dei*)」としても見る。聖書は神がご自身の像、ご自身の似姿として人を造ったと証言する。「神は仰せられた。『さあ、人をわれわれのかたちとして、われわれの似姿《にすがた》に造ろう……』神は人をご自身のかたちとして創造された……」(創1：26―27)。古代オリエントの代理思想を土台とした古代エジプトにおいて、ファラオは自分が地上で支配する神の像ないし模写であることを表すため、町々に自分の主権と栄光の標識として肖像を立てた。しかし、聖書はこうしたエジプトの王朝神学とは違い、ただ王だけではなくすべての人間が地上で立てられた神の代理者と神の栄光の反映であると語る。この点で人間は地上における神の間接的啓示であると言える。(10)

では、「神のかたち」とは一体なんであろうか。人間が神のかたちという告白は何を意味しているのだろうか。このことについて、これまで多くの見解が提示されてきた。それらの見解は大きく四つにまとめることができると考えられる。

(1)　ヘレニズム哲学の影響を強く受けた古代神学者たち（アレクサンドリアのクレメンス、オリゲネス、テルトゥリアヌス、リヨンのエイレナイオス、アレクサンドリアのフィロン、アウグスティヌス）は不滅の霊魂、合理的理性、精神的能力のような人間の特別な内面的資質を「神のかたち」とみなした。

(2)　他の学者たち（ヘルマン・グンケル、Hermann Gungkel, バルター・ジマーリ、Walther Zimmerli, ルートヴィヒ・ケーラー、Ludwig Köhler, ヨハン・シュタム、Johann Stamm など）は、「神のかたち」を人間の外見との関係として考える。

(3)　現代の多くの神学者たち（バルト、ブルンナーなど）は、「神のかたち」を我と汝、特に男と女としての人間存在の間における人格的な交わりの中で見ようとする。

(4)　そのほか、自然に対する人間の統治行為より、「神のかたち」を見ようとする学者たち（ハンス・W・ボルフ、Hans W. Wolff, ハインリヒ・グロス、Heinrich Gross, オバーホルツァー、J.P. Oberholzer など）もいる。

私たちは、このような多様な見解をどのように受け取るべきか。人間は区別されることはできるが、分離されることはできない。人間は形式的には内面と外面とに区別されることはあるが、本質的に分離することはできない。そして人間の本質と機能、あるいは本性と役割も区別されるべきものであると考えられてきたが、分離することはできないのである。聖書は分離されない総合的な人間を「神のかたち」と呼ぶ。人間は全体として「神のかたち」なのである。人間の特定な一つの属性ないし本質は、特別な機能ではなく、人間全体、すなわち全人が「神のかたち」なのである。換言すれば、「神のかたち」は、人間の部分的属性ではなく人間の全体的属性にある。[11]

そして「神のかたち」は、神の賜物（恩寵）のみならず、人間に委ねられた務め（使命、課題）でもあり、また叙述であると同時に命令でもある。それは課題であると同時に希望でもあり、命令であると同時に約束でもある。[12] 人間はただ「神のかたち」として、「神のかたち」にかたどって造られただけでなく、「神のかたち」を目指しそれに倣うよう造られた。パウロが言ったように、人間は見えない真の「神のかたち」である「キリストのかたち」となるよう造られたのである。「神は、あらかじめ知っておられる人々を、御子のかたちと同じ姿にあらかじめ定められたからです。それは、御子が多くの兄弟たちの中で長子となられるためです。」（ロマ８：29）

このような理解の中で、モルトマンはキリストのかたちを人間のメシア的召命と呼ぶ。したがって「神のかたち」とは、人間に与えられた固定不変の実体ではなく、未来の約束である終末論的希望として現われる。福音のメシア的光において人間が持っている神のかたちは一つの状態ではなく、終末論的方向を持つ歴史的過程として現われるのである。人間存在はただこの過程の中で真の人間となる。[13] さらに神のかたちは、人間の中に与えられているのではなく、常に人間の前に立っているのである。[14]

「神のかたち」は、何よりも人間が結ぶ三つの関係の中で最もよく表される。神は三位一体の関係性の中で、交わりを分かち合う共同体的、社会的なご自身のかたちとして、そしてご自身のかたちに倣わせるために人間を三つの関係へと造られた。

(1)　創造者なる神は、人間がご自身と対応するよう、すなわち創造者が語れば被造物はそれを聞くことが出来るよう人間を造られた。人間は神のことばを聞き、それに従い答えるという点で神のかたちなのである。したがって、「神のかたち」とは人間学的概念となる前に神学的概念である。それは、創造された人間に対して何かを証言する前に、ご自身のかたちを自ら造り、それと特別な関係を結ぶ神に対して先ず証言しているのである。この点において、地上でご自身のかたちを創造される神はご自身に対応される。すなわち「神のかたち」とは人間自身の方が神に対応している点にある。[15]

(2)　「神のかたち」は人間の交わり、特に男と女との交わりにおいて現われる。バルトによれば、神的存在において呼ぶ我（*Ich*）とそれに呼ばれる汝（*Du*）との関係は、神と彼に創造された人間との関係、人間実存における我と汝との関係、特に男（夫）と女（妻）との関係に類似している。この点で「神のかたち」は社会的かたちである。[17]

(3)　神のかたちは地を責任的に管理するという使命においても現わされる。しかし、地を管理する人間の使命は地に対する一方的な支配や搾取にあるのではなく、何よりも地の管理人として任命された人間に委ねられた地の保存と維持にある。それゆえ世界を恣意的に支配し、世界の主人公となろうとする者は決して「神のかたち」となることができない。そのような者は神の代理人、あるいは地上に現存する神ではなく、せいぜい怪物に変わってしまうことであろう。(18)

3　全人

人間はどのように構成されているか。人間は統一的であるのか、単一体なのか、それとも二つ、あるいは三つの部分から成る存在なのか。今までこれらに応じて様々な見解が提示されてきたが、ここでは大きく三つの見解に分けてみることにする。

(1)　三分説（Trichotomism）：人間とは、体と魂と霊の三つの部分から成るという見解。これは聖書（Ⅰコリ2：14—3：4；Ⅰテサ5：23；ヘブ4：12）に支えられるが、多くの場合、古代ギリシア哲学の形而上学に影響されたものである。

(2)　二分説（Dichotomism）：歴史的に最も広く支持された見解で、人間が物質的な体と非物質的な魂ないし霊の二つの部分から成る存在という主張である。このような見解は聖書（伝12：7；マタ16：26；ルカ23：46；ヨハ19：30；Ⅰコリ15：50；Ⅱコ4：11、5：8、5：10）の支持を受けているが、時には体を軽視したり身体の復活の教理を代替する危険に陥ってしまう危険性がある。

(3)　一元論（Monism）：三分説と二分説は人間が複合的で混合的な存在であるとして、分離することができる複数の部分から構成されているという点で一致する。しかし、これとは対照的に、人間は分離することが出来ないという見解がある。すでに聖書や現代人の中には、一元論に立った者たちが多くおり、この立場が一般的な考えとして定着している。

これら三つの見解の中で、どの主張が最も妥当性を持っているであろうか。ヘブル人はギリシア人と違い、人間を全人として理解した。したがって、聖書の人間観も圧倒的に人間を統一的存在とみなす。つまりは聖書が示す人間は、二つか三つに分けられる混合体ではなく、単一体であると考える。また体と魂と霊は、人間を特別な観点で描写するだけであり、それらは分離できる要素ではないのである。それらすべては全人に至るための扉である。旧約聖書は人間の本質の構成体に対する二分法あるいは三分法を言わず、多様な関係と観点を示すだけである。[19] それは分離できる様々な機能ではなく、全人を見る相違なる方法なのである。[20]

旧約聖書において、霊魂に当たるヘブル語「ネフェシュ」とは、本来呼吸と息と関連がある言葉であり命の息（創２：７）を意味する。この言葉がギリシア語に訳される過程で誤解が生じ、まるで身体と対立するように見なされた。しかし、人間は命の息を吸い込んで霊魂を身体の中に受け入れたのではなく、遂に生きる者となったのである。ここで、人間は生きる者として全人と理解されている。ネフェシュは霊魂ではない。ネフェシュは人間全体、特に人間の呼吸をすべて網羅して理解すべきである。人間はネフェシュを持っているのではなく、彼がまさにネフェシュそのものなのである。彼はネフェシュとして生きている。[21]

人間は霊魂を持つのではなく、彼自身がまさに霊魂なのである。霊魂とは、身体と無関係で純粋な精神的なものではない。人間は霊魂であると同時に身体でもある。人間は精神的なものと、肉体的なものの合成物ではなく、一つの統一体なのである。新約聖書においても、人間は全人として身体を持つのではなく、彼自身がまさに身体なのである。また、霊魂も身体に対して対称になる概念ではなく、全人を指示しているのである。パウロが身体を言及するたびに、それは全人を意味しているのである。人間は身体を持っていることではなく、人間自身がまさに身体そのものなのである。[22]

現代思想においても、霊魂と身体はモデルとして認められるが、独立した実体としては否認される。この両側面はどんな客観化の方法を取るか、中から外に接近するのか、それとも外から中に接近するかその方法にかかっているのである。しかし、この両側面は相互依存している。霊魂と身体は、生命の単一性における構成的で互いに属する側面であり、霊魂は人間の肉体性に根を張っており、人間の身体も死んだ肉体ではなくそのすべての生活様式において霊魂の作用を受けているのである。精神は典型的な人間の行動の場であり、常に変わり、象徴を通して働き、人間と周辺世界との相好作用なのである。霊魂は身体に、身体は霊魂に結ばれているのである。[23]

第10章　悪は何処からくるのだろうか

キリスト者は善なる神を信じる。「主はいつくしみ深くその恵みはとこしえまで、その真実は代々に至る。」（詩100：5）したがって、神の創造された万物も善き創造なのである。「神はそれを見て良しとされた。」（創1：10−25）もし、神が善なる方でないのなら、真にキリスト者の神とは言えない。しかし、いくら善なる神に対する私たちの堅い信仰があっても、創造世界において経験する多くの悪の実在と苦難の故に、その信仰は激しく揺れざるを得ない。なぜ善なる神は悪を許し、なぜ善き創造の世界は悪と苦難に呻くのか。善き創造の世界において、なぜ悪と苦難が絶えず現われるのか。

悪とは、広い意味で苦しくて邪悪なことを意味する。そして、大きく自然によって経験する物理的悪と、人間が犯す道徳的悪、そして社会的で構造的悪とに区分することができる。

このような悪は何処から来るのか。もし神が正しくて善なる方であるなら、悪は何処から来るのか。[1] この世界における、悪と苦難の起源に関する問いは、キリスト者にとって最も困惑するもので難しいものである。しかし、善と義なる神を弁明し、苦難の問題を解くためには、必ずこのような質問を問いかけるべきである。特に、有史以来アベルから始まって今まで、無罪にもかかわらず権利が侵され苦しんだ数え切れないほど多くの人の訴えを聞く度に、私たちはこのような質問を簡単には無視することができない。

さらに、キリスト教の核心には苦難を受けたキリストの十字架があり、そこにおいて、私たちは苦しみにゆがんだイエスの顔とうめいている被造物の姿を同時に見る。神に向かって「どうしてわたしをお見捨てになったのですか」（マタ27：46）と大声で叫んだキリストの凄絶な叫びは、「なぜ私にこんなに苛酷な試練を許したのですか」と叫ぶヨブの後裔《こうえい》たちの抗弁を代弁しているのである。[2]

いったい悪は何処から来るのか。多くの無神論者と哲学者、あるいは科学者は悪をより高い世界秩序の範囲において理解し、悪の究極的実在を否定する。彼らは宇宙論的な観点で、宇宙が理路整然とした体系の中で運行するものと見、偶然的な悪を否定する。さらに、自然科学的な観点であらゆる現象を定義できる事件の関連要因、ないし原因と結果の体系とみなして、世界を原則的に統一された体系とみなす。そして、人間学的な観点で、人間のアイデンティティーを権力の関係の中で把握し、人間の攻撃衝動を正常な日常行動を成り立たせる一要素と見るのである。[3]

しかし、このような立場は悪と苦難の問題に対してあまりに皮相な見解を取りがちである。人間の成長と社会の発展には犠牲の代価が伴うはずだと言ったり、すべてのものは結局合目的的に善となるしかないと言ったり、創造世界は弱肉強食の食物連鎖によって支配されるしかないと言ったりする説明は、実は酷い苦痛にあえぐ者たちに対する冒瀆《ぼうとく》であり、余りにも苛酷な見解ではないだろうか。私たちは善なる神とよい創造世界を否認してはいけないが、それと同時に悪を軽く扱ってもいけない。

悪が否定される所では救済と価値規範も、それ以上に存在できなくなり、そうなった時には結局、正義と神に対する信頼さえ壊れてしまうであろう。聖書は悪の実在を非常に率直で真剣に取り扱う。創造物語は、神のよい創造の中に悪がどう侵入しているかを記述する。聖書によれば、悪は一般に三つの形態において現われると思われる。

1　人間の堕落

創造の冠と言える「神のかたち」として創造された人間は、神の戒めに聞き従わず、神に背く。人間は神のようになろうとし、神のみこころに背く。そして、パウロも罪を本質的に不従順と理解する。「ひとりの人の不従順によって多くの人が罪人とされた。」（ロマ5：19）神に対する不従順によって善い人間は罪人になった。したがって、聖書で罪は、一次的に神との関係において起こった事件、すなわち神の戒めに対する違反、神に対する反抗と高慢、神に対する不信として現われる。もちろんこのような犯罪は貪欲、肉の欲、目の欲、暮らし向きの自慢より生じた。パウロは罪を「貪り」と呼ぶ。「律法が、むさぼってはならないと言わなかったら、私はむさぼりを知らなかったでしょう。[4]」（ロマ７：７─８）

このような犯罪は、隣人関係において致命的な結果につながる。カインのアベル殺害（創４：８）に見られるように、人は「神のかたち」として創造された人間を殺し始める。バベルの塔建設（創11：４）では、人は高慢と支配欲と不安の故に技術を濫用する。人の堕落は、質的にも量的にも地上全体に広がる。このため、人間は神の裁きを受けることとなる。その結果、人間はエデンの園から追放される。土地とその産物も呪われる。巨大な塔は徹底的に崩れ落ち、人類はあちこちに散らばされる。人間だけではなく、かつて同僚であった被造物も神によって洪水の審判を受ける。このように聖書は悪と苦難を、人間の自由な選択の結果による堕落の現象として見るのである。

聖書において人間の犯罪はただ個人の自由な人格的な行為だけではなく、集団的で普遍的な行為としても表されている。聖書で「アダム」とは、単純に最初の人間を意味するだけではなく、あらゆる人間、すなわち「集団的人格」をも意味するのである。共同体的罪責の経験はまさにこのような認識から生じる。例えば、イザヤは非常に孤独な瞬間に神の聖を体験したとき、「私はくちびるの汚れた者で、くちびるの汚れた民の間に住んでいる」（イザ６：５）と叫んだ。彼は自分の個人的な罪を回避しなかったが、自分にすべての民の罪が内在しており、自分の罪が民の罪と密接に結ばれているという事実も共に告白した。このように倫理的な連帯性に関する体験と「罪人のかしら」という認識が相伴うのである。[5]

パウロもすべての人間がアダムにおいて一緒に罪を犯すと言う。「ちょうどひとりの人によって罪が世界に入り、罪によって死が入り、こうして死が全人類に広まったのと同義に、――それというのも全人類が罪を犯したからです。」（ロマ5：12）こういうわけで、私たちは罪の個別性と普遍性を同時に考えるべきである。なぜなら個人の犯罪の中には確かに集団の犯罪も入っているからである。人間は自分の人格において人類として行動する。一人の人格が犯す罪は、集団が犯す罪の具体的な現象なのである。罪を犯した人類が完全な個人として分裂していても、人類はひとつなのである。彼とはアダムのことなのである。すべての個人は、それ自身と同時にアダムでもある。[6]

神学者たちはこれを原罪の教理によって説明しようと努めた。原罪とは何であろうか。伝統的な見解、特にアウグスティヌスのように原罪を生理的な遺伝のモデルとして説明してはいけない。アウグスティヌスが原罪の教理を、性に対する特異な理解と混合し、出産と性愛とにかかわる一切を罪と結びつけたのは正しくない。[7]それよりも原罪を他のモデル、すなわち集団的人格、罪の普遍性、人間の一致性、罪の不可避性、罪の超主体性、悲劇の普遍性などのモデルによって説明する方がもっと適切である。[8]原罪とは、何よりも罪の連帯性と普遍性を意味するのである。

しかしながら、罪は具体的に人間の犯罪を通して現れる。換言すれば、すべての人間は罪を犯すことによって罪人となり、罪人となった故に罪を犯す。世界に生れつきの罪人である人間はいない。人間が罪人となるのはただ各々の責任のある行動を通してなのである。[9] そして、すべての人間は個別的に罪を犯すことによって集団的罪に加わる。したがって、集団的罪と個人的罪は互いに区分されるべきであるが、決して分離されるべきではない。つまり、原罪とは人間の存在において罪が個別的で人格的な行為であると同時に、普遍的で宿命的な力として経験されるという事実を、神学的に深く表現しようとする専門的な用語であると言えるからである。[10]

2　悪魔

聖書は人間の犯罪とその結果を非常に深刻に取り扱うが、悪の起源としてただ人間の犯罪と堕落だけを指摘しない。人間の苦難と死は、単なる因果応報の教理のみによって説明されることはできない。アウグスティヌスとラテン教父たちは、ラビとパウロの理論に従って、苦難と死を人間の犯罪に対する神の刑罰と考えたが、他の教父たち（クレメンス1世、オリゲネス等）はこのような因果論を否認した。罪と苦難、悪と苦難の間には明らかな因果性が存在するが、苦難をただ道徳的にのみ理解するためには限界がある。人間が経験する多様な苦難を、人間の犯罪と神の刑罰として、または人間の犯罪の自然の結果としてのみ解釈するのは相応しくない。このような解釈は、苦難を克服するより、むしろ苦難を正当化したり固着させたりしてしまい、苦難を助長する誤った結果をもたらすことになるのである。(11)

聖書はよく因果応報的な考え方を乗り越え、また完全に倒す。それは、冷淡で冷酷な因果応報の世界とは、神の創造の意図に外れたものであり、神がそこにとどまっているはずがないからである。私たちは「あなたが私にくれたら、私もあなたにあげよう。私はあなたの行いに応じて必ず報おう」と言う小賢《こざか》しい商人、暴虐な独裁者のような思考構造にとらわれている可愛そうな神の捕虜ではない。神の愛はこの世界において、ただの原因と結果の法則によって強制的に表われるのではなく、自由と恩寵によって表われるのである。神の自由・恩寵・創造的な愛と神を制限しようとする因果応報の教理との間には対立が存在するのである。(12)

世界のあらゆる苦難は、ただ人間の犯罪の故に生じることでも、ただ人類の犯罪に対する神の刑罰として生じることでもない。例えば、ヨブは因果応報の教理を徹底的に論駁しながら、自分の不幸が単純に自分自身の罪の結果ではないと確信した。「罪と罰」の因果応報の律法を、徹頭徹尾信奉した弟子たちが道の途中で生まれつきの盲人を見て、「彼が盲目に生まれついたのは、誰が罪を犯したからですか。この人ですか。その両親ですか。」（ヨハ9：2）と尋ねた時、イエスは「この人が罪を犯したのでもなく、両親でもありません。神のわざがこの人に現れるためです。」（ヨハ9：

3）と答えた。これをもってイエスは罪と苦難との必然的な因果の鎖を断ち切ったのである。

創世記の堕落物語を見ると、アダムを誘惑する蛇が示されている。ヨブ記にも彼を試みるサタンが出現する。新約聖書（マタ4章、ルカ4章）にも、イエスを誘惑するサタンに関する記事が記されている。私たちはサタンを真剣に取り扱ってしまうあまり、すべての苦難と不幸の原因がサタンのみにあると断定してはいけない。同時に、サタンをただ一つの仮想的な投射、あるいは真面な性格の他の側面（ユング心理学における影の側面）としてみなしてはいけない。聖書は、サタンを一つの下位、あるいは類似人格的な存在として神に歯向かう存在と理解する。[13] 聖書はサタンを一つの王国として見ている。サタンの王国は攻撃と侵略を続けている。サタンは、イエスにも自分の王国と神の王国との間で選択するよう誘惑したが、イエスに決定的に敗北した。

それならば、私たちはサタンをどのように理解すべきであろうか。黙示文学（エノク書、ヨベル書、バルク書など）は、堕落と悪の根本原因を神の統治権を侵した堕落した天使、またはその邪悪な群れに置く。[14] ヨハネの黙示録（12章）も、神の国を成すために必ず退けるべき敵として竜と蛇とその使いどもに関して言い及ぶ。彼らは、神に抵抗した元始の超自然的な力（the authorities）である。[15] しかし、私たちは黙示文学を一つの文学作品として見るべきであり、それ故に文字的に読むよりは象徴的、道徳的、神学的に読むべきである。

例えば、創世記の堕落物語は悪の起源を説明しない。堕落物語は蛇を神に歯向かう存在、あるいは神に抵抗する悪魔と見る神話的な解釈を否定する。堕落物語において蛇はただ誘惑する過程のみ登場するからである。ここでの悪の起源は、解明されたというより謎として残されている。つまり、ここで悪の起源に関する因果論的な説明を認めることはできないのである。(16)それならば、私たちはサタンの実体をどこで明らかに経験することができるのだろうか。

創造物語において蛇は、人間に対して、貪欲を引き起こし神に反逆するようにと進言する。最初の反逆者であった蛇は、カナン人にとって多産と財物の象徴であった。ピーター・F・エリス（Peter F. Ellis, 1921~2009）によれば、蛇は、創世記の著作の時代に盛んに行われていた多産と豊穣信仰において生命を表象する通俗的な象徴であった。蛇は当代にカナン人の信仰の背後で活動した悪魔を表象する。著者はすべての人類の元祖の罪を、自分の時代に知っていた範囲の中で、すべての人類の根源的な罪として描写しようとしたのである。人類の根源的な罪とは、ただ神だけに属するはずのものを被造物に持たせてしまうという行為、すなわち自然崇拝であった。異教徒と神への礼拝に不忠実であった同族の人たちは、人と家畜の多産と農作物の豊作のために様々な淫らな儀式や魔術を行った。彼らは、特に蛇を呪術的象徴としたのである。(17)

黙示文学において、超自然的な力として登場するサタンは、神に立ち向かい、神の民を苦しめ堕落させ、搾取的な支配勢力を象徴する獣、あるいは海の怪物を掌握している勢力である。したがって主権と力、天上にいるもろもろの悪霊、空中の権威を持つ支配者、サタン、竜、地獄の獣など、このような名で呼ばれる超自然的存在たちは、この地上のあらゆる非人間的な支配勢力と、それらがもたらす集団的、社会的、構造的な悪と不幸を象徴していると見るべきである。[18]

3　混沌（カオス）

多くの神学者たちは、悪の起源に関する創造物語を解釈する場合、ただアダムの堕落と誘惑者の勢力だけを見ようとする。しかしバルトは、それ以前に存在していた根本的な悪の実在、すなわち「混沌」（創1：2）を見ようとする。バルトによれば、創造者の主権の下にある被造領域には、創造者の領域と被造物の領域からは説明することができないが、無視も否認もできないものが存在するという。それはまさに「混沌」であるが、人間の犯罪や悪魔の活動もまさにそれより生じるのである。混沌は、神が意図も創造もしなかったものとして茫漠《ぼうばく》として形態もなく本質的に不可能なものであるとされているが、実際的には存在する。これは「不可能な可能性」として逆説的に存在する。混沌は、創造とは独立的にかねてから存在していたものでもなく、また神と区別された実在というわけでもない。宇宙が出来る以前の材料の状態でもなく、混沌と空虚、希望のない地球の状態を意味する。神は、このような暗やみの可能性を除いたが、それは実在性を持っているのである。それはイエス・キリストにおいて示され、裁かれ、否認されたからであり、破片的な実在として、響きと影にしかすぎない。そして、もはやそれは神の意志の道具としもべとして神に仕えるのである[19]。

しかし、悪の起源に関するバルトの立場も合理的、論理的な説明にはなっていない。それは、創造もされなく根拠もない悪がどうして、またどういう経路でこの世界の中に入って来ることが出来たのか、バルトは合理的に解くことができないのである。そして「悪はただ神がそれを否認したから、ついに存在できることになった」という彼の説明は逆説的であるだけではなく、まるで神の統治が及ばない闇の領域が別に存在するという印象さえ与える。したがって、彼の理論は善と悪の根源的な共存を認める一種の二元論に達する可能性があるのである。バルトは、多分このような逆説的で曖昧模糊とした説明を通して、人間が悪の起源を説くことはできず、人間が試みる悪に関するあらゆる説明は結局矛盾に陥ると、力説したかったのかもしれない。バルトは悪の起源と本質に関するすべての可能性を、神秘の中に保存することによって、これを終末論的希望の対象として残そうと努めたようである。

4　悪の克服

モルトマンが神の本質の中で、受難の可能性と共に悪の可能性も見ようとした事実は興味深い。もし、神が本質的な永遠の愛であり、受難する愛であり、自己犠牲であるとすれば、悪は創造、または堕罪と共に初めて存在するようになったものではなく、神ご自身と共に既に存在していたこととなる。[20] 創造が善と悪の歴史に向かって開いている故に、初めの創造は受難することができるものでもあり、受難を呼び起こすものでもある。[21]

人間の苦難を、ただ人間の犯罪に対する神の刑罰のみとして見ないようにとするモルトマンの見解は正しい。それは明確に、すべての苦難が罪から来るのではなく、すべての苦難が悪いものでもないからである。しかし、苦難と悪を同一視して苦難と共に悪の根源も神に持たせようとする試みは好ましくない。悪の根源を神に持たせようとする試みは、確かに神学的二元論から抜け出せる有用な方便となることではある。しかし、神が悪の根源であって、苦難と共に悪も神に由来するとすれば、私たちは善と義なる神に対する信仰を諦めなければならない。さらに、このような神はイエス・キリストが啓示した神となることはできない。したがって、モルトマンが苦難に関してある程度説得力のある代案を提示したとしても、悪の根源に関しては望ましい代案を提示したとは言い難い。

聖書は善なる神が、なぜ悪をゆるすかを合理的に答えない。この世界の中に入っている悪と、苦難の起源に関する問いは「神学的に限界がある質問」（オット）であって合理的に解くことができない。[22] 神の自由と恩寵を、私たちの神学的な概念の中に閉じ込めることができないからである。もし、私たちが神の行動を判断できるとすれば、神はもう神ではないはずである。私たちは神の行動を予見することも調整することもできない。神に関するすべてのことを知ろうとする試みは、結局神の立場に座ろうとする結果に陥る。神は人間によって制限することはできないのである。

ヨブ記において神は、「非難する者が全能者と争うとするのか」と反問する（ヨブ40：2）。私たちは全能なる神のわざをすべて理解することはできない。[23] 神は隠れており、それで神の公正も隠れている。神の思いは人間の思いと全く異なる。（イザ55：8）したがって、神は人間にご自身の行動をすべて事細かに弁明しない。むしろ人間が、神の前で自分の行動を弁護し、それに対して責任を取らなければならないのである。[24]

悪の起源に関する合理的な説明は不可能だとしても、悪の克服は可能だと聖書は明らかに言う。聖書は悪の起源に関して合理的に説かないが、神が自ら悪と苦難の中に入って来て、これらに勝つと言われる。神は復活の力によって、無から新しい創造を始めることができる主権を持っており、終末に至ってはすべての物事の意味を解き明かし、すべての苦難を終息させるであろうとされる。[25] 神は苦痛と悪に押さえつけられて閉ざされてしまった人生の砦を破り、絶えず新しい可能性の扉を開いてくださる。したがって、重要なことは悪に関する説明ではなく、新しい未来を創造し私たちを救おうとする神に対する信仰なのである。[26]

まるで胎児が外の世界を理解することができないように、私たちもまた悪の問題に対して、解明することも解決することもできないのである。しかし、私たちはイエス・キリストの死と復活によって、新しい世界が創造され、混沌と悪と怪物が消え去り、新しい天と新しい地がやがて創造されるという約束を受けた。そういうわけで、私たちは約束された希望を見通しながら、悪に負けることなく、善をもって悪に打ち勝つべき（ロマ12：21）というだけでなく、今、ここから新しい人生を始めなければならない。[27] 新しい人生とは、「転倒した世界の構造」を断絶し、この世と調子を合わせることなく（ロマ12：2）、神による万物の新しい創造と生命の生まれ変わりをあらかじめ先取りすることを意味するのである。[28]

第11章　恵みとは何か

韓国のキリスト者たちほど、「恵み」という言葉をよく用い、聞く人はいないであろう。多分、韓国人は長い間苦難に満ちた歴史を生きて来たからこそ、このような神の「恵み」を切実に求めるしかなかったのであろう。韓国の教会が眩《まぶ》しく成長することになった原因の一つが、まさにここから見出されるであろう。そこで「恵み」という言葉は、その他どんな用語にも言い換えることができないほど、韓国のキリスト者たちの独特な信仰観をよく表現するようになったと思わされる。一方、「恵み」と関連する用語（恵み深い、たくさん恵まれた、恵みに満ちるなど）を広く使えば使えるほど、その価値はかえって下がるようにさえ見える。私たちが神学的な反省と実践を無視したまま、今日も変わらず「恵み」という言葉をむやみに使うことによって、むしろその意味を曖昧模糊としていないではないだろうか。また、その結果貴く高価な恵みが次第に「安価な恵み」（ボンヘッファー）

となっていないであろうか。それならば「恵み」とは何であろうか。

1　恵みとは何か

「恵み」が何かを説明するのは容易ではない。さらに、この用語は聖書においても神学の歴史においても、様々な他の用語とよく混じりあったり交換されたり、そして何よりもその意味が時代と人に伴って少しずつ異なった表現として用いられるため、ひとことで説明するのが難しい。それにもかかわらず、「恵み」という言葉は確かにキリスト者の信仰体験を独特に表現する典型的なキリスト教の専門用語である。この用語は、キリスト者の最も根本的な体験を指示するものとして神に関する人間の体験を独特に表現する。(1)

旧約聖書において「恵み」とは人間が所有できるものではなく、神の行動と人間を救う神の能力を意味するのである。恵みは神の性質と、活動形態によって体験されることであり、形式的には慈悲、義、あわれみ、真実さ、正しさ、寛容などのような概念が含まれている。しかし内容的に「恵み」は、祝福、選択、メシアの救済、新しい契約などのような概念に要約されることがある。「恵み」とは、具体的な歴史の状況の中において、神の独特な賜物として人間に与えられ、人間の中に留まる実在として体験されるのである。(2)

新約聖書において「恵み」とは、神の終末論的な救済行動としてのイエスの受肉と救済行動、神の国の到来、十字架と復活、そしてイエスの再臨などに対する信仰を通して、新しい次元を得ることにある。イエスの宣教において「恵み」の概念は、明らかではないが、イエスの宣教の内容と行動は病者、貧しい者、絶望に陥った者、失われた者を訪れる神の恵みを明らかに表現している。イエスは貧しい人々に福音を伝え、捕らわれた人を解放し、目の見えない人の目を開き、虐げられている人々を自由にするという、神の「恵みの年」を告げ知らせるために遣わされたと自ら宣言された（ルカ4：18―19）。そして、人々はイエスのことばを「恵みのことば」として受け取った。「みなイエスをほめ、その口から出て来る恵みのことばに驚いた。そしてまた、この人は、ヨセフの子ではないかと彼らは言った。」（ルカ4：22）「恵み」という表現は、イエスの驚くべき能力と卓越した権威、そしてその主張の大胆さとその説教の内容に含まれている。

しかし、キリスト者の「恵み」理解に最も貢献した者はパウロと言える。パウロはイエス・キリストにあって行われた神の救済行動を「恵み」の概念で要約する。恵みに関するパウロの典型的な理解は次のようである。(3)

⑴　恵みは古い時代と新しい時代を区分する概念である。恵みは律法に基づいた救いの希望と徹底的に区分される救いの現実である。（ロマ3―11章、ガラ2―5章）

⑵　恵みは具体的にイエス・キリストである。彼は人格の中にある恵みであり、神の恵みは常に

彼につながる。（ロマ5：15以下）

(3)　恵みは普遍的なものであり、国家と種族、男女と身分の差別を超える。（ロマ10：12、ガラ3：28）

(4)　恵み（*Charis*）は賜物（*Charisma*）において現われ（ロマ12：6以下、Iコリ12章）、恵みの救済能力は信仰にあって受け入れられる。恵みの目標はすべての個人がその中にあって生きることである。

(5)　賜物と信仰は全的に神の選択と予定によって起こる。（ロマ8：28―30、9―11章）

2　恵みと予定

パウロによると、神はご自身を愛する者を創造以前から選び、ご自身の計画に従って彼らを呼び出された。「神は愛する人々、すなわち、神のご計画に従って召された人々のためには、神がすべてのことを働かせて益としてくださることを、私たちは知っています。なぜなら、神は、あらかじめ知っておられる人々を、御子のかたちと同じ姿にあらかじめ定められたからです。それは、御子が多くの兄弟たちの中で長子となられるためです。」（ロマ8：28―29）「すなわち、神は私たちを世界の基の置かれる前から彼にあって選び、御前で聖く、傷のない者にしようとされました。神は、みむねとみこころのままに、私たちをイエス・キリストによってご自分の子にしようと、愛をもってあらかじめ定めておられました。それは、神がその愛する方にあって私たちに与えてくださった恵みの栄光が、ほめたたえられるためです。」（エペ1：4―6）もし神がご自分の恵みと救いを受ける者たちを、創造以前から定め、選んだとすれば、その恵みを拒み滅びる者たちも創造以前から定め選んだということなのであろうか。

予定説を最初に体系化したのはアウグスティヌスと言える。彼の大きい貢献は「ただ恩寵のみ（*Sola gratia*）」という聖書の教えを再び見つけたということにある。彼の主な関心は、イエス・キリストにあって経験される神の恵みの行為よりも、罪人が恵みの活動を通してキリスト者に変わるという事実に傾いていた。ただ、恵みだけがこのような劇的な変化をもたらしたのなら、このような恵みは永遠の前から始まっていたものである。これはまさに神の選びによって起こされたのである。選択は時間以前の神の行動であり、キリストの啓示とは全く分離されている。[4]

ルターは自分の《奴隷意志論（*De servo arbitrio*）》で徹底的な決定論を受け入れたが、1525年からはアウグスティヌスの因果論的な思考から抜け出し、予定論をイエス・キリストにあって理解しようと努めた。1525年以前まで、ルターは神の救済意志の普遍性を否認して、不信仰の根拠を神の意志と決定の中に探した。しかし、それ以後彼はこのように隠れている神の決定を把握しようとする態度に対して警告した。ルターによると、伝統的な予定説は一種の観念的な神学である故、神に関する真の認識を提供することができないのであり、真の予定論はただ信仰によってイエス・

キリストの選択を認識させることである。[5]

カルヴァンは改めてアウグスティヌスの見解を全面的に受け入れ、予定を「二重予定」の意味であるとして、堕落以前の予知と予定を同じだとみなしたのである。[6] カルヴァンによると、ある人は永遠のいのちに予定され、ある人は永遠の滅びに予定されている。彼が主張する予定の本質とは次のような内容である。

①予定とは、人間の行いに対する予知にかかわるというよりも、神の主観的な目的にかかわる。
②ある人が永遠のいのちに予定されたのは、彼が聖《きよ》いからというわけではなかった。
③予定は人間の信仰に頼らない。
④予定は神のみこころのままに起こった。神のみこころは完全性の最高の標準であり、すべての法の法なのである。

カルヴァンによれば、二重予定は救いの選びと滅びの選びの形で起こる。救いの選びは効果的な召命と聖霊の照明を通して起こり、滅びの選びは救いから排除することと、心を強情にすることを通して起こる。ところで、カルヴァンによれば、人間の堕落も神によって定められたことであり、神は救いに選ばれた者を最後まで保護すると語る。[7]

カルヴァンは、二重予定を反駁《はんばく》する者たちに対して次のように弁論する。

①選択論は神を暴君にしない。神のみこころは義の標準である。遺棄された者たちは自らの本性

によって死に導かれるので、神の予定は不公正なことではない。
②選択論は人から罪責と責任感を除かない。
③選択論は神を偏《かたよ》らせない。
④神は内的に働くので、誰が選ばれたか、そして遺棄されたかを知ることができない。したがって各々の人々は、平和に与るよう努めるべきである。(8)

予定説を最も巧みで体系的に主張したカルヴァンの理論に対して、私たちはどんな立場を取るべきであろうか。彼の理論は果たして聖書的であり神学的に健全であるだろうか。カルヴァンは、予定の教理をただ聖書の中でのみ探すべきと強調し、(9)選択をただキリストにあってのみ理解し認めるべきだと言った。(10)しかし、彼は明らかに福音伝道の不均等性、福音に対する多様な反応、少数の信者のような現実的な経験資料などをも予定説の重要な根拠として言及した。(11)そして、彼は予定説の牧会的な有用性と価値を高く評価した。特に、彼が持っていた聖徒の堅忍に対する高い関心はこれを明らかにする。(12)

バルトによると、予定説は「明示化された福音におけるすべての約束は神が永遠の恩寵の選択の神という事実に基づいており、またその中に含まれている(13)」とされる。他の存在と関係を結ぶ神の行動は、偶然でも一時的でもなく、その方の愛の究極的決断である。このような決断は神の現実性に属している。神の存在は行動、または関係と決断の中における存在であり、神論はそれ自体の中

に神の自由な決断、すなわち選択を含めるのだとされる。(14)

しかし、神の選択を認識できる根拠はどこにあるのだろうか。バルトによれば、選択論の認識の根拠は教会の伝統、教育的・牧会的価値と有用性、経験的な資料、あるいは全能者なる神の概念にあるのではなく、まさにイエス・キリストにあるとされる。選択はただイエス・キリストにおいてだけ認識することができる。(15)また、神の選択はイエス・キリストにおける啓示の真理である。(16)しかし、イエス・キリストはただ選択の手段と道具のみならず、それ自体が神の決意と選択なのである。(17)

このように伝統的な「二重予定」の概念は、バルトによって完全に再解釈された。二重予定は、二つの部類の人間集団において起こる事件ではなく、ただイエス・キリストにだけ関連する事件である。すなわち、イエス・キリストこそ選ばれた者であると同時に、遺棄された者でもある。二重予定は、神が人間に下した否定ではなく、人間の代わりにゴルゴタでただイエス・キリストにだけ起こった磔刑《たっけい》をもって人間を贖った救いの肯定である。(18)そして、予定説は恐れと喜びの混合ではなく、ひたすら喜びであり神の恩寵とされる。(19)したがって選択とは、神の「恵み」の選びを意味するのである。そして、予定に対する信仰は人間が遺棄されないと信じる。なぜなら、遺棄はイエス・キリストに起こって、人間はただ選択、すなわち救いといのちが転嫁されたからである。(20)

このような見解は、まるでバルトが「万人救済論」を主張しているかのように誤解される余地を残した。果たして、彼は「万人救済（*Apokastasis*）」を主張したのであろうか。バルトの予定説は「キリスト一元論的思考」から論理的に出て来た自然の結果であったが、結果的に万人救済の可能性を開いたと疑われた。しかし、彼は福音に損害を負わせる「二重予定説」よりはかえって「万人救済説」のほうが福音により近いと思っていたであろう。しかし、彼は明らかに原則的な万人救済説をかばおうとはしなかった。彼はただ、神の自由と恵みの勝利を表現しようと努めただけだったのである。

ブルンナー（Emil Brunner, 1889~1966）は、バルトの見解がカルヴァンの二重予定説に代われる説得力のある代案ではなく、ただ巧みな手段のようだと批判する。ブルンナーによると、二重予定は神の愛に矛盾し、万人救済説も神の聖さと一致しない。聖書は、救済と滅亡という世界史の二重過程の教えを説く。しかし、聖書は救済が永遠の選びに由来していると明確に教えるが、滅亡が永遠の定めに基づいていると明らかな結論を下してはいない。したがって、聖書に記されている通り、不均衡のままに置いておくべきであると述べた。(21)

私たちは予定説、特に二重予定説に対してどのような立場を取るべきであろうか。カルヴァンのように、予定の教理は価《あたい》なしに施す神の慈悲を確信させ、神の栄光を示し、私たちに真実な謙遜を引き起こさせる。(22)しかし、二重予定説は聖書の多くの内容と衝突する。二重予定説は何よりも神の本質である愛と矛盾し、それで神の救済意志の普遍性を剥奪《はくだつ》する。イエスはあらゆる国の人々を弟子として彼らにバプテスマを授け、教えるよう命じられた（マタ28：19）。神の恵みは、あらゆる人々に格差なく現れる時にのみ、真の恵みとなるのではないであろうか。救いを与える神の恵みは、すべての人に現れなかったのであろうか（テト2：11）。

選択と予定に関して語るパウロも、永遠の呪いと永遠の滅亡に関しては全く言及していない。神の活動は、歴史においては二重予定と現れるが、その予定は決して究極的で絶対的ではない。救われた者であっても、高慢になったために遺棄されることがあり、遺棄された者であっても再び救われることがあるのである。パウロは人間の普遍的な犯罪と共に、神の普遍的な恵みを教える。終末において、イスラエルだけが救われるのではなく、すべての人が神の憐れみを受けられるであろう。「神は、すべての人をあわれもうとして、すべての人を不従順のうちに閉じ込められたからです。」（ロマ11：32）神はすべての人が救われて真理を知るようになるのを望まれる。（Ⅰテモ2：4）

3　恵みと自由意志

恵みは人間の自由意志を前提とするか、それともこれを排除するのか。または、恵みは自由意志と協力するのか。アウグスティヌスによれば、恵みは予定されたものであり、抵抗できないものである。人間の意志は奴隷となってしまっているので、人間に与えられる恵みは、人間のよい行いの結果ではなく神の賜物なのである。もちろん、神は人間の意志を無視したり、屈したりするのではなく、人間の意志を通してご自分のみこころを示される。神の予定により、人間の意志が神に向かうこと、またその意志を変わらせるような神の恵みへの業《わざ》を人間は拒むことができない。[23]

アウグスティヌスと違い、彼に立ち向かってペラギウス（Pelagius, 360?~420?）は、人間の意志の自由を積極的に擁護した。神が人間に律法を課したのであって、人間には律法を成就できる能力がある。そして人間は選ぶ力を持っている。半ペラギウス主義者たちは予定説を排撃し、救いは神と人間の協力を通して成就すると主張した。ファウストゥス（Faustus of Riez, 405?~495?）によると、人間の自由意志は堕落の結果として全的に消えたのではなく弱まったのである。したがって、人間は神の恵みの助けによって、救いのために自由意志を行使することができるのである。[24] ジョン・ウェスレーも、特にカルヴァンの予定説に反対して、人間は神の先行的恩寵の助けによって神と積極的に協同することができると教えた。人間は神の賜物を受け入れるか、拒むか決定することができる能力を持っているとされる。[25]

これらの見解はそれなりの聖書的根拠を持っており、同時に長所と短所を持っている。しかし、どんなにはっきりした論証と説明であっても神の神秘を合理的にかつ明快に説明することはできない。一方、神は最も神秘的で聖なる超越したお方であり、人間のすべての行為は全面的に神の恵みによって起こるである。しかし、一方で人間は創造された存在として世界の中にいる。このような次元では、人間の行為は全面的に自らが行うものである。[26]「神の恵みによって、私は今の私になりました。そして、私に対するこの神の恵みは、むだにはならず、私はほかのすべての使徒たちよりも多く働きました。しかし、それは私ではなく、私にある神の恵みです。」（Ⅰコリ15：10）このパウロの告白も、ただこのような観点においてのみ理解することができる。これはキリスト教の信仰と恵みが、依然として逆説的な性格を帯びるしかないという点を意味するのである。(27)

神の臨在から逃れられる被造物は世界中どこにも存在しない（詩139：7―10）。キリストの愛から私たちを引き離せるものはない（ロマ8：35）。すべての世界に満ちている主の霊は万物を総括する存在として人が語る言葉をすべて知っている（知恵の書1：7「主の霊は全地に満ち、すべてをつかさどり、あらゆる言葉を知っておられる。」聖書新共同訳）。したがって、この世における苦難と不幸を含め、どんな出来事も神の恵みと全く無関係ではない。しかし、神は一方的に活動したりしない。神の恵みは、人間を抑圧するのではなく、むしろ自由にする。神は強制的な暴力の道より、仕える僕《しもべ》の道を進んで導かれる。したがって、神は人間の自由によって、ご自身の自由が制限されるということを自発的にゆるすのである。さらに、神は人間に拒まれる可能性のある冒険をも遂行する。(28)人間はロボットやパペットではなく、神の対話の対象、契約のパートナーとして創造されたからである。それに伴い、人間のすべての行為は全的に人間の自由と責任の下に起こる。しかしながら、人間は神の恵みから完全に自由になることはない。なぜなら、神は絶えず人間を愛し、人間の幸福のために継続的に働かれるからである。私たちは神の恵みの神秘性を、ただこのように告白するしかないのである。

第12章　創造と解放と和解

理解することも、克服することもできない苦難と苦痛においてもなお、私たちは変わらずに神の恵みを語ることができるであろうか。苦難と試練が絶えず起こるにもかかわらず、神が黙り続けているような絶望的な状況においてもなお、私たちは変わらずに恵み深い神を告白することができるのであろうか。このような状況においても、むしろ私たちは無情で無慈悲な神を連想することになり、さらに「神は死んだ」とか「神はいない」と公言することになるのではないだろうか。しかし、逆説的に光が闇の中でより明るく見えるように、神の恵みも苦難の中でより大きく現れるのではないであろうか。いや、時には苦難も神の恵みであるという可能性がある。この事実を、私たちは多くの人びとや出来事を通して経験してきたのではないだろうか(1)。

私たちがどのように感じても、どんな状況に置かれたとしても、生ける神の恵みは相変わらず生きて働かれる。そして、神の恵みは無条件であり、無差別であり、無制限である。神の恵みが時間と空間の制約において変化するというような気まぐれはない。神はご自身の創造世界に対して、真実であり、最後まで被造物の面倒を見る。神はご自身が創造されたものの中でどんなものも無視されることなく、すべての被造物をあくまで愛される。神は小さい鳥も養い、つまらない野の草さえ装ってくださる（マタ6：26以下）。神は一羽の雀にも関心を寄せ、私たちの頭の毛さえも数えられるのである（マタ10：29以下）。したがって、パウロは多くの苦難にあっても、次のような大胆な告白をすることができたのであろう。

「私はこう確信しています。死も、いのちも、御使いも、権威のある者も、今あるものも、後に来るものも、力ある者も、高さも、深さも、そのほかのどんな被造物も、私たちのキリスト・イエスにある神の愛から、私たちを引き離すことはできません。」（ロマ8：38―39）

神の恵みは非常に神秘的であり、そして深く、測ることができず、とうてい到達することができない。激しい苦難に満ちた道を歩いて来たイスラエルの血と涙によって書かれた聖書は、あちこちに神の驚くべき恵みに対する証言を記している。とうてい理解も推し量ることもできない神の大いなる恵みを、塵のような、取るに足りない人間がどうしてすべてを表現することができるであろうか。しかしながら、聖書が証言する神の恵みを「創造」と「解放」と「和解」という視点から要約してみる。

1　創造

私たちのために行われた、神の最初の恵みとはまさに「創造」と言える。創造は神の恵みの始まりと通路だけではなく、それ自体として神の明白な恵みなのである。多くの人は、今まで「創造と堕落と救済」という伝統的な救済の図式によってのみ、創造をただ救済のための準備過程の一つか、救済の舞台程度にだけ取り扱ってきた。そして、神の救済行動は人類の堕落の後に始めて起こり、そして不慮の事故に対処するための応急措置と考えるという思考方式に慣れてしまっている。しかし、特にイスラエルの民は創造を救済事件において理解したのみではなく、創造自体を歴史において神が行う神の偉大な活動と共に理解していた(2)。

例えば、詩篇の著者たちは創造を神の救済行為と見た。神は始めから地上のすべての所で救済を成就される方として、創造活動を開始された。

「確かに、神は、昔から私の王、地上のただ中で、救いの業を行われる方です。あなたは、御力をもって海を分け、海の巨獣の頭を砕かれました。あなたは、レビヤタンの頭を打ち砕き、荒野の民のえじきとされました。あなたは泉と谷を切り開き、絶えず流れる川をからされました。昼はあなたのもの、夜もまたあなたのもの。あなたは月と太陽とを備えられました。あなたは

地のすべての境を定め、夏と冬とを造られました。」（詩74：12―17）

ダビデとの契約やメシア王国の設立と同じく、創造活動も神の救済行為に属している（詩89篇）。世界が揺るがないよう堅く建てられたこと（詩93：1、96：10）は救済者なる神の働きである。特に、イザヤは創造自体の中で救済事件を見た。イスラエルを救われた神とはまさに、イスラエルを創造された神である。

「あなたを贖い、あなたを母の胎内にいる時から形造った方、主はこう仰せられる。わたしは万物を造った主だ。わたしはひとりで天を張り延ばし、ただわたしだけで、地を押し広げた。」（イザ44：24）

神は世界を創造された方として、イスラエルをエジプトから救い出した。したがって、神はイスラエルをも創造された神なのである。ここで創造と救いが合致する。かつての創造行為を神話的に説明する混沌の怪物との闘いは、葦の海で行われた神の奇跡的救済行為と同一に描写されることができたのであろう。

「さめよ。さめよ。力をまとえ。主の御腕よ。さめよ。昔の日、いにしえの代のように。ラハブを切り刻み、竜を刺し殺したのは、あなたではないか。海と大いなる淵の水を干上がらせ、海の底に道を設けて、贖われた人々を通らせたのは、あなたではないか。」（イザ51：9―10）

創造は、人間のための神の溢れる愛の啓示と通路である。創造はただ神の愛の故行われた。そして、創造は神の自由な決定において被造物を愛するために行われた。既に充満した愛の交わりをご自身の中で分かち合う三位一体の神は、ご自身の愛を受け、ご自身の愛に呼応する対象を創造された。そのため、創造は神の愛の行為であり、神の驚くべき恵みに対する最も大きな表現なのである。神は世界を創造しただけではなく、豊かに祝福された。特に、神はご自身のかたちとして創造された人間を大喜びをもって祝福された。「神は彼らを祝福された。神は彼らに仰せられた。生めよ。ふえよ。地を満たせ。」（創1：27）祝福を意味するヘブル語「ベラカ」が創造を意味する動詞「ベリア」と似ているというのは、創造が必然的に祝福であり、そして祝福のために備えられたということを示す。[3] 祝福の神学は、韓国的利益信仰や米国的資本主義と世俗的価値観に基づいた「栄えの神学」ないし「成功の神学」と、むやみに入り乱れひどく歪曲されてきたが、[4] 聖書が語る真の祝福までは否定してはいけない。聖書は初めから最後まで人間の祝福に関してどれほどすばらしく証言しているであろうか。特に旧約聖書は人間創造の目標が神の祝福にあることを明らかに語る。[5]

祝福の神とはまさに約束の神である。[6] イスラエルに与えられた神の約束とは肥沃な土地、健康な子孫、活発な生活のようなよいものを享受させる約束である。祝福は生きることにかかわり、人生の基本的な賜物を享受するという約束である。祝福は創造の初めから世界中の全てに深く浸透しているのである。したがって、契約を意味するヘブル語「ベリト」が創造と祝福につながっている事実も偶然ではない。契約は祝福の約束だからである。神が人間と結んだ契約は、まさに神が人間を祝福しようとする約束である。[7]

新約聖書も旧約聖書におけるこのような祝福理解を忠実に受け継いでいる。特に、イエスの山上の垂訓における祝福理解は、近づいてくる神の国の光の下で、より深奥で燦然たる照明を受ける。ここでイエスは貧しい者、柔和な者、義に飢え渇く者、あわれみ深い者、心のきよい者、平和をつくる者、義のために迫害されている者を祝福する（マタ５：３―12、ルカ６：21―23）。イエスのことばと活動において、創造の神が変わらずに人間を祝福する神という事実を、私たちは確認することになる。

もちろん新約聖書は、創造に関してあまり多くのことを記していない。しかし、新約聖書も確かに創造を前提として救いを宣言し、創造信仰の土台の上で新しい創造を予見させる。イエスは「創造」という用語を全く用いなかったが、非常に印象的に聴衆の視線を自然に向けさせ、自然の中における神の全能を力強く証言したのである。[8]

すでに論じたように初めの創造は、止むことのない創造がなされ、継続的創造は新しい創造に向かって力強く進む。神は一度創造された万物を、ただ保存することだけではなく、絶えず革新される。神は常に世界を新しくされる。「あなたが御霊を送られると、彼らは造られます。また、あなたは地の面を新しくされます。」（詩104：30）、「見よ。わたしは新しい事をする。」（イザ43：19）したがって、パウロも「だれでもキリストのうちにあるなら、その人は新しく造られた者です。古いものは過ぎ去って、見よ、すべてが新しくなりました」（Ⅱコリ5：17）と大胆に語ることができたのである。パトモス島に幽閉されていたヨハネは、万物を新しくする望みの神を幻の中で見た。「また私は、新しい天と新しい地とを見た。以前の天と、以前の地は過ぎ去り、もはや海もない。」「見よ。わたしは、すべてを新しくする。」（黙21：1、5）このように、神の恵みは創造と継続的創造と新しい創造とに引き継がれるだけでなく、日ごとに豊かに、また、日ごとに新しく与えられるのである。それゆえ、毎日が新しいのである。

2　解放

伝統的神学、特にヘレニズムと宗教改革の神学の影響を強く受けた神学は、長い間に個人の救いか霊魂の救いだけを一方的に強調する傾向を帯びた。そして、救いを死後の世界において享受する不滅の生とみなして現世の価値を見落とした。現世の生は、幸せに暮らしても不幸に暮らしてもいつかは必ず去らなければならない　地上の生であり旅人の生とみなされ、究極的で永遠の救いはただ天の御国、すなわち来世でのみ得ることができるとされた。現世とは、ただ未来に救われるため、試みられるべき場所とされたのである。

このような救いの概念を、グスタボ・グティエレス（Gustavo Gutiérrez, 1928~）は「量的救いの概を引かなくなった。しかし現代に至ってこのような概念は、普遍救済主義の思想によって瓦解《がかい》し、関心を引かなくなった。神の恵みを受け入れても、拒んでもすべての人には恵みが伴うという思想は、人間活動を根本的に尊重の対象とし、量的救いの概念は質的で集約的な救いの概念に変わった。このような観点から、救いは全く違う様態として表現されることになった。救いは人間と神との交わりであり、人間と人間との交わりである。したがって救いは、人間のすべての現実を含め、それらを変革しキリストにあって完成する。こういうわけで、罪はただ後世において救いを得ることへの障害になるだけではない。まるで罪が神との交わりを断絶させるものであれば、罪はつまり歴史的実在にほかならないのである。[9] 罪はただ個人的で私的なあるものだけでなく、また人間の内面的なものだけでもない。罪は社会的で歴史的な事実でもある。罪は人間相互間の愛や兄弟愛の欠如、そして神と他人との交わりの断絶でさえある。[10] したがって、神の国はこれらのすべてを克服できる包括的な救いをもたらすのである。

すでに前章で論じたように、混沌から秩序を創造された神の創造行為が、まさに歴史的な救済行為の原初的な形態としての経験であれば、イスラエルがエジプトから解放された事件は、イスラエルの歴史において常に神の救いの保証としてみなされ、また、それは新しい救いの原型として捉えられた。エジプトからの解放は、イスラエルを聖なる民とするための宗教的救済の行為であると同時に、政治的、社会的解放の事件でもあった。

エジプト脱出は圧制と強制労働、人権の蹂躙と強制的産児制限などを通して経験した悲惨な奴隷生活から兄弟愛に満ちた平等な契約共同体の生活へと解放される事件であった。神はエジプトにいるご自分の民の悩みを見、彼らの叫びを聞いた。そして神は、イスラエルをエジプトの手から救い出すため自ら下って来た（出3：7−10）。このように万物を創造された神はまた、イスラエルを創造し解放する神でもあられるのである。

神の国を宣べ伝えたイエスは、このように神の名と聖霊の力において人間を自由にした。公の生活を始めたイエスは次のような宣言を通してご自分の使命が、人間の解放にあることを公にした。

「わたしの上に主の御霊がおられる。主が、貧しい人々に福音を伝えるようにと、わたしに油をそそがれたのだから。主はわたしを遣わされた。捕らわれた人に赦免を、盲人には目の開かれることを告げるために。しいたげられている人々を自由にし、主の恵みの年を告げ知らせるために。」（ルカ4：18−19）

いのちと愛を非常に強調したヨハネも、人間の解放がイエスの重要な使命の一つと明らかにした。「あなたがたは真理を知り、真理はあなたがたを自由にします。」（ヨハ8：32）パウロもイエスが人間を自由にすると言った。「主は御霊です。そして、主の御霊のあるところには自由がありま す。」（Ⅱコリ3：17）、「キリストは、自由を得させるために、私たちを解放してくださいました。ですから、あなたがたは、しっかり立って、またと奴隷のくびきを負わせられないようにしなさい」

（ガラ5：1）

イエスは人間の特定の一部分だけのために来られたのではなかった。ユダヤ人であったイエスは、ギリシア人のように人間を優れている部分と劣っている部分とに分けなかった。イエスは人間を分けられない全体としての全人として見た。そして、人間のすべての問題に関心を持ち、人間が経験するすべての苦痛を抱えられたのである。そしてイエスは、実存主義者のように、人間を世界とは別の独立している内面的な存在として見なかった。イエスは、人間が悪い構造の中で苦しんでいる事実を知り、人間が構造的悪から解放されるのを願った。イエスは重荷を負って疲れた人々を休ませた（マタ11：28）。

イエスは自由な存在として創造された人間が、不義の勢力の下において悲惨な奴隷として生きている様子を見、彼らをあわれみ、このような状態から人間が解放されることを願った。そしてイエスは、人間の解放を宣言し、人間の解放のために活動した。イエスが宣言し得られた解放とは、総体的で全人的であるため、ある一部分のみに制限されることはできない。イエスがもたらした自由とは、外面から見ると、⑴権力からの自由、⑵財物からの自由、⑶律法からの自由などであり、内面から見ると⑴心配からの自由、⑵憎しみからの自由、⑶罪責からの自由などと言えるであろう。[11]

グティエレスによると、解放とは全人的であって次のような三つの次元を持つとされる。それらは、⑴政治的・社会的解放、⑵新しい連帯感のある社会において新しい人間を創造する解放、⑶罪から解放され、神とすべての人との交わりを行わせる解放である。[12] モルトマンは、人間の解放の次元をより詳しく区分する。それらは、(1)生の経済的次元の解放（社会主義）、(2)生の政治的次元の解放（民主主義）、(3)生の文化的次元の解放（人間疎外の悪循環からの解放）、(4)自然に対する社会の関係の解放（自然との平和）、(5)生の意味に対する人間・社会・自然の関係の解放（神への信仰による存在への勇気）である。[13]

3　和解

前章ですでに論じたように、創造の目標は人間ではなく安息日、すなわち「創造の祝日」である。最終的に神は、被造物の中で安息し現存し、すべての被造物を祝福し聖められる。歴史の終わりに来る安息日は「終わりなき祝日」となる。すべての被造物は創造者のこのような祝宴のために創造され、この祝宴において祝福されるのである。[14] ところで祝宴の喜びにおいて、何が起こるのであろうか。それはまさに、一致と和解が起こるのである。和解がなければ祝宴もないが、祝宴もなければ和解もない。和解は限りない喜びを生み、喜びは限りない和解を生む。祝宴の場には憎しみと葛藤がすでに存在しなくなり、そこでは敵と友の区別も全く消えてしまうのである。

歴史的、社会的、個人的解放はそれ自体が目標なのではない。解放は交わりと一致、すなわち和解を目標とする。エジプトから解放されたイスラエルは、新しい地においてすべての制約と抑圧から抜け出して無限の自由を思う存分享受したのではなく、神との厳粛で新しい契約の関係の中に入って行ったのである。契約は、神と人間と自然との調和した一致と和解を保証する。真の交わりの中に入らない解放は新しい隷属関係を生む。そこでヤハウェである神は、イスラエルと新しい契約の関係を結んで彼らをご自分の民とされたのである。

したがって、和解の主体は人間ではなく神である。神は創造者であり解放者であり、また和解者でもある。しかしながら、和解とは何なのであろうか。バルトによれば、和解とは「神を自分の創造者として認めずに拒み、神の被造物であるという自分自身を滅亡に陥らせた人間の失われた立場をご自分のこととし、これを目標に導き、それによってご自分の栄光を世界に明らかに現す、神の価なしの真実な活動」であるという。教会の宣教と教義学の核心をなす和解は、まさに神の存在全体、神の業のすべてである。和解は神のすべての行為の目標であり、神の本来的・根本的な意志であり、創造者である神の意志の意味と根拠ということができるのである。[15]

和解は神と人間との間で結ばれた「契約」の成就でもある。では「契約」とは何であろうか。契約とは神のすべての活動とことばの前提であり、契約の計画と法則と意味とは、創造者である神がご自身を人間の神とし、人間をご自分の契約の相手としようとする願いに従ってそうしたという事実に基づく。神の意志による事件は、契約による事件である。[16] そのため神が、時間の中において行う業《わざ》の中では、どんなこともこの契約から除かれることはない(17)。

バルトによると、「創造」もすでに神の永遠の契約の表明であり、その啓示と実行であった。神が創造者として人間のために行ったその業《わざ》も、神が最初からすべての被造物の間で人間に向かってご自身を立たせ彼らと結束し、そしてご自分が人間の神となることを選び決めた事実に基づく。神がご自身を、人間の神とした事実は創造と共に真理と現実となったのである(18)。

ところがバルトにとって和解は、交わりの確証と回復と完成であり、ある概念や理念ではなくまさにイエス・キリストなのである。イエス・キリストは、キリスト教信仰のすべての力と内容を意味する。この方は神の意志、すなわち契約の意志の啓示であると同時に、その終末論的完成であり、最初から常に神の契約の意志であった。そして、この方は神のことばとして契約の本来的根拠と意味であり、私たちに与えられた神のことば、すなわち私たちのための神の活動として永遠の契約のことばと活動なのである(19)。

しかし平和が成り立たなければ、真の和解も成り立たない。真の和解は、平和の原因でありながらその結果でもある。そして神は平和をもたらすために働かれる。神は国々の民の間における紛争を裁かれ、あらゆる葛藤を解くために来られる。神の国が来るとき、すべての人は脅かされることなく生きるであろう（ミカ4：1―4）。しかし和解はただ人間の間にだけ起こることではなく、究極的にすべての被造物の間にも起こる。神の国においては、動物の間にも平和が成り立ち、幼子と野獣の間にも平和が成るであろう（イザ11：6―9）。

イエスは平和の王として来られ（ルカ2：14）、平和のために働く者を祝福し（マタ5：9）、自ら平和を成就された。私たちは、イエスによって神との平和を持っているだけではなく（ロマ5：1）、世界のすべての人との平和をも持つこととなった。イエスは隔ての壁を打ちこわし、二つのものを一つにし（エペ2：14―17）、さらに万物をご自身と和解された（コロ1：20）。

しかし、公正と正義が実現しなければ、真の平和も実現しない。もし、この世界における公正な裁きが行われなければ、紛争と戦争が終わる日はないであろう。もし不義が裁かれず、公正と正義が成り立たなければ、全世界は血と涙と嘆きに満ちるであろう。そこで神は、不義を除いて公正と正義を立てることによって全世界に平和をもたらすことを願われる。全世界に公正と正義が実現するとき、平和も同様に全世界に満ちることになるだろう。

第13章　義認と聖化と栄化

前章で私たちは、神の恵みが総体的・立体的・包括的に活動する点を指摘した。再度まとめるが、最初の恵みである神の創造は継続的創造において今日も変わらず起こっており、この継続的創造は究極的に新しい創造を目指す。そして創造の神は、また解放の神として人間を真の自由へと導く。創造と解放は究極的に万物の和解を目標とする。神の恵みはなぜこのように行われるのであろうか。まず神は、万物の創造者として万物のうちにおり、万物を統一し、完成するからである。そして人間は精神的・個別的存在だけではなく自然的・社会的・歴史的存在でもあるからである。

創造の完成と、歴史的解放と万物の和解のない救いは考えられない。世界の破滅の上で、一人飛び回る霊魂の救いとは一体どういう救いであろうか。しかし個人の救いがないのであれば、世界の救いも考えることができない。人が全世界を手に入れても真のいのちを損じたら、何の得があるであろうか（マタ16：26）。こういうわけで、「義認」と「聖化」と「栄化」の観点から、個人に与えられる神の恵みについて以下考えてみる。

1　義認（*Justificatio*）

人間の罪によって神との交わり、すなわち契約が破れたゆえ、交わりの回復のためには神の赦しが必ず必要である。旧約聖書において神の赦しという主題は、病の癒し（詩103：3）、罪を取り除くか遠くへ離すこと（詩103：12）、人間の罪をご自身のうしろに投げやること（イザ38：17）、罪をぬぐい去ること（イザ43：25）などのような表現を通して表されている。神は絶えず、そして自ら赦すことを願われる。イエスは、特に罪を赦す権威を持っている者として罪人たちを赦し（マコ2：10）、弟子たちにも無限の赦しを命じられた（マタ18：21—22）。

赦しの信仰とは、パウロの「義認」の概念において最も独特に示された。パウロによると、人間が義と認められるのは律法を行うこと（人間の義）によってではなく、ただ信仰（神の恵み）によってである。パウロは義認以外にも和解、贖い、養子、罪の赦しのような異なる概念を用いるが、これらは一つの経験に対する違う表現なのである。すなわち、これらは生命に入る相異なる五つの扉ではなく、相異なる五つの名称を持っている一つの扉と言える。[1] ヨハネは人間の出生に寄せて「新生」（ヨハ3：3）の概念を用いる。

ルターは、長い間忘れられ抑圧されてきた「義認論」の重要性を再び発見し、宗教改革をもたらした。ルターによれば、義認論はキリスト教神学の「教師・帝王・主・案内者・審判官」である。義認論は、単純に様々な相異なる項目の中の一つではなく、教会にとって存立とそのすべての教えの成否がかかっている基礎項目であり、主要項目でもある。さらに「キリスト教の教えの要約」、「神の聖なる教会を照らす太陽」である。しかし、ただこれだけがキリスト教の特殊性と独自性を現し、キリスト教を他の宗教から区分する要素なのである。ただこれだけが教会を保存するのである。(2)

カルヴァンも義認論を「キリスト教の存立の決定的な求心点」と言った。義認論とは宗教生活の要点であり、救いの土台である。(3) しかし義認論だけがパウロの思想の中心ではなく、さらにそれが福音の中心であるとまで誇張してもいけない。イエスが宣言した救いの中心的な主題は義認ではなく、近づいて来た「神の国」であった。(4) エルンスト・ケーゼマン（Ernst Käsemann, 1906~1998）は、「信仰による義」を徹底的に終末論的に理解する。これは信仰者の意識経験、法廷的義、単純な審判の決定だけでは説明することができない。それは心理的、倫理的、人間学的概念ではなく、恵みにおける解放の約束だからである。(5) パウロによる福音の永続的な中心も、近づいて来る神の勝利への希望であった。したがって、私たちがパウロの黙示思想を見落としたとするならば、パウロの福音そ

れ自体を無視することになってしまうわけである。(6)

私たちは、ただ信仰のみによって神の御前で義と認められる。しかし信仰は、決して行いなしで存在することはなく、決して律法をも廃棄しない。私たちが義と認められることにおいて、キリストは明らかに「律法の終わり」（ロマ10：4）でありながら、また私たちが義なる者あるいは全き者となることにおいては「律法の目標」と言える。マタイによると、キリストは律法の成就のために来た（マタ5：17）とされる。さらにパウロによれば、愛は律法を完成する（ロマ13：8）とされる。パウロは、何も行わずにただ信じるだけの人間を提示しなかったのである。

ただ「信仰主義（*Sola Fideisumus*）」は、教会の交わりと世界の救いをなおざりにする、個人主義と内面主義を生む。(7) 私たちは「義認論の教理化・個人化・霊性化」という新しい「バビロン捕囚状態」に陥ってはいけない。神の恵みは全世界のためのものである。したがって義認も神の出来事、人類の出来事、世界の出来事なのである。(8)

ゲルハルト・グレーゲ（Gerhard Gloege, 1901~1970）によると、義認は本来神がご自身とその義を現し、神が神であることを示すための神の出来事であった。このような福音の力動性が、死んだ教理として固まってしまったのである。神の富んで豊かな活動が、神に関する空虚な発言としてひっくり返ったのである。また義認は、神が人間を義に導こうとする人類の出来事である。神の歴史の主題は「神と我」ではなく、「神とその民」である。神は義とした個人を、世界の中で従順する交わりの中へと導く。個人の変化は、世界を新しく変化させることに寄与する。したがって義認は世界の事件であり、真の義認を敬虔な者の精神領域の中に留めるのは、到来する神の国の世界的目標を否認することである。(9)

2　聖化（*Sanctificatio*）

人間の救いは、ただ義とみなされることに止まらない。もちろん義は、一次的に外部から来る恵みの宣言として人間に与えられたものであり、そのような点においてそれは受動的な義であり、よく知られていない義である。しかし、義認はただ恵みの活動の始まりに過ぎない。恵みとは、ただ罪人を義と認めることで止まらず、罪人を実際に義なる者とする。このような意味において、神の義は実際に効力を及ぼす。神が義と宣言することによって、罪人は実際に義なる者となる。なぜなら神のことばは出来事を起こす言葉であり、効力を及ぼす言葉だからである。(10) したがって、義認と聖化は互いに区分されるべきであるが、分離することはできない。

もちろん義認と聖化はすべてがに同一ではない。なぜなら、義認を通して罪人は義と宣言されただけであって、完全に義とならなかったからである。しかし、義認と聖化は分離することはできない。なぜなら義認を通して、罪人は今ここですでに義なる者となったからである。このような意味で、ルターはキリスト者を「義なる者であると同時に罪人（*Simul iustus, simul peccator*）」と呼んだ。神の公正で厳しい裁きから見ると、キリスト者は完全に罪人である。しかし、神の大いなる慈悲から見ると、キリスト者は完全に義なる者である。キリストがいない自己を見ると、人間は完全に罪人である。しかし自己のため犠牲になったキリストを見ると、人間は全的に義なる者である。[11]

バルトは義認と聖化との間に先後関係があると考えた。しかし、彼はこの先後関係を時間的な救いの秩序ではなく、内容的な秩序と見た。彼によると、目的論的には聖化は義認に先立つ。しかし、神の行為における順序では義認が聖化に先立つ。神の意志と行動の同時性において義認は根拠として先に立ち、聖化は目標として先に立つ。そして再び義認は前提として先にきて、聖化は結果として後にくる。しかし、義認と聖化が時間的な前後関係ではない点において、義認と聖化は同時的な出来事と言える。[12]

しかしながら、義認と聖化を時間的な前後関係の中で見るのがよりふさわしいであろう。なぜなら、義認は一回的行為であるが、聖化は漸進《ぜんしん》的な過程だからである。義認は神の方において明らかに一時的な事件である。しかし聖化は歴史を通して行われる。[13] ウェスレーによると、義認は神がキリストを通して私たちのためになさる働きである。しかし、聖化は神がご自信の聖霊において私たちの内でなさる働きである。義認は相対的な変化を含めるが、聖化は真の変化を含める。義認は本質的に客観的な変化であるが、聖化は本質的に主観的な変化である。義認は罪責からの解放であるが、聖化は罪の勢力と罪の根からの解放である。ルターによると、義認は内的な刷新と救いの全体内容を含んでいる。そこで義認は、継続的な贖罪の活動として理解される。しかしウェスレーによると、義認は救いの全体過程の一つの段階にしか過ぎない。[14]

カルヴァンによれば、人間は肉体を持っている間、完全とは程遠く、常に罪と戦わなければならない。しかしウェスレーによると、キリスト者はたとえ相対的であっても完全な聖化に至ることができると述べる。ではウェスレーが言う聖化の特徴とは何であろうか。それは相対的であるが、完全な聖化の特徴とは、信仰の完全な確信、神と人に対する純粋で完全な愛、悪い考えと品性からの解放、意志と行動の絶対的な純粋性にある。もちろん、これは不完全な理解力と間違い、知識の限界と判断の誤り、そして過ちが全くない状態を意味するものではないのである。[15]

バルトによると、聖化はキリストの聖にあずかることによってのみ可能である。具体的に聖化は、キリストについて行く従順、悔い改めに向ける目覚め、よい行いである奉仕、十字架を負う生活といった中で具体化される。十字架を負うということは聖化の完成である。[16] したがって、聖化は徹底的にこの世界のための召命と奉仕の形に表れるしかない。ウェスレーも、聖化を徹底的に「社会的聖化」と理解し、ただ内面的幸福と個人的聖化に留まらず、他の仲間たちとともに社会改革のために熱心に献身した。その結果、ウェスレーは腐敗した英国社会を改革し絶望的な状況を改善することに大きく寄与したという事実はよく知られている。[17]

3　栄化（*Glorificatio*）

パウロによると、神の恵みはひとまとめに全部が与えられるのではなく、「救いの順序（*Ordo salutis*）」に従って漸進的《プログレッシブ》に与えられる。「なぜなら、神は、あらかじめ知っておられる人々を、御子のかたちと同じ姿にあらかじめ定められたからです。それは、御子が多くの兄弟たちの中で長子となられるためです。神はあらかじめ定めた人々をさらに召し、召した人々をさらに義と認め、義と認めた人々にはさらに栄光をお与えになりました。」（ロマ8：29―30）換言すれば、神の恵みは予定と召命と義認と栄化の順序で与えられる。救いの最後の目標とは、今後現れるキリストの栄光にあずかることである。(18)

ヘブル語で栄光（*kabod*）とは、輝きと美しさを意味し、ギリシア語の栄光（*doxa*）は輝き、荘厳、名声などを意味する。神は栄光の王である。「この栄光の王とはだれか。万軍の主。これぞ、栄光の王。」（詩24：8）栄光の神は義なる者たちを栄光に導く。「あなたは、私をさとして導き、後には栄光のうちに受け入れてくださいましょう。」（詩73：24）また神は御子に栄光を与える。「イエスはこれらのことを話してから、目を天に向けて、言われた。父よ。時が来ました。あなたの子があなたに栄光を現すために、子の栄光を現してください。」（ヨハ17：1）

御子を信じるキリスト者は、御子とともに神の栄光にあずかるという約束を受けた。キリストが再び来る時、死者たちはよみがえり、キリストの栄光のからだと同じ姿に変えられる（ピリ3：20―21）。その日、キリスト者はモーセのように主の栄光を見、栄光から栄光へと、主と同じかたちに姿を変えられて行く（Ⅱコリ3：18）。したがってキリスト者は苦難の中でも神の栄光を望んで大いに喜んでいなければならない（ロマ5：2）。そして、キリストと栄光をともに受けるために苦難をともにしていなければならない（ロマ8：17）。なぜなら今の苦しみは、将来私たちに現れる栄光に比べれば取るに足りないものであり（ロマ8：18）、現在受けている苦難によって、やがて測りきれない永遠の栄光をもたらすからである（Ⅱコリ4：17）。

ところで、栄化はただ人間のみに起こる事件ではない。終末論的救いはすべての被造物の解放と栄化として現れる。終わりにはすべての被造物が新しくされ、神の栄光にあずかることになる。

「被造物も、切実な思いで神の子どもたちの現れを待ち望んでいるのです。それは、被造物が虚無に服したのが自分の意志ではなく、服従させた方によるのであって、望みがあるからです。被造物自体も、滅びの束縛から解放され、神の子どもたちの栄光の自由の中に入れられます。私たちは、被造物自体が今に至るまで、ともにうめきともに産みの苦しみをしていることを知っています。」（ロマ8：19―22）終わりの日には天と地は栄光の姿、すなわち新しい天と新しい地に完全に変えられるのであろう（黙21：1以下）。

第14章　イエスとはだれか

ある日、イエスは弟子たちに「あなたがたは、わたしがだれだと言いますか」と不意の問いをしかけた。ここでペテロが、「あなたは、生ける神の御子キリストです」と答えると、イエスはペテロを幸いとほめ、「このことをあなたに明らかに示したのは人間ではなく、天にいますわたしの父です」と言う。もしイエスが今日私たちにも同じく問いかけたなら、私たちは何と答えたであろうか。たとい私たちがペテロの答えを繰り返したとしても、イエスの質問が自ら解かれたとは言えない。なぜなら、ペテロの理解とイエスの理解が果たして一致するかは正確に正すべきであり、何よりも「キリスト」と「神の御子」という言葉がその当時何を意味し、今日の私たちに何を意味するのかを探り見極めるべきだからである。したがって、今日もイエスに対する問いと答えは絶えず続いている。

イエスが問いかけた質問は私たちにかけられた最も厳粛な質問の一つである。過去においてイエスはだれであり、現在においてイエスは私たちにとって誰であるのか。なぜ、今でも私たちはこのような質問を続け、それに対する答えを求め続けなければならないのであろうか。なぜ、この質問がそこまで厳粛で大切なものなのであろうか。神に関して問うたびに、私たちは 何よりイエス・キリストを探し求める。なぜなら、神の啓示、約束と要求、裁きと救いが、まさにイエス・キリストの中で明らかに示されたと信じるからである。イエス・キリストはキリスト者の信仰の中心と根拠のみならず、その対象と内容と要約でもある。そうであるとしたなら、聖書はイエスを誰だと証言しているのであろうか。

1　イエスに関する理解の多様性と統一性

イエスが誰であるのかを知るために、特に新約聖書を読むたびに、私たちは当惑してしまう。なぜなら、新約聖書はイエスが誰であるのかに関して、一つの一致した答えを与えていないからである。むしろ私たちは、新約聖書において、イエスが多様で相異なる観点で捉えられている事実を見つけることになる。そして、イエスに関する相異なる理解が、相互対立したり、補完したりしながら、緊張感漂う事実をも見つけることになる。それは、新約聖書が比較的長い間、多数の著者によって、そして相異なる歴史的背景と神学的動機から記されたという事実に起因するが、他方では、イエスが人間によってたやすく捉えられることのできない、驚異的で不思議な存在という事実に起因する。

そうであるならば、新約聖書はイエスをどのように理解しているであろうか。マタイはイエスを、何よりも謙《へりくだ》ったメシアと見る。「シオンの娘に伝えなさい。見よ。あなたの王があなたのところに来られる。柔和で、ろばの背に乗って、それも荷物を運ぶろばの子に乗って。」（マタ21：5）イエスは特に律法を教え、新しく解釈し、これを成就した者であり、弟子たちを義の道、すなわち完全な愛の道に招いた真の教師である。マルコはイエスを、秘密の中で現れた神の子と見る。キリストに対するペテロの告白は、秘密にされ、イエスの苦難は弟子たちにもよく理解されない（マコ8：27―33）。ルカはイエスを、罪人の救い主、貧しい人の救済者、取るに足りないと小さい人の代弁者と見る（ルカ7：36―50、10：25―37、15：1―32、16：19―31）。福音伝道の過程を説明する使徒の働きを記録したルカは、イエスを世の救い主と説く。ヨハネはイエスを、父を啓示した子と見る（ヨハ14：6―12）。パウロはイエスを、何よりも律法からの解放者と十字架上で死んだ後によみがえった主と見る。ヘブル人への手紙はイエスを、自らいけにえとなった大祭司と見、ヤコブの手紙は、律法の教師と見る。ペテロの手紙とユダの手紙はイエスを、将来再び来る教会の主と見、ヨハネの黙示録はイエスを、万物の統治者と見る(1)。

このように新約聖書においてイエスに関する理解は非常に多様であり、多彩である。それ故、私たちは新約聖書のイエスに関する理解を画一にすることも、簡単に組み合わせることも難しい。それにもかかわらず、私たちは新約聖書から、一致したキリストへの信仰告白を読み取ることが出来る。それは「神がイエスにあって、私たちの救いのために行動した」という信仰告白である。イエスは失われた人々の救い主であり、世の救い主である。このように、新約聖書のキリスト論は、その多様性にもかかわらず、イエスにあって行われた神の救いのわざに関する宣言において一致する。古代教会のキリスト論も、まさにこのような新約聖書の核心的な信仰を当代の概念によって説こうと試みたものである。[2]

2　イエスの称号

イエスが誰であるかを調べる重要な方法の一つは、彼が人々にどう呼ばれたかを見ることである。しかし、新約聖書の中にはほぼ53の称号が登場し、これらの称号の起源と意味を明らかにするのは簡単ではない。これらの称号は、相異なる教会の社会的・宗教的背景から由来しており、その中のただ一つでも、イエスが直接ご自身に適用されたのかは、明らかにすることは簡単ではない。そして称号は、教会の歴史の初めから変化し、新しい称号が生まれていった。したがって、称号は、常にイエスの人格と歴史との緊密な係わりにおいて理解しなければならない。そして私たちは新しい観点に従って私たちの時代に適用できる新しい称号を用いることもできる。

それにもかかわらず、私たちはイエスに対する称号がどのように用いられたかを幾つか形で見ることができる。オスカー・クルマン（Oscar Cullmann, 1902~1999）によると、預言者と神のしもべと大祭司という称号は、イエスの地上的働きに関わり、キリストと人の子という称号は、特にイエスの未来的働きに関わっている。そして、主と救い主という称号は、イエスの現在的働きを描写し、ロゴス（ことば）と神という称号はイエスの先在を指示する。[3]

ブルトマンによると、古代パレスチナ原始共同体においてイエスは、神に高く上げられた「キリスト」と「人の子」として理解され、人々は彼の迫り来る到来を熱烈に期待した。彼らは早くから、イエス・キリストの死を、救いの出来事、すなわち罪人のための贖いの犠牲と考え、その上、神とご自分の民との、新しい契約のための犠牲とも理解したようである。ギリシア人キリスト者たちは、特に彼を「主《しゅ》」と「神の子」と呼んだ。ギリシア人共同体においては、神秘宗教の表象がイエスの救いの意味を説明することに大いに役に立ったのであろう。イエスは祭儀において礼拝される「主」であり、その祭儀の参加者たちは、洗礼と主の晩餐を通してイエスの死と復活にあずかる。[4]

「キリストの称号」に関する最近出来た一つの研究結果は次のようである。

(1)　パレスチナ原始キリスト教において、最も古いキリスト論は、徹底的に終末論的な方向を取っている。将来来られる人の子、再臨する主、そして終末のメシアという称号は、伝承形成の最初から出来ていた。イエスが高く上げられたという理解は全然見えない。再臨の遅延は、主の現存の象徴ではなく、強い待望とその訴えを通して克服される。イエスの地上の活動を回想することは、初めから決定的な役割をする。地上においてイエスの位置と権威は、「主《しゅ》」という称号によって表現される。しかし、イエスの地上の活動は、人の子の称号にも係わる。「子」の表現を通して初期共同体は、イエスの特別な全権と威厳に関してより広く説明することになる。「主」と「子」との象徴が、ほとんど教訓に関わって展開されたとするなら、イエスの活動と奇跡の行為は、宣べ伝えることにおいて重要な位置を占める。そしてイエスの教えと活動と共に、苦難も早くからキリスト論的陳述に属することになる。それでメシアの概念が新しく理解され、受難伝承はメシア称号につながる。苦難を受ける「人の子」という言葉は、受難史の影響を強く受けたことを示す。復活の陳述も、受難に係わって確かな位置を占めることになる。

(2)　ヘレニズム的ユダヤ人のキリスト教は、全く異なる伝承の段階を見せる。一方では、高く上げられたイエス（高挙）の象徴が形成されながらも、他方では、次第に「メシア」象徴が地上のイエスに遡って適用される。高く上げられたイエス（高挙）の象徴は再臨の遅延に対する事実を解こうとする、言わば、熱狂的な終末期待を改め直そうとする最初の徹底的な試みである。イエスのメシア性は、もうそれ以上終末の活動に関わって説明されるのではなく、既に復活との関連性において説明され、既存の世界の中にイエスの活動が現存するという考えが、人々の信仰に根を下ろすことができる。もう一つのキリスト論的称号の構成要素は、イエスの天上的統治思想である。最初には機能的な意味（詩110：1）を持っていたこの思想が、ヘレニズムの世界の祭儀の影響の下で段々とイエスの神性の象徴として発展する。初期にはイエスに対する独自的な理解（ダビデの子）が存在していたが、「神の子」の動機がパレスチナ伝承のイエス理解（カリスマ的人物）を受け入れ発展させる。そして「メシア」象徴と「神の子」象徴は地上のイエスに遡って適用される。

(3)　ヘレニズム的異邦人のキリスト教においては、旧約聖書とユダヤ教的伝承の影響と考え方が著しく後退した。「人の子」と「ダビデの子」という象徴は完全に消える。「キリスト」という称号は固有の名前としてのみ理解され、それとは違って、「主」と「神の子」は、ヘレニズムの影響で再解釈され、前面に表れる。「主」は支配的な祭儀の概念となり、全世界の上で神的統治力を所有した者をほめ称えることに適することになる。「神の子」という象徴は、受肉する前から天上において永遠に先在していた立場から降誕したイエスの神的本質を説明することに適することになる。イエスの主権は、神秘宗教と皇帝崇拝に対決する中で、神がイエスに渡したものとして理解される。そしてイエスが神の子という象徴は受肉思想と強い関連性を持ちながら仮現説（Docetism）を防ぐ。(5)

①　キリスト

ここでこの四つの称号が何を意味するのか簡単に調べてみよう。

「キリスト」とは、ヘブル語の「メシア」に当たるギリシア語の訳語で、「油を注がれた者」を意味する。メシアは、当時のユダヤ教思想において、多用な意味を持っていた象徴である。しかしこの称号は、ダビデの血統から生まれ、イスラエルの敵を打ち破り、王として即位する救い主の姿を表現する。初代教会がイエスをキリストと呼んだことは、まさにナザレのイエスが旧約聖書における約束されたメシアと主張したわけである。しかし、イエスはユダヤ人が持っていた民族的なメシアに対する期待を崩し、新しい内容をその代わりとしたのである。イエスは民族の解放ではなく、贖罪の死を通して神と全人類との交わり、その上、万物との交わりに至る新しい道を開いたキリストであった。その後「キリスト」という称号はイエスの固有の名となった。

②　人の子

人の子という表現はユダヤ教の黙示文学によく出て来るが、ダニエル書（7：13）における人の子は、来たる神の国においての審判者と救済者の役割を果たす者として登場する。初代教会がイエスを人の子と呼んだなら、イエスがご自分の活動と苦難を通して、世界の審判者の役割をするという事実を主張したわけである。犯罪者として裁かれ処刑されたイエスが、今は神によって審判者の位に座られた。したがって、彼に従うか、従わないかによって裁きと救いが究極的に定められる。しかし新約聖書における人の子の称号は将来、来たるべき審判者のみならず（マタ8：28、ルカ12：8）、彼の苦難（マタ8：31、9：30―32、10：32―34）と地上の活動（マコ2：10、2：28、ルカ7：33―

34）に関しても語っている。ここにおいても、審判者と救済者は民族的解放の根拠と解かれるよりも、イエスの活動と苦難を通して解かれる。

③　主

イエスは二つの形で主と呼ばれた。イエスはパレスチナにおける初代教会では、再び来られる主（マラナ・タ）と呼ばれ、異邦人のヘレニズム的な教会においては、礼拝の中で、教会と世界の主と呼ばれた。主は高く上げられた者（高挙）として、今日礼拝共同体の中に現存している（ロマ10：9、Ｉコリ12：3）。異邦人社会では神々と皇帝が主と呼ばれた。したがって、イエスが「主」という告白は、その神性と排他的な絶対性と唯一の統治権を表現するのである。

④　神の子

古代近東とローマとギリシアだけではなく、イスラエルにおいても王は神の子と呼ばれた。このような起源を持つ神の子という称号がイエスに用いられたが、何よりもイエスの復活は、神の子と認められた出来事と理解された（ロマ1：4）。復活以外にもイエスの処女誕生（マタ1：18―25）、イエスの変貌（マコ9：2―8）、洗礼を受けた時に聞こえた神の声（ルカ3：21―22）はイエスを神の子と認めることとしてみなされた。しかし、イエスは既に創造以前の永遠の昔に神の子として生まれ、創造の活動の仲介者としても活動した。「この終わりの時には、御子によって、私たちに語られました。神は、御子を万物の相続者とし、また御子によって世界を造られました。」（ヘブ1：2）

3　イエスの神性と人性（両性説）

キリスト者は、イエスを真の神であると同時に、真の人間と信じる。そうした場合、イエスの神性と人性を信じる神学的根拠は何であるか。今日キリストの神性と人性を説こうとする方法論的出発点は、二つに分けられる。いわゆる「下からのキリスト論」はイエスの歴史的実存から出発し、歴史的イエスからその神性を認識しようとする。そして、いわゆる「上からのキリスト論」はそれとは違い、イエスの先在と三位一体の第二位格から出発し、そこからその人性を認識しようとする。(6)比較的古い福音書、総じてキリストを下からと説明する。イエスの復活体験に基づいて、イエスが、神の永遠のいのちの中に受け入れられ、神により神として「高く上げられたこと」（高挙）を信じたキリスト者はイエスに「神の子」という称号を付与し始めた。(7)しかしヨハネとパウロは上から、すなわち先在から出発する。(8)したがって、「上からのキリスト論」は比較的遅い時期に生成し、発展した新しいキリスト論と呼ぶことができるであろう。換言すれば、キリスト者たちは初め「下から」キリストを認識し告白したが、時間が経つにつれ、復活と霊的現存と再臨との光にあって、歴史的イエスを記述する過程で次第に上から「キリスト」を再認識し、改めて告白したように見える。

今日、ある神学者たちは「歴史的人間であるイエス」をより強調し、ある神学者たちは「信仰の対象であるイエス」をより強調する。そのようにして、ある神学者たちは、並外れて非凡で卓越した人間イエスを説き、ある神学者たちは聖と威厳に満ちた栄光のキリストを説く。しかし私たちはこの二つの中からひとつだけを選ぶ必要はない。イエスが救いをもたらしたから神であるのか、それとも彼が神だから救いの恵みをもたらしたか。前者は認識論的観点において正しく、後者は存在論的観点において正しい。ただイエスが、私たちの救いのために行動したから私たちは彼の神性を認識する。逆でも同じである。ただ彼が、神だから救いのために行動することができた。ひたすら行動を通してのみ、私は彼が人間であるだけではなく神である事実を経験する。彼はただ人間であると同時に、神だから私のために救いをもたらすことができた。したがって、キリスト論は認識論的には「下からのキリスト論」であり、存在論的には「上からのキリスト論」である。こういうわけで、キリスト論は下からのキリスト論であると同時に上からのキリスト論でもあるのである。(9)

イエスは、「神」または「主」と呼ばれた。七十人訳旧約聖書（LXX）において「主」という名称は神の名として用いられた。イエスは神の属性（永遠性、偏在性など）を持ち、神的活動（創造、保存、奇跡、救いなど）を行った。それでイエスは、神のように「主」として礼拝された。「唯一の主なるイエス・キリストがおられるだけで、すべてのものはこの主によって存在し、私たちもこの主によって存在するのです。」（Ⅰコリ8：6）そして真の人間として「人の子」と呼ばれイエスは、人間の体を持ち、人間のように渇きと空腹を覚え、憤り、悲しみ、喜んだ。

しかし古代教会において、イエスの神性を否認する者たち（オリゲネス、サモサタのパウロ、ネストリウス等）とイエスの人性を否認する者たち（サベリウス、オイティケス、アポリナリオス等）が出てきて論争が起こった時、第一回ニカイア公会議（325年）とカルケドン公会議（451年）ではイエスがまことの神でありまことの人間であると確定した。

これは古代教会の教理の核心であった。イエスがただの人間あるいは半神に過ぎないとしたら、彼による人間の救いは不可能と思われたからである。なぜなら人間は、自分で自分を救うことができないからである。人間は悪の牢獄の内側から脱け出すことができない。それ故に人間の解放は神によって外部からもたらされるべきである。そしてイエスが人間を救うためには、彼はまことの神であると同時にまことの人間であらねばならない。なぜなら、人間の不幸な立場に下りて来て人間となった者だけが、人間をその不幸から救うことができるからである。それで古代教会はイエスがまことの神であり、まことの人間であると明らかにしたのである。(10)

しかし本性（*Natura*）や位格（*Persona*）という概念は、今、私たちが理解しているのとは多少異なる意味を持っていた。そういうわけで、私たちはこの概念を正確に理解し難い。それでこのような概念は、私たちの適当な他の概念と取り替えられることもできるであろう。さらに、キリストについての信仰は、特定の言語形態に束縛されていない。新約聖書においても、キリストは多様に解釈することができた。したがって、キリストについての信仰はキリストに関する特定の理論と同一視してはいけない。

様々な概念は思想の建物を建てる道具のようである。それで建物が完成された後には、建築道具を立てておく必要がない。そして概念は、思想を誤って設計したり変質させたりすることもある。それ故に私たちは、イエスの神性と人性の秘密を生真面目に概念化して、これを合理的に解こうとしてはいけないのである。[11] エミール・ブルンナーが語ったように、イエスの二つの本性を語るよりは単に「イエスがまことの神であり、まことの人間である」と告白する方がよいであろう。[12] なぜなら神や人間に関する普遍的な概念は、具体的なイエスの人格と歴史を示すこともできるが、同時にこれを廃棄することもできるからである。

まことに、あらゆるキリスト論的構想はイエスの唯一の人格と歴史を指し示す限り、キリスト教的であることができるであろう。モルトマンの言葉通りに、「あなたがたは、わたしをだれだと言いますか」というイエスの問いは一つの開放されたものであった。それで重要なのは、イエスの自己理解がどのようなものだったのか、すなわち彼がご自信を神の子、あるいは人の子として意識したのかというものではなく、彼の独特な未来的開放性である。彼はまことに「神の国」のために生き、語り、行動した。それであらゆる伝統的なイエスの称号はイエスの未来的開放性に圧倒されるのである。イエスを信じる信仰告白は未来の希望と結びついている。したがって、終末に至ってこそ、私たちはイエスを真の意味で理解し始めるのである。[13]

第15章　イエスの告知と活動

マタイとマルコ両者は同じように、イエスが「神の国」を宣べ伝えながら公に活動を始めたと言う。「この時から、イエスは宣教を開始して、言われた。『悔い改めなさい。天の御国が近づいたから。』」（マタ4：17）「ヨハネが捕らえられて後、イエスはガリラヤに行き、神の福音を宣べて言われた。時が満ち、神の国は近くなった。悔い改めて福音を信じなさい。」（マコ1：14―15）神の国とは、イエスの告知の核心であり、彼の人格と活動を貫き通している中心的な概念と言える。この概念は新約聖書の中で百回以上用いられているが、おもに福音書で最もよく用いられている。イエスの比喩と山上の垂訓の核心的主題はまさに「神の国」であり、彼の活動も「神の国」の象徴あるいは前兆として行われた。

イエスは、生涯ひたすら神の国のため語り生き、さらに死を前にしても神の国の希望を諦めなかった。十字架刑の前夜に設けられた最後の晩餐の場でも、イエスは相変わらず「神の国」の希望をしっかり掴んでいた。「まことに、あなたがたに告げます。神の国で新しく飲むその日までは、わたしはもはや、ぶどうの実で造った物を飲むことはありません。」（マコ14：25）使徒の働きは、イエスの昇天の前の四十日の間に神の国のことを伝えたと記している。「イエスは苦しみを受けた後、四十日の間、彼らに現れて、神の国のことを語り、数多くの確かな証拠をもって、ご自分が生きていることを使徒たちに示された。」（使1：3）

それならば「神の国」とは一体何を意味しているのだろうか。神の国という概念は、イエスが初めて宣べ伝えたといった馴染みないものではなく、ユダヤ人が長い間親しく知り、信じ、待ち望んで来たものである。神の国に見合う旧約聖書の語法は、「神の統治」または「神の王権」である。ヤハウェ神を王と呼ぶイスラエルの信仰は、元来イスラエルの伝統から由来したものではない。マルティン・ブーバーは、この称号を遊牧時代にまで遡らせる。族長を導いた神は、まさに彼らと同行する指導者、王であり、士師記において士師ギデオンの物語（士師記8章）も神の王権の表象を含めていたのである。そしてヤハウェの御座である契約の箱と契約締結のことにも王の概念が含まれていたとされる。(1)

しかし、たといイスラエルが遊牧時代の歴史的経験の中で、神を指導者や支配者として経験したとしても、神を王と呼んだことはなかった。この称号は、カナン占領の後にカナンの伝統、特にウガリット伝統から受容されたと見られる。王という称号は、神々の王権によって維持され保存される、秩序正しい世界に対する信仰を表現している。それゆえイスラエルは、この称号を見逃すことができず、かえってこの称号を通して世界の保存とヤハウェ統治の普遍性を告白することになったのである。

しかしイスラエルは、神々の闘争と多神論を排撃しこの称号が持っている神話的な要素を取り除き、エジプト脱出とカナンの地の占領と戦勝のような、歴史経験を根拠として神の王権を告白したのである。ヤハウェの王権を告白する詩篇（24：1–2、93：1–2、96：10など）は神の王権を創造行為から説く。したがって、今日多くの人がよく誤解するように、旧約聖書において神の統治は未来、あるいは死後に成し遂げられるものではなかったのである。神の統治は、神の創造行為と歴史的救済の行為において常に実証されて来たものである。しかし神の統治は、歴史の中に未だ完全に啓示されてはいなかったため、イスラエルは神の統治が完全に実現する近い未来、あるいは終末の日を期待していたのである。時間が経てば経つほど、神の王権とその概念は、空間的には宇宙の範囲まで、時間的には死後まで拡張されたのである。[2]

イエスはまさに、イスラエルのこのような希望を再び受け継ぎ、ご自身の時代にこれを新しく告知したのである。[3] イエスはご自身の告知と活動で、預言者イザヤが約束した神の国が近づいたということのみならず、現在的に生々しく実現すると確信した。「獄中でキリストのみわざについて聞いたヨハネは、その弟子たちに託して、イエスにこう言い送った。『おいでになるはずの方は、あなたですか。それとも、私たちは別の方を待つべきでしょうか。』イエスは答えて、彼らに言われた。『あなたがたは行って、自分たちの聞いたり見たりしていることをヨハネに報告しなさい。目の見えない者が見、足のなえた者が歩き、ツァラアトに冒された者がきよめられ、耳の聞こえない者が聞き、死人が生き返り、貧しい者たちに福音が宣べ伝えられている。』」（マタ11：2―5）「わたしの上に主の御霊がおられる。主が、貧しい人々に福音を伝えるようにと、わたしに油をそそがれたのだから。主はわたしを遣わされた。捕らわれ人には赦免を、盲人には目の開かれることを告げるために。しいたげられている人々を自由にし、主の恵みの年を告げ知らせるために。」（ルカ4：18―19）

しかしながら、神の国は一体何を意味し、どうやって実現するのだろうか。私たちは「神の国」について次のように要約することができる。

(1)　神の国とは「神」の国である。すなわち、それは神の主導権によって建てられ、成就する国であるが、人間が設計したり勝ち取ったりすることができる国ではない。「バプテスマのヨハネの日以来今日まで、天の御国は激しく攻められています。そして、激しく攻める者たちがそれを奪い取っています。」（マタ11：12）という聖書箇所に基づいて多くの人は人間の積極的な努力によって神の国を勝ち取れると解釈して来た。しかし、このような解釈は神の国を神の純粋な恵みと贈り物として理解する他の多くの聖書箇所と衝突する。[4]神の国はこの世のものでもなく、またこの世から出て来るのでもない。神の国は、神独自の創造行為と救いと裁きの行為を通して建てられ成就する国である。そこで聖書は「神の国を戦い取る」と言わず、「神の国が来る」と言う。もし神の国が人間が勝ち取れるものとすれば、それは神の国ではなく人間の国あるいは世の国となり、人間は自分の救済者となるであろう。[5]したがって、神の国はあらゆる種類の人間的、現世的ユートピアに対立する神のユートピアとして人間の革命までも徹底的に倒す絶対的な革命と言える。[6]

神の国は神の「国」である。すなわち、それは神のみこころが実現するところであり、神の統治と主権が成就する領域を意味する。神の国とは、まさにこの世界のため、この世界の中に入って来ているが、「わたしの国はこの世のものではありません」（ヨハ18：36）という聖書箇所は、よく誤解されてもきた。また、この箇所に基づいて多くの人は、あたかも神の国がこの世界と無関係な、霊的あるいは死後の国と同じように誤解してきたのである。しかし、この世のものではないという言葉は、神の国の起源と由来を意味する。この箇所において、イエスは神の国がこの世から出て来るのではなく神から出て来るということを強調するのである。[7]

しかし人間の外部から突入して来る神の国は、人間の中でそして人間と共に実現する。そこでイエスは神のみこころが天で行われるように地でも行われ、神の国が地上に来るよう祈った。神の国は神の純粋な贈り物であるが、それは畑に隠された宝のようで、この地で捜し求め、見つけるべきものであり、そしてそれはパン種のようでこの世界を変える神の現在的能力でもある。[8]

人間は徹底的に新しくならなければならないのだが、それはただ人間の霊魂だけではなく全人と全世界を含む。神が願うことは、人間と世界の破滅や、また荒廃する世界に漂う孤独な霊魂でもなく、全世界の完成と神のみこころが実現することである。もしそうでなければ、世界のための神の活動とこの世の中の人間のすべての苦労は骨折り損に終わってしまうことであろう。神はご自身が創造した世界に対して真実で、この世を極めて愛している。（ヨハ3：16）したがって、神の国は私たちを地上から逃避させるあるゆる種類の偽り「宗教的阿片」（マルクス）を徹底的に批判する力として作用するのである。[9]

(2)　神の国は神の「贈り物」である。すなわちそれは神の約束によって与えられ、神の力によって成就する。神はご自分の国を私たちに喜んで与える。「小さな群れよ。恐れることはない。あなたがたの父は、喜んであなたがたに御国をお与えになるからです。」（ルカ12：32）このような希望だけがただ人間を絶望から守り、失望と挫折から解放する。神の国の希望とは、すべてのことを人間が自ら成し遂げなければならないとしながら、ことごとに暴力的な手段を動員し、人間を抑圧する全体主義から自由にさせる。また、神の国の未来を見通す人は安心して神に未来を委ねることができる。さらに、神の行動を待ち望むことは、あらゆる種類の楽観主義や覇権主義のみならず、悲観主義や敗北主義も断固として排撃する。[10]

しかし、神の国は人間の「つとめ」として神から委託される。神の国は神の恵みと贈り物であるが、それは人間をただ黙って待ち望ませない。イエスは神の国の到来に先立って、人間の徹底した悔い改めとこの世界の徹底した変化を促した。神の国は人間に衝撃を与え、神の国のため備えさせ、神の国に向かって生の方向を転換させ、神の国のために献身をさせる。神はご自身の国のため、人間の協力を願い、人間を通して世界を変革することを願い、神の国が人間の献身を通してこの世界において実現することを願う。[11] もしキリスト教が望んでいる神の国が、世界変革のための参与を進めることができないのであれば、神の国は既存の世界と無関係で、虚妄の神話に転落してしまうであろう。したがって、神の国はこの世界に対するあらゆる種類の諦念主義や悲観主義を拒む。神の国は神の恵みと贈り物として与えられるのだが、それは決して「安価な恵み」（ボンヘッファー）ではない。行いのない信仰は死んでいるものであるように、従順によって受けない贈り物も空しい幻に過ぎないである。

(3)　神の国は救いの日、すなわち「結婚の披露宴」（マタ22：2以下）のようである。神の国は解放と救い、そして治癒と平和をもたらす。[12] 神の国は律法的義よりも優れた義（マタ20：1以下）をもたらし、罪人と放蕩息子を無条件に赦し歓待する（ルカ15：1以下）。神の国はあらゆる人々を招待して開け放された宴会の場（イザ25：6、ルカ14：12以下）であり、貧しい者、悲しむ者、迫害されている者に宣べ伝えられ贈られる幸福（マタ5：1以下）である。神の国は捕らわれ人を解放し、盲人の目を開き、抑圧されている人を自由にする（ルカ4：18以下）。すなわち、神の国は神の究極的な義と恵みが示される国である。したがってそれは喜びの知らせ（福音）と呼ばれる。神の国を待ち望んだり味わったりする者は、断食したり悲しんだりする必要がない（マタ9：14―17、ルカ5：33―39）。なぜなら終末論的メシアの出現を通してあわれみと救いの神が近づいたからである。神の国が来ると、人間は神のいのちと栄光と喜びにあずかる。

さらに、イエスが宣べ伝えた神の国は「裁き」ももたらす。[13] イエスは、自分のしもべたちに財産を預けて旅に出かけ、帰ってきた後に彼らと清算した主人の譬え（マタ25：14以下）を話され、また神の裁きについての警告をした（マタ10：28、25：31以下）。イエスは、メシアが来られる時のしるしを見分けることができず（マタ16：3、ルカ12：56）、メシアの祝宴に参加せず（マコ2：19）、メシアの招待を拒む者たちに対し、既存の秩序と価値観の逆転ないし転覆について警告した（マタ19：30、20：16、ルカ13：30）のである。

(4)　神の国は何よりも「貧しい人々」に宣べ伝えられた。飢えている者、泣く者、見捨てられた者、迫害されている者がまさに、イエスが宣言した祝福の優先的な受け手である（マタ5：3―10、ルカ6：20―23）。イエスは貧しい人々に福音を伝えることがご自身の使命だということを明確にした（ルカ4：18）。すなわち、イエスはまさに彼らが神の国の主体であると公に宣言したのである。

旧約聖書において既に「貧しさ」の概念は、常に社会的な次元（実際的な窮乏）と神学的な次元（神に対する信頼）を含めている。新約聖書においても心の貧しい人（マタ5：3）は、実際に貧しい人（ルカ6：20）でもある。

まことに神の国は貧しい者たちの為のみに告知される喜びの知らせである。なぜなら、イエスが告知した神の国は、神にすべてを望み求める貧しい者たちのため、昔の預言者たちの約束を成就したからである。[14] イエスは死後に味わう永遠のいのちをもって人々を慰めるのではなく、今ここで貧しい者たちに味方する恵み深い神を伝え知らせたのである。[15]

だからといって、イエスが「富む者」を無条件に救いから排除したのではない。イエスは旧約聖書の伝統に従って貧しい者たちに全的に味方し、富む者に対して来たる裁きと不幸な運命を宣告したが、富む者たちを無条件に憎んだのではない。[16] イエスは富む者たちにも神の国の扉を開いていた。もし財宝に頼らず、ただ神だけを頼り、貧しい者たちのために自分の財宝を喜んで施すなら、彼らも神の国の民となれる。らくだが針の穴を通るのは不可能だが、金持ちが神の国に入るほうがもっと不可能なことである。しかし、人にはできないことが、神にはできるのである（ルカ18：24―27）。

(5)　イエスは神の国を言葉で宣べ伝えたのみならず、ご自身の活動を通しても神の国を可視的に示した。その活動も神の国の象徴と比喩と言える。[17] 神の国はイエスの人格において近づいた。したがって、イエスは「人格において来た神の国」と言える。[18] イエスの言葉は直ちに行動となり、その行動は直ちに話す行動となった。イエスの言葉は行動に現れ、その行動はメシア的な比喩行動を通して生ける言葉となったのである。

例えば、取税人や罪人との食事の交わり（Table fellowship）、病人の癒しや悪霊の追い出し、罪の赦し、しるしと奇跡、エルサレム入城、神殿浄化（神殿から商人たちを追い出す）、最後の晩餐などのような行動を通して、イエスは神の国を現在の中に先取りされた。神の国をただ予告しただけでなく、ご自身の言動を通して具体的に実証した。したがって、行動によって立証されたイエスの言葉、それによって告げ知らせられたイエスの活動の核心は、「神の国とその義とをまず第一に求めなさい」（マタ６：33）という命令に最もよくあらわされている。

第16章　イエスの死と復活と昇天

先に論じたように、イエスは徹底的に「神の国」のために生きた。よい知らせ、すなわち神の国はイエスの告知と活動を貫く核心的な希望であった。まさにその故に、イエスは昔の預言者たちのような苦難を受け、ついに死まで受け入れなければならなかった。イエスの復活とペンテコステ（聖霊降臨の日）の後に、イエスの弟子たちはイエスの生涯と死を通して神の国を新しく理解し、神の国を通してイエスの生涯と死を解釈し始めた。なぜなら、イエスの死（十字架）はその生涯から切り離しては理解することができず、神の国の福音との関係によらずには理解できないからである。[1]そうして神の国の福音を宣べ伝えたイエスが、福音自体に取り入れられ、ついにはイエスご自身が宣教内容、すなわち福音そのものとなるに至った。神の国は、イエス・キリストの生涯そのものを示すことになったのである。[2]

それなら何故、そしてどうやって福音の証人であったイエスが信仰の対象となったのだろうか。この問いに対しては、ただイエスの死と復活と昇天を通してのみ答えられる。イエスはなぜ死ななければならず、どのような死を受けて死んだのであろうか。イエスの弟子たちはその死をどのように受け止めたのだろうか。イエスの復活をどのように理解すべきで、どんな意味を持っているのだろうか。そしてイエスの昇天は神学的にどういった意味があるのだろうか。

イエスの死以前のあらゆる出来事も、イエスが伝えた「神の国」に対する希望と無関係に理解してはいけない。もし両者が無関係に受け取られたなら、イエス・キリストに対する私たちの信仰は、弟子たちが作り出した一つの虚構的な空想、あるいは空虚な神話となるだろう。今日いかに多くのキリスト者たちが、イエスの死と復活をイエスの告げ知らせたことと無関係に解釈し教えていることか。さらに、いかに多くの人々がイエスの名により、多くの奇跡的行為まで行いながら、イエスと全く無関係なことを勇ましく行ってしまっていることか。

1　イエスの死

イエスは比較的若い歳に亡くなった。すべての人間は生まれて、いつかは必ず死ななければならないことは自然の理であり、神のみこころでもある。誰でも自然な死を避けることはできない。

しかし、イエスは自然な死ではなく、非常に不自然で悲劇的な死を遂げた。もちろんイエスのように、またイエスより悲劇的になくなった人々も数え上げられないほど多い。それにもかかわらず、今日までもイエスの死に特別な関心を寄せる理由は何か。それは、彼の死が普通に迎える日常的で平凡な死ではなく、神の名により神の国を宣べ伝えた神の子が迎えた暴力的な死であったからである。なぜイエスは、そのように死ななければならなかったのか。果たしてイエスは誰の為に、何故に死ななければならなかったのか。誰がイエス殺しに積極的に加担し、イエスはどのような過程で死んでいったのか。イエスが死に至ることになった原因を次のように説明できる。

(1)　イエスの告知と活動は誰よりも、まずユダヤ教指導者たちに敵意を起こさせた。イエスは律法を通して認識される「律法の神」とは違った「恵みの神」を伝えた。イエスは時には律法に公然と違反し、律法の根本精神について徹底的に問いかけた。彼は神のみの赦しの権威を公に実践し、罪人とみなされていた者たちと交わった。さらに彼は神殿で商売をしている人たちを追い出し、神殿破壊に関する予告をすること（マタ24：2）までもためらわなかった。その結果、イエスは冒瀆者とみなされたのである。[3]

(2)　政治的にイエスはローマに不安を起こさせた。彼はヘロデを狐と非難し（ルカ13：32）、ローマ帝国の支配イデオロギーを攻撃した（マタ20：25―26）。イエスはローマの平和と神々と法律を疑問視してローマ帝国を脅かした。[4]例えば、「納税」（マコ12：13―17）に関する論争の時、イエスは神の創造秩序においてローマ皇帝に絶対的な地位、そして特権的な地位を付与するのを拒否した。[5] イエスは熱心党（ゼロテ派）の者たちと交わり、彼のエルサレム入城は、群衆の騒擾《そうじょう》と反乱の危険を増大した。特に、神殿破壊に関するイエスの発言（ヨハ2：19）は、ご自身を過激な暴力的革命家とみなさせることとなったのである。[6]

(3) イエスは金持ちたちに敵意を起こさせた。イエスは貧しい者たちの側から金持ちを激しく批判した（ルカ6：20―21、24―25、16：19―31、18：25）。当時、金持ちは大体政治権力者と宗教指導者であった。特にヘロデの統治の時、大祭司たちと大地主たちは巨大な富と広大な土地を所有していた。そのうえエルサレム神殿は、土地と十分の一税と巡礼などを通して巨大な富を築いた大地主たちの本拠地であった。したがって、彼らは非常に贅沢な生活をしていた。神殿破壊に関する発言と神殿浄化の言動（商売している人々を追い出した）を通して、イエスは金持ちだけではなく民衆の生存まで脅かしたのである。[7]

(4) しかし、イエスの死はただ敵対者たちの排斥のみによって起こったものではない。イエスはご自身に迫り来る苦難と死とを十分予想し前もって避けることもできた。しかしイエスはそのようにはされず、ご自身を敵対者の手に任せた。こういうわけで、イエスご自身の投身と自発的な犠牲も、決定的な役割を行ったと見るべきである。そして、イエスはある日エルサレムに上り、死を決心し、その決心を弟子たちに知らせた（マタ20：19、マコ8：31）。したがってイエスの死は、ただ外部から強要された悲劇的な死のみならず、イエスが自ら予見して受け入れた犠牲的な死という性格を帯びているのである。

これらのことを通してなお、イエスの死は私たちに何の意味をもたらすのか。まず私たちが問うべき質問は次のようなものである。

イエスはご自身の死に意味を付与したのか。それならば、イエスはご自身の死に何の意味を付与したのか。イエスが何の意味もなく、無謀に死の中に駆け込んだと考え難い。イエスが死を目の前にして、ご自身の運命を神の国の福音に結び付けなかったとは言い難い。つまり、ご自身の死に何の意味も付与しなかったとは言い難いのである。

もちろんイエスの死について、新約聖書の説明は復活の後の教会の宣教によって着色されたため、本来の歴史資料を正確に再構成することはやさしくない[8]。しかし、イエスの生涯が人間を解放するために仕える生涯であったなら、なおさら彼の死はどんなに大きな救いのための行動であろうか[9]。私たちはイエスの死が持つ救済論的な意味を、単純に復活の後の教会が下した死後の解釈としてのみみなす必要はない。換言すれば、イエスの死の救済論的な意味とは、どんな方式をとっていたとしても、イエスの自意識にすでに根差していたと見るべきである[10]。

それならば、聖書はイエスの死をどのように解釈し、その死にどんな意味を付けているのか。初期の頃、イエスの死は「聖書の示すとおりに」（マタ26：24、マコ14：21、Ｉコリ15：３）神によって必然的に起こされた事件として理解されていた。また「正しい者の苦難」、「預言者の運命」、「他人のための模範的献身」である、などと受け取られていた。しかし時間が経つに連れ、イエスの死は多様に説明され始めたのである。特に旧約聖書の多数の伝承、すなわち知恵伝承と終末論的・黙示文学的伝承、さらにイザヤ書53章の「苦難のしもべ」の伝承は、イエスの死を解釈するに当たって重要な資料となった。したがってイエスの死は、「多くの人のための死」（マコ14：24）と「私たちの罪のための死」（Ⅰコリ15：3）とに解釈され始めたのである。[11]

そんな中、初代教会はイエスの死を具体的にどのように解釈していたのだろうか。今日、私たちはイエスの死についてほとんど画一的に解釈しているが、聖書はイエスの死に対する多様な解釈を提供している。イエスは「神の小羊」（ヨハ1：29、36、Ⅰコリ5：7）と「契約のいけにえ」（マコ14：22―24、ヘブ9：18―22、Ⅰペテ1：2）として死に、「贖いの代価」（マコ10：45、ガラ3：13、Ⅰテモテ2：6、Ⅱペテ2：1、黙1：5）として「債務証書を無効にする」（コロ2：13―15）ために死に、「和解」（ロマ5：10、Ⅱコリ5：18―20、エペ2：14―18、コロ1：19―22）のために死んだ。このように聖書の著者たちは、その当時非常に親しい象徴的表現を用いてイエスの死を多様に解釈したのである。[12]

教会史においても、イエスの死は多様に解釈されて来たが、グスタフ・アウレン（Gustaf E. H. Aulén, 1879～1977）によれば、イエスの死に対する解釈は三つの類型に示される。

(1)「古典型」は、キリストのただ一度の勝利が聖霊の活動の中において継続的に実を結ぶと言う。

(2)　「ラテン型」は、キリストの贖いの死が愛と義なる神を満足させ、そして神に認められた行為だと言う。
(3)　「主観主義的型」は、キリストの影響により人の内面の精神ないし生命の変化、すなわち調和と心の平和と自己実現を強調する。[13]

このように、古代から現代に至るまで提示されてきた多様な解釈を一つに総合するのはたやすくない。したがって、一つの解釈のみを絶対的に強要するのも無理である。確かにあらゆる解釈は、それなりに長所と共に短所を持っている。そしてあらゆる解釈は、イエスによる救いの意味を時代ごとの象徴と世界観とを用いて、適切に伝えようと努力している。こういうわけで、あらゆる解釈は私たちの時代にそのまま用いることが難しく、限界にきているのである。

しかしイエスの死を解釈する時、次のような点を見逃してはいけない。

イエスの死は、彼が教え伝えた神の国とそのためにささげられた彼の生涯とに無関係に解釈されてはいけないということである。イエスの死もまさに神の国のためにささげられた犠牲的死であったという事実をはっきりと強調すべきである。そしてイエスの死は、彼の復活の観点から未来的にも解釈されるべきである。

では、イエスの死は私たちにどのような救済的・実践的な意味を与えるであろうか。人間の救いのためのイエスの自発的で犠牲的な献身は次のような意味をもつと言えるであろう。

神の統治を拒んだこの世界の悪の勢力に立ち向かい戦ったイエスは、悪の暴力にご自身を任せることをもってその悪の実体を明らかにされました。表面的にはイエスが悪に敗北したかのように見えるが、かえってイエスは自発的な犠牲を通して悪を征服したのである。イエスは神の子として、神の前で人間の代理をした存在として、私たちの身代わりとなって死んだのである。しかしイエスの代理的苦難は、私たちの苦難を免除するのではなく、私たちの苦難を要求する。イエスが人類の身代わりで十字架を背負ったように、私たちも私たちの十字架を背負ってイエスに従うべきである。「だれでもわたしについて来たいと思うなら、自分を捨て、自分の十字架を負い、そしてわたしについて来なさい。」（マコ8：34）またイエスの死は、不当に苦しめられたり、殺されたりする者たちと連帯し、彼らを新しい生命に導くためでもあった。(14)

2　イエスの復活

イエスの死は、彼の生涯の終わりではなく、新しい始まりであった。なぜなら彼は死によって倒れたのではなく、死を貫き克服したからである。もしイエスの生涯が死により終わったのならば、彼が伝え・教え・実践した神の国の希望は完全に消えてしまったであろう。パウロが語ったように、「キリストが復活されなかったのなら、私たちの宣教は実質のないものになり、あなたがたの信仰も実質のないものになるのです。」（Ⅰコリ15：14）したがって、復活はキリスト者の信仰と実践とのためにも甚大な意味と影響を及ぼす。キリスト教はイエスの復活に基づいている。復活信仰のない信仰は、キリスト教の信仰とは言えない。

復活は歴史的出来事なのか、それとも弟子たちの幻覚によるものなのか。換言すれば、復活は歴史上に起こった実際的出来事なのか、それとも弟子たちによる根も葉もない作り話なのか[15]。イエスの復活は歴史的に立証できるのか。イエスの復活は歴史的出来事でありながらも、歴史上類例のない神の新しい行為であったため歴史的に立証も反証もすることができないのである。

しかし、イエスの復活はただ弟子たちの幻想（ダーヴィト・フリードリヒ・シュトラウス、David Friedrich Strauß, 1808~1874）ではなく、「終末論的に新しい出来事」、すなわち「新しい創造」であった。復活は現代人の歴史の範囲によっては歴史的出来事として認識することはできない。しかし復活は、私たちが生きていくべき歴史をつくり終末論的未来を開いておくための歴史的事実と言える[16]。復活したイエスを、予期せず目撃したのはもちろん信仰の目撃であったが、実は信仰による目撃というわけではなく、かえって信仰を生んだ目撃であり、不信仰で頑固《かたくな》に反抗する心を圧倒した目撃であった[17]。したがって復活の出来事は、キリストについての告白の出発点であり、キリスト者の信仰の永遠の礎石である[18]。

では、復活の本質と意味とは何なのか。

(1)　復活はイエスの主張を正当なものとして立証した出来事であり[19]、彼の福音についての神の承認であり[20]、イエスについての神の肯定であった[21]。イエスは当時の支配勢力を批判し、その支配体制はイエスを処刑した。その支配体制は、イエスの福音を拒否しイエスの処刑を通して自己体制の正当性を立証しようとしたのである。しかしこのように当時の支配体制により、無残に殺されたイエスが甦ったのは、まさに神がイエスを承認しその支配体制を拒否したという意味である[22]。

(2)　復活はイエスを神の唯一の子として、世界の主として立証した出来事であり[23]、突入して来る終末の象徴と神の国の究極的な樹立の始まりであり、また神の国の完成に向かう確実な助走であった[24]。イエスの復活は、死んだ者たちのための復活の先取《さきど》りでもあった[25]。復活は、未来の自由の王国から照らされてくる曙光《しょこう》であり、その最初の出現である[26]。このように、神の国は遠い未来のものではなく、現在の中において活動し、歴史の中で経験できる具体的な現実となったのである[27]。復活は偽りの慰めを提案する「彼岸の阿片《あへん》」ではなく、この生命を甦らせる力である。復活は毎日起こるのである[28]。

(3)　復活は、ただイエスの霊魂が死んだ体より分離され、苦難と死のない永遠の天国に戻って行った出来事でもなく、死体が単純に生き返った出来事でもない。復活は以前の体の代わりに全く異なるものが現れたという出来事ではなく、まさにその体に起こった徹底的な変化であった。[29]こうした点から復活は「新しい創造」と理解された。こうして神は、人間の霊魂のみならず人間の体をも救い、人格的存在のみならず非人格的宇宙をも救うという事実が立証されたのである。[30]

(4)　復活は宣教のための証人たちの召命と派遣を可能にさせた。復活したイエスは、復活の目撃者たちにご自身がまさに十字架につけられた者と同一の存在だと知らせただけではなく、彼らに宣教の使命と約束とを与えた。そして復活したイエスの顕現は、世界において使命を果たす務めを付与する出来事として体験されたのである。復活したイエスは、復活の出来事を目撃した者たちをイエスの使命を自分の使命とさせた。[31]したがって、もし復活体験がなかったとしたら、キリスト教は成立することができなかったかもしれない。

3　イエスの昇天

復活したイエスは今何処にいるのか。キリスト者は、イエスがラザロと同様に再び死ぬべき、はかない生命に蘇生したのではなく、永遠で栄光で神秘な体としてよみがえり、四十日の間神の国のことを伝えた後、天に昇り神の右の座に着いたと告白する（使1：3、2：33、3：15、4：10等）。イエスの受肉と十字架の苦難の中で、地のために開かれた天は今や万物が改まる時まで、復活した神の子を自分の懐に受け入れている（使3：21）。

このようにイエスの復活は、彼が神の統治の主として任命された出来事と結び付いた。彼は神の右の座に着きすべてを治める。「神は、その全能の力をキリストのうちに働かせて、キリストを死者の中からよみがえらせ、天上においてご自分の右の座に着かせて、すべての支配、権威、権力、主権の上に、また、今の世ばかりでなく、次に来る世においてもとなえられる、すべての名の上に高く置かれました。」（エペ1：20―21、コロ3：1）天と地のすべての権威が彼に与えられた（マタ28：18）。彼は復活の生命の栄光をもって天と地を満たし、万物を新しくするのである。[33]

神は初めからご自分に属していた権威をイエスに与え、ご自分の右の座に着かせたのである。それから神の国はキリストの国と同じものとされ、換言すれば、神の統治はこれからイエスの統治の中で実現されることとなる。したがって、初代教会は次第に「神の国」の代わりに「キリストの国（統治、ESV, NIVは「キリストの国」と訳す）」（マタ19：28、28：18、ルカ22：29―30、使2：33、36、Ⅰコリ15：24―25、エペ5：5、黙11：15）を強く教え始めたのである。たとえ用語が変わり、強調点も変わったとしても、神の国に対する信仰が弱まったり後回しになったりすることはなかった。神の国はむしろ高く上げられ、神の右の座に着かれたイエスの統治により新しい活力を得ることになったのである。[34]

では、イエスはどのように世界を治めるのか。「バルメン宣言（１９３４年）」、The Theological

Declaration of Barmen 1934」によれば、イエス・キリストは言葉とサクラメントにおいて、聖霊によって、主《しゅ》として現臨し働かれる。(35) したがって、イエスの統治が特別な形で実現される所とはまさに教会なのである。したがって教会は、どのような共同体より明らかで確かなイエス・キリストの統治を認め、告白し、証言しなければならないのである。

しかし、イエスがただ教会においてのみ主として治めるのではない。イエスは世界においても、主《しゅ》としてこの世界を治める。世界はこの事実を知らない。イエスは、まさにこの事実を知らせなければならないという使命を教会に与えた。したがって、教会は常に世界の中に入り、イエスの統治において行われる神の統治について、従順と告白、そして行動と言葉を通して証言すべきである。

「それゆえ、あなたがたは行って、あらゆる国の人々を弟子としなさい。そして、父、子、聖霊の御名によってバプテスマを授け、またわたしがあなたがたに命じておいたすべてのことを守るように、彼らを教えなさい。」（マタ28：19－20）

第17章　聖霊とはだれか

教理史的に見ると、長い間聖霊は特別な関心を引くことができず、著しい比重を占めることができなかった。それで聖霊は教会と神学の自意識においても重要な役割ができなかった。教会はアレクサンドリア会議（Synod of Alexandria, ３６２年）が開かれるまで聖霊の本質に関する固有の理論を形成してはおらず、キリストの本質については長い間論争し教理的に発展してきたのとは違って、聖霊についての場合には非常に微弱であった。

教理的聖霊論は聖霊を三位一体の神の位格の一つあるいは第三の位格、すなわち「神」として理解してから本格的に歴史の舞台に登場したのである。この事件の転換点となったアレクサンドリア会議は、アタナシウス（Athanasius of Alexandria, 298~373）の指導力の下に行われ、聖霊の神性を否定した者たちの主張を論駁した後に三位一体論を完成することができた。そしてその19年後に持たれた第1回コンスタンティノポリス公会議（381年）において、初めてこの教理は全ての教会における共通教理として採択された。もちろん第1回ニカイア公会議（325年）の際にも三位一体論が取り扱われたが、聖霊の神性はしっかりと含まれる訳ではなかった。この点から見ると、長い間聖霊論は不確実な教理として残されたきた。[1]

現代においてもペンテコステ派に属しているかリバイバル運動に参加している人々以外のほとんどの人は、相変わらず聖霊のことに余り関心がない。数世紀の間、教理的論争がキリスト論に集中し過ぎたため、聖霊の本質と働きは無関心に放置されてきた。[2] このような現象の原因としては次の二つの点が挙げられるであろう。[3]

(1)　先ず、一つの原因は、教会史の初期から展開され始めた熱狂主義との論争である。たとえばパウロは賜物を高く評価したのだが、聖霊に満たされたと言ってもその信仰の中にイエスに対する信仰と教会の秩序に従う従順のないまま、恍惚《こうこつ》の現象に浸《ひた》った熱狂主義者たちと論争した。彼らは「全てのことが許されている」（Iコリ6：12、10：23）と思ったようである。しかしパウロは主観的経験と個人の自由の誇示を聖霊の尺度とすることができなかった。彼は客観的な尺度、すなわちキリストに対する信仰と教会の一致を強調したのである（Iコリ12：3以下）。

その後にも使徒の教えと教会の秩序を重視する伝統主義と極端的な熱狂主義との間の緊張

はよく維持できなかった。教会史において偉大な聖者たちが重ねて聖霊の賜物を強調してきたのだが、モンタノス派（Montanism）をはじめとして異端と熱狂主義者たちと立ち向かって論争する過程において、聖霊は教会の制度にだんだんと縛られることになったのである。[4]それで聖霊は教会にますます手なずけられ、聖霊の賜物は非常に強い教権的構造の中で窒息したりした。しばらくの間、聖霊は聖職階級制的な教会の霊と理解された。

(2)

もう一つの原因は、特に西方教会の三位一体論の発展にある。特にアウグスティヌスの影響を受けたラテン教会の三位一体論は「キリストを通し聖霊にあって活動する父の救いの働き」から出発しないで、聖書そのものではなく、「一つであると同時に三つの位格をもつ神の本質」から出発した。それゆえ教理的頌栄（「父と子と聖霊に栄光があるように」）が元来の救済史的頌栄（「キリストを通し聖霊にあって働かれる父に栄光があるように」）に取って代わったのである。したがって、神の三つの位格の特別な救済史的活動が見逃され、聖霊の人格的な内住と歴史的役割も軽視されたのである。

こういうわけで、聖霊は教会の中で冷遇されることになり、聖霊に対する関心は教会の外で認められるに至った。その結果、聖霊はだんだんと世俗的な特徴を帯びることになったのである。聖霊は教会から疎外され、世の中に入って全く新しい意味を得て抑圧され忘れられてきた固有の真理を貫いていった。例えば、啓蒙主義者たちが好んだ啓蒙（Aufklärung）という言葉はラテン語の照明（*Illuminatio*）という概念から由来したものであったが、元来は聖霊論においての教理的な核心用語であった。そして時間が経つに連れ、聖霊論は次第に漠然としたものとなった。それで聖霊は、カメレオンのように数多くの色を帯びることになった。[5]

しかし現代では聖霊の重要性が改めて強調され新しく理解され始めた。新しい聖霊運動、ペンテコステ運動、瞑想運動、霊性運動などが聖霊論の拡散に寄与しており、多くの神学者たちが聖霊論に対して特別な関心を示している。それで長い間西欧神学において「養子」のように扱われた聖霊論が再び注目されている。長い間憂えてきた「聖霊忘却」の現象が今やかえって「聖霊充満」の現象に変わったように見える。[5]

では、聖霊は誰なのか。まず、霊の語源を調べて見よう。旧約聖書において、霊は「ルーアッハ（*ruah*）」に当たる言葉である。これは風と息の意味で、本質的に止まっているものではなく、息と風のように見えない力、出所と方向を知らないが他のものを動かす力、息の中に出る活力を意味する。古代イスラエル人が「風」を神学的に「霊」と呼んだのは、まさに風の特性のためであろう。風の形態と活動は神の存在方式に似ている。風は見えない神に対する一種の啓示の形態を示す。このように風と神の息、すなわち霊との関連性は霊魂に対するギリシア人の信仰から発展して出たものではなく、自然観察から始まったものに見える。[7]

時間が経つに連れルーアッハは次第に普遍化され、呼吸や人間にの意志や行為の中心を意味することになったが、身体と対立する意味を持つことではない。なぜなら旧約聖書は身体と霊との対立について語ることがないからである。世俗的にルーアッハは風と息、あるいはこれらの特別な動きを意味する。(8)

新約聖書においては、「ルーアッハ（*ruah*）」を訳するため、ギリシア語の「プニューマ（*pneuma*）」という言葉を用いた。この概念にも空気のエネルギー運動、生命力、自然の力という意味が含まれている。しかしギリシア世界において、「プニューマ」は物質的か物質と非物質との中間かあるいは非人格的な霊を意味する。世俗的ギリシア語は独立的で神的実体と理解される人格的な聖霊の概念を知らない。たといギリシア語の「プニューマ」が生理学的、宇宙論的、予言的、熱狂的、霊的に理解されたとしても、それは新約聖書が持っている霊の概念とは異なる。(9)

「霊」に関する聖書の説明は、それと似た「霊」理解とは区分されるべきである。換言すれば、世俗的な「霊」理解は「神の霊」に関する聖書の独特な説明とは根本的に異なる。したがって、聖書の「霊」理解を正しく理解するためには「霊」の概念が形成された時代的、文化的な脈絡を綿密に調べるべきである。(10)ヨハネの警告した通り「霊だからと言って、みな信じてはいけません。それらの霊が神からのものかどうかを、ためしなさい。」（Ⅰヨハ４：１）それならば、聖書は聖霊を誰だと言うのか。

1　神の霊

聖書において、神が聖なる霊であることは明らかである。先ず、聖霊に関する説明は神に関する説明によく代わって表れる。「ペテロがこう言った。アナニヤ。どうしてあなたはサタンに心を奪われ、聖霊を欺いて、地所の代金の一部を自分のために残しておいたのか……あなたは人を欺いたのではなく、神を欺いたのだ」（使5：3―4）、「あなたがたは神の神殿であり神の御霊があなたがたに宿っておられることを知らないのですか」（Ⅰコリ3：16―17）、「あなたがたのからだは、あなたがたのうちに住まれる、神から受けた聖霊の宮であり、あなたがたは、もはや自分自身のものではないことを、知らないのですか。」（Ⅰコリ6：19―20）

そして聖霊は神の属性と本性を持っている。例えば、聖霊は全知である。「真理の御霊が来ると、あなたがたをすべての真理に導き入れます」（ヨハ16：13）、「御霊はすべてのことを探り、神の深みにまで及ばれるからです。」（Ⅰコリ2：10―11）そして聖霊は永遠である。「とこしえの御霊によって……」（ヘブ9：14）。そして聖霊は神に属する働きを行う。世界創造と新しい創造、万物の維持と刷新にかかわる。「神の霊が水の上を動いていた」（創1：2）、「あなたが御霊を送られると、彼らは造られます。また、あなたは地の面を新しくされます」（詩104：30）、「人は、水と御霊によって生まれなければ、神の国に入ることができません。」（ヨハ3：5―8）特に、聖霊は父と子と共に並んで語られる。「あなたがたは行って、あらゆる国の人々を弟子としなさい。そして、父、子、聖霊の御名によってバプテスマを授け」（マタ28：19）、「主イエス・キリストの恵み、神の愛、聖霊の交わりが、あなたがたすべてとともにありますように。」（Ⅱコリ13：13）

神の霊は知性的、宗教的、超自然的な世界から出て来る霊には比べることのできない真理の霊として他の霊たちと格闘し、愛の霊として神の被造物に有益なものを授けながら、あらゆるものにおいて光を発する。私たちが神を霊と呼ぶ時、神はどのようなお方なのか。神は名も知られない、ある超世界的な存在を指す一般的な概念ではなく、イスラエルの神である。神は抽象的でただ超越的な存在ではなく、人間を愛して世界の中に入って来て世界を救う方である。そして神はただ救いの行為を通してご自分を示すお方として認識される。神は愛の中でご自分の権能を実証し、地上の活動の中でご自分の聖さを実証する。(11) こういうわけで、イスラエルは、「主よ。神々のうち、だれかあなたのような方があるでしょうか。だれがあなたのように、聖であって力強く、たたえられつつ恐れられ、奇しいわざを行うことができましょうか」（出15：11）と告白する。

「神は霊である」（ヨハ4：24）と語るヨハネの言葉は祈りの経験につながっている。神の霊は人間を目覚めさせて活動させる霊であり、人間に力を与え、祈るように霊感を与え、人間を見通す霊である。神はまさにご自身の霊にあって人間にご自身を示し、愛と力にあってご自身を知らせる。それで「霊」とは、「神が顔を持つ方である」という事実をよく要約している。神は霊として常に世界と人間に関心を寄せ、関与する開放的神である。したがって神の霊は神の開放性、力動性、関係性を指す。[12]

2　イエス・キリストの霊

聖霊は神の霊であり、またイエス・キリストの中で働く神の霊である。こういうわけで、聖霊はまたイエス・キリストの霊でもある。聖霊はイエス・キリストの働きの業とその生涯とを承認し、その中において明らかに示された。聖霊はキリストに対して正しく効果的に証言し、その方を現在化する霊である。[13]

イエス・キリストの歴史はイエスご自身だけではなく、聖霊とともに始まる。イエスは聖霊によって生まれた。「その母マリヤはヨセフの妻と決まっていたが、ふたりがまだいっしょにならないうちに、聖霊によって身重になったことがわかった。」（マタ1：20）イエスは聖霊のバプテスマを通してご自分の召命を認識した。「天が裂けて御霊が鳩のように自分の上に下られるのを、ご覧になった。」（マコ1：10）イエスは聖霊によって荒野に導かれ守られた。「御霊はイエスを荒野に追いやれれた。」（マコ1：12）

イエスは聖霊に満たされて神の国の福音を力強く宣べ伝え、聖霊の力によって新しい創造の表徴（奇跡としるし）を示された。「わたしの上に主の御霊がおられる。主が、貧しい人々に福音を伝えるように、わたしに油をそそがれたのだから。主はわたしを遣わされた。捕らわれ人には赦免を、盲人には目の開かれることを告げるために。しいたげられている人々を自由にし、主の恵みの年を告げ知らせるために。」（ルカ4：18—19）

イエスは永遠の霊を通してご自身を十字架の死に渡した（ヘブ9：14）。イエスは聖霊の力によって死者の中から甦った。「肉においては死に渡され、霊においては生かされて……」（Ⅰペテ3：18）そしてイエスは生かす霊となった。「最後のアダムは、生かす御霊となりました。」（Ⅰコリ15：45）このようにイエス・キリストの歴史はすべて聖霊の歴史と言える。(14)

それでパウロは「主は御霊です」（Ⅱコリ3：17）と告白する。これはイエスと聖霊とが相互内在し一緒に結び合っており、神はキリストにあって存在するという事実を意味する。(15) 特に、ルカは教会をイエス・キリストに関係づけ、またイエス・キリストを聖霊と密接に結び付ける。ルカは聖霊と高く上げられたキリストとを区分するが、聖霊をキリストの出来事と緊密に結び付ける。高く上げられたイエスは聖霊の中で働いたことだけではなく、聖霊を所有した聖霊の主として聖霊を授ける方となった。「神の右に上げられたイエスが、御父から約束された聖霊を授け、今あなたがたが見聞きいているこの聖霊をお注ぎになったのです。」（使2：33）

3　神的位格

聖霊はただ力のある神の霊とキリストの霊のみならず、一つの神的位格、すなわち一つの神的主体でもある。イエスは父との関連性と共に聖霊との関連性も意識的に表現した。「わたしが神の御霊によって悪霊どもを追い出しているのなら、もう神の国はあなたがたのところに来ているのです。」（マタ12：28）　もちろんイエスは三位一体の三つの位格について明らかに言わなかった。しかし教会が神の三つの位格に対する認識に至ったのは根拠のない思索の結果ではなく、イエス・キリストにあって成就された啓示事件、すなわちイエスにあって活動し、復活の後にキリスト者たちにも与えられた神の力に対する経験のためである。

マタイの福音書において、イエスは、「父、子、聖霊の御名によってバプテスマを授けなさい」（マタ28：19）と命じる。特にヨハネの福音書は父と子と聖霊とが位格的存在であると明らかに語る。ヨハネによれば、イエスは聖霊を説明するために位格を指す言葉である「その方」を何度も用いる。その方は真理の御霊であり、弟子たちのうちに共に住む（ヨハ14：17）。その方は弟子たちに全てのことを教え、イエスが彼らに話した全てのことを思い起こさせる（ヨハ14：26）。その方はイエスについて証言する（ヨハ15：26）。これは聖霊がただ神やイエス・キリストの力ではなく、独立した主

体であり、そして位格であることを指す。(16)

ところで、ヨハネの福音書において、イエスは聖霊を指し示すために中性代名詞ではなく男性代名詞を用いる。こうしてイエスは聖霊が一つのものではなく人格的存在であることを示している。聖霊の人格性は何よりも聖霊の活動が人間の活動に関係している事実によって立証される。

ここで助け主（パラクレートス、ヨハ14：26「助け主、すなわち、父がわたしの名によってお遣わしになる聖霊は、あなたがたにすべてのことを教え、また、わたしがあなたがたに話したすべてのことを思い起こさせてくださいます。」、15：26、16：7）は一種の抽象的な存在ではなく、人格的存在として表現される。聖霊は知性的で（ヨハ14：24「あなたがたが聞いていることばは、わたしのものではなく、わたしを遣わした父のことばなのです。」）、意志的で（Ⅰコリ12：11「同一の御霊がこれらすべてのことをなさるのであって、みこころのままに、おのおのにそれぞれの賜物を分け与えてくださるのです。」）、感情的である（エペ4：30「神の聖霊を悲しませてはいけません。」、ロマ8：26「御霊も同じようにして、弱い私たちを助けてくださいます。私たちは、どのように祈ったらよいかわからないのですが、御霊ご自身が、言いようもない深いうめきによって、私たちのためにとりなしてくださいます。」）。それで、聖霊は造形的な隠喩（エネルギー、空間、形態）と活動の隠喩（爆風、火、愛）と神秘的な隠喩（光の源泉、水、豊かさ）以外に人格的な隠喩（主、母、審判者）によっても表現される。(17)

もし聖霊の体験が「生まれ変わり」あるいは「新生」の経験として理解される場合には、聖霊は母のような存在であることを示す。初代教会とシリア教会は聖霊を「母」と呼んだが、家父長的なローマ帝国においては、このような伝統は消えてしまったのである。ヨハネの福音書が聖霊を「慰める者（パラクレートス）」と呼んだとしたら、これは聖霊が「母が慰めるように」慰める存在であることを示す。聖霊はご自分の子どもを慰める母である。それでエジプトのマカリオス(Macarius of

Egypt, 300~391）とツィンツェンドルフ（Nicolaus Zinzendorf, 1700~1760）とは「聖霊の母性」を宣言し、ヨハン・シュッツ（Johann Jacob Schütz, 1640~1690）も「聖霊は常に母の手をもってご自分の民を導く」と語った。したがって、フェミニスト神学は「聖霊の女性性と母性」を再発見しようと努める。[18]

聖霊が一つの神的位格と人格的存在であると信じるのは、神が愛の中で自由なる主体として私たちに近寄って私たちを常に人格として扱うという信仰の表現である。神はご自身において満ち足りる方であるが、常にご自身から外に向かい、他の存在に向けて喜んで出て来る。こういうわけで、聖霊は三位一体において父と子との対話を実現する父と子との自由とも呼ばれる。[19] この点において、聖霊は神の他者への開放性もしくは外向性を最もよく示す。[20]

第18章　聖霊の活動と賜物

聖霊とはどのような働きをするのか。聖霊の概念と活動に関する聖書の記事は、既にそれ自体の中に多様性と緊張を含めている。歴史の流れと共に、その強調点が変わる過程を経つつ、聖霊の働きを簡単に説明するのは容易ではない。なぜなら、聖霊は神の霊として風のようにその思いのままに活動するからである。「風はその思いのままに吹き、あなたはその音を聞くが、それがどこから来てどこへ行くかを知らない。御霊によって生まれる者もみな、そのとおりです。」（ヨハ３：８）

ハンス・ウルス・フォン・バルタザル（Hans Urs von Balthasar, 1905~1988）が語った通り、「聖霊は激しく鋭い風として、私たちの歯をがたがた震わせることができる。誰が聖霊を持っていると小生意気に主張することができるだろうか。最も霊的とされる者でも聖霊を独占することはできない。聖霊は主張と反論をひっくり返す。伝統を擁護する者たちも、聖霊が伴わなければ、枯渇した者へと転落する。また刷新を主張する者たちも、聖霊が伴わなければ、虚しく空を切る者へと転落する。いかなる教団・教派・教会も天の鳩を捕まえておくことはできない。その鳩は飛んできてまた飛んでいってしまう。その鳩は下におりてくるが、座り続けはしない。風はその思いのままに吹く。[1]」

聖霊は神の力のみならず、神の自由と神理解の不可能性を示す。そのため、世界は歴史の中で聖霊の活動を直接見抜くことはできない。したがって私たちは御言葉に、特にキリストの啓示に注目すべきである。なぜなら聖霊は、ただキリストの啓示においてのみ働き、ただキリストを通してのみ啓示される神の終末論的贈り物（助け主）だからである。[2]

1　創造の中で働く聖霊

特に旧約聖書では、神の霊の働きを神の創造活動と一致させる本文が多い。天地創造の出来事においては神の霊が力強く活動した。「神の霊が水の上を動いていた。」（創1：2）万物は神の息（霊）によって生じて来た。「主のことばによって、天は造られた。天の万象もすべて、御口のいぶきによって。」（詩33：6）

あらゆる生命、特に人間の生命は神の霊の活動と理解された。「神である主は土地のちりで人を形造り、その鼻にいのちの息を吹き込まれた。そこで人は生きものとなった」（創2：7）、「主のことばによって、天は造られた。天の万象もすべて、御口のいぶきによって」(詩33：6)、「神の霊が私を造り、全能者の息が私にいのちを与える。」(ヨブ33：4) すべての人間は、常に全能者の息のお陰で生命を維持している。これは生命が人間の所有ではなく、神の所有であり贈り物であることを意味する。[3]

神はご自分の霊によって世界を創造し、保存し、維持し、更新する。天と地の創造者なる神は、ご自分の「宇宙の霊 (*der kosmische Geist*)」を通してご自分のすべての被造世界に内住する。創造者なる神は霊の力と可能性を通してご自分の被造世界に内住し、それらに生気を持たせ、それらを維持し、それらをご自分の国の未来へと導く[4] (モルトマン)。パウロは次のように語る。「この世界とその中にあるすべてのものをお造りになった神は、天地の主ですから……すべての人に、いのちと息と万物とを与えておられるのですから〜私たちは、神の中に生き、動き、また存在しているのです」(使17：24–28)

しかし、神の霊は人間が把握できる世界にだけ縛られていない。神の霊とは新しい創造の霊であり、荒れ地をパラダイスにすることができる。「ついには、上から霊が私たちに注がれ、荒野が果樹園となり、果樹園が森とみなされるようになる。」(イザ32：15) 神の霊は新しい人間を創造するのみならず、死者をも生かすことができる。「わたしの霊をあなたがたのうちに入れると、あなたがたは生き返る。」(エゼ37：14) 神は新しい心と新しい霊、新しい世界を創造する力がある方である。

イエスと共に全く新しい世界、すなわち神の国が到来したからこそ、キリスト者は新しい被造物となったのである。「だれでもキリストのうちにあるなら、その人は新しく造られた者です。古いものは過ぎ去って、見よ、すべてが新しくなりました。」（Ⅱコリ５：19）したがって、キリスト者は聖霊にあって生まれ変わった者である（ヨハ３：３）。

2　個人の中で働く聖霊（⑴信仰・⑵望み・⑶愛・⑷自由・⑸真理・⑹祈りの霊）

(1)　信仰の霊

聖霊は、経験したこともない神のご性質（隠れた神）を私たちに提示する霊である。したがって霊は肉と闘争する。ここで肉とは霊と対立する悪い実体を意味するものではない。人間の弱さや空しさ、そして神から離れようとする人間の傾向や行為を意味する。それとは別に、霊は神を慕い求める生き方、そして私たちの中で活動する神ご自身の行為や能力を意味する。肉が人間の渇望と自己信頼を意味する反面、霊は生命や奉仕、喜びと責任を提供する神に対する信頼を意味する。このような面において、霊は闘う方、すなわち信仰の闘争心なのである。[5]

特に、パウロにとって、霊は信仰を創造し、信仰をもたらし、信仰を可能にする神の霊である。ここで信仰は、一般的か中立的な行動様式ではなく、明らかな認識を含める。つまり信仰は神性の深み（Ⅰコリ2：10）、隠された奥義としての神の知恵（Ⅰコリ2：7）、十字架の上で行われた神の救いの行動と主なるイエスに対する告白、神の子どもとしての生き方、新しい義、キリストの体に属することなどに関する明らかな知識を含むのである。

(2)　望みの霊

信仰の源である聖霊は、同時にいつも未来を示す約束の霊でもある。「私たちが信仰によって約束の御霊を受けるためなのです。」（ガラ3：14）神の国は、聖霊の力の中ですでに私たちの中に浸透し始めた。まさにこの点で、聖霊はより大いなる未来の賜物を約束する霊である。「この方にあってあなたがたもまた、真理のことば、あなたがたの救いの福音を聞き、またそれを信じたことにより、約束の聖霊をもって証印を押されました。」（エペ1：13）

聖霊は約束された未来の出来事の初穂であり（ロマ8：23）、約束の保証である（Ⅱコリ1：22、5：5）。したがって聖霊は、未来に完成される神の国と神の義に対する望みの霊として常に新しく近づいて来る。「私たちは、信仰により、御霊によって、義をいただく望みを熱心に抱いているのです。」（ガラ5：5）聖霊にあずかる者は、今ここで神の未来の力をあらかじめ味わうことができるのである（ヘブ6：4）。

したがって、聖霊の約束にあずかり未来の力を味わって生きる者は、どんな環境においても絶望することなく、新しい約束の地を待ち望みながら、絶望に立ち向かって闘い始めるのである。望みの霊なる聖霊にあずかっている者は、絶望的な状況を避けず、まさにそのような状況をもたらした悪の勢力とその構造に立ち向かう。これが理由で受ける苦難は新しい希望をもたらすものであり、新しい未来を開いていく力となる。

イエスは聖霊によって、解放と変革と治癒との力をあらわした。「わたしが神の御霊によって悪霊どもを追い出しているのなら、もう神の国はあなたがたのところに来ているのです。」（マタ12：28）このように聖霊は、個人と社会と政治との領域において人間を解放し、不義の世界を変革し、病を治癒する力として現れた。イエスに従っている弟子たちは、今ここで聖霊の力によってイエスの働きを受け継いで行くべきである。そして、この点で「アバ」と「アーメン」のように、「マラナ・タ（主よ、来てください）」（Ⅰコリ16：22、黙22：20）も聖霊にあってささげる祈りの言葉であると言えるであろう。(6)

(3)　愛の霊

肉を信頼する生から自由となった生、すなわち聖霊にあって生きる生は、愛にあって生きる生でもある。なぜなら愛は活動する信仰だからである。聖霊は冷淡と無関心によって凍った心を溶かし、私たちの堅く閉ざした心を開け放すようにする。自分自身から自由になった人は、自己の愛を必要とする人からも自由になり、すべてのものを自分のものにしようとせず、他の人との自由な空間を持つようになる。[7] シュッツ（C. Schütz）は霊を「神と隣人のための感性」と呼ぶ。[8] 聖霊にあって生きる人生とはまさに愛を実践することと違いがなく、またこれを逆に言っても違いがない。

このような生き方は例えば、聖霊の満ち溢れた臨在を経験したエルサレム教会において明らかに実現された。復活の霊にあって、そして生命の霊に対する体験において、誰も自分の所有に執着することがなかった。聖霊によって永遠の命について確信した彼らは、財産が与えるおぼつかない確実性をこれ以上要求しようとしなかった。自分がたくわえた大事な財産が、今や自分の利己的な欲望のためのものではなく、これらを必要とする人々のためのものとなった。[9] 彼らはみな「すべてを共有し」、彼らの中には、一人も「乏しい」者がなかった。財産を持っている者はそれを売り、その代金を使徒たちに持って来、その代金は「必要に従って」各々に分け与えられた（使4：31–35）。

したがって、パウロが愛を聖霊の「よりすぐれた賜物」（Ｉコリ12：31）と呼んだのは偶然ではない。愛は尊ばれない者を尊び（Ｉコリ12：23）、自分の利益を追い求めない（Ｉコリ13：5）。このような愛はただ神の霊にあってのみ可能である。あらゆるものは一時的で、いつか消えてしまうが、愛はいつまでも絶えることがない（Ｉコリ13：8）。なぜなら愛は聖霊のよりすぐれた賜物であるだけではなく、神ご自身の本質だからである。

(4)　自由の霊

イエスは聖霊の力によって、あらゆる束縛において生きていた私たちを自由にした。「わたしの上に主の御霊がおられる。主が、貧しい人々に福音を伝えるようにと、わたしに油をそそがれたのだから。主はわたしを遣わされた。捕らわれ人には赦免を、盲人には目の開かれることを告げるために。しいたげられている人々を自由にし、主の恵みの年を告げ知らせるために。」（ルカ4：18─19）また聖霊は罪から自由にする。「……彼らに息を吹きかけて言われた。聖霊を受けなさい。あなたがたがだれかの罪を赦すなら、その人の罪は赦され……」（ヨハ20：22─23）

特にパウロは、聖霊を自由と密接に結びつける。「主の御霊のあるところには自由があります。」（Ⅱコリ3：17）では、聖霊は私たちを何から自由にするのか。聖霊は肉（弱さとむなしさ）から自由にする。「御霊の初穂をいただいている私たち自身も、心の中でうめきながら、子にしていただくこと、すなわち、私たちのからだの贖われることを待ち望んでいます。」（ロマ8：23）そして聖霊は、律法の奴隷であることから自由にする。「あなたがたは子であるゆえに、神はアバ、父と呼ぶ、御子の御霊を、私たちの心に遣わしてくださいました。ですから、あなたはもはや奴隷ではなく、子です。子ならば、神による相続人です。」（ガラ4：6─7）

しかし、聖霊が与える自由は無制限的でも利己的でもなく、御言葉と奉仕のためにある。[10] 聖霊によって自由になった者は、すべての人を福音に導くために自分の自由までも捨て去るほどに自由なのである。キリスト者が享受するためだけではなく、仕えるためでもある。「私はだれに対しても自由ですが、より多くの人を獲得するために、すべての人の奴隷となりました。」（Ｉコリ９：19）

(5) 真理の霊

聖霊は真理の霊として、あるゆる偽りに立ち向かってまことの真理を弁護する。聖霊は、イエスが地上を離れて行った後、世界からの憎しみと迫害と誘惑から弟子たちを守る使命を持って遣わされた。聖霊はイエスの教えを思い起こさせる。「助け主、すなわち、父がわたしの名によってお遣わしになる聖霊は、あなたがたにすべてのことを教え、また、わたしがあなたがたに話したすべてのことを思い起こさせてくださいます。」（ヨハ14：26）聖霊はこの世において弟子たちの味方としてイエスを証言する。「わたしが父のもとから遣わす助け主、すなわち父から出る真理の御霊が来るとき、その御霊がわたしについてあかしします。」（ヨハ15：26）そして聖霊は、罪と義と裁きについて世にその誤りを認めさせる（ヨハ16：8）。また聖霊は教会においてイエスの代わりに来て啓示の真理と信仰の深みへと導く。「その方、すなわち真理の御霊が来ると、あなたがたをすべての真理に導き入れます。御霊は自分から語るのではなく、聞くままを話し、またやがて起ころうとしていることをあなたがたに示すからです。」（ヨハ16：13）

(6) 祈りの霊

聖霊は私たちに祈ることを教える。聖霊は私たちに神を「アバ」と呼ばせる。「神の御霊に導かれる人は、だれでも神の子どもです。あなたがたは、人を再び恐怖に陥れるような、奴隷の霊を受けたのではなく、子としてくださる御霊を受けたのです。私たちは御霊によって、アバ、父と呼びます」（ロマ8：14―15）、「あなたがたは子であるゆえに、神はアバ、父と呼ぶ、御子の御霊を、私たちの心に遣わしてくださいました。」（ガラ4：6）聖霊は神の子どもをアバ、父なる神に祈らせ、アバ、父なる神と親密な交わりを持たせるために私たちを招待する。

こういうわけで、祈りは聖霊の贈り物と言える。そして、神は求める者に聖霊を授ける方でもある。「天の父が、求める人たちに、どうして聖霊をくださらないことがありましょう。」（ルカ11：13）祈りは聖霊なる神を、私たちに招待する道でもある。聖霊は神の子どもをご自分との聖なる交わりに招き、人間は祈りによって、聖霊を自分との対話の中に招く。このように三位一体なる神の中における神秘な対話と交わりは、聖霊と人間との聖なる対話と交わりにおいて続けられる。聖霊との交わりにおいて私たちはただイエスの名によって神に祈るだけではなく、聖霊に直接に祈ることができるのである。「来てください、聖霊よ！（*Veni, Sancte Spiritus!*）」、「来てください、創造主なる聖霊よ！（*Veni, Creator Spiritus!*）」

聖霊は私たちに祈りを教えるだけでなく、私たちに代わって神に祈る。私たちがどのように祈ったらよいか分からない時、聖霊は私たちの未熟な祈りを執りなして神に聞かせる。このように、聖霊の中において私たちは、神が私たちの生活の中心にとどまることを望み、神が私たちを非常に愛しておられる事実を学ぶのである。[11]

3　神の民の中で働く聖霊

(1)　旧約聖書の証言

もし私たちが、旧約聖書における霊の活動を知らないとすれば、新約聖書における霊についても正しく理解することができない。したがって、まず旧約聖書において神の民の間で行われた聖霊の活動を調べる必要がある。[12]

士師の時代において霊は卓越した指導力に関わった。神の民が非常な危急の状況に置かれる時、霊は突然に現われ彼らの中で救済活動を行い、その後消え去る。イスラエルの国家形成以前の時代において霊は預言に関わった。「主は雲の中にあって降りて来られ、モーセと語り、彼の上にある霊を取って、その七十人の長老にも与えた。その霊が彼らの上にとどまったとき、彼らは預言した。しかし、それを重ねることはなかった。」（民11：25）、「神の霊が彼（サウル）の上に激しく下った。それで彼も彼らの間で預言を始めた。」（Ⅰサム10：10）、「神の霊がサウルの使者たちに臨み、彼ら

もまた、預言した。」（Ｉサム19：20）

バビロン捕囚期以前の記述預言者たち（Literary or Writing Prophets）の時代においては、霊の概念がほとんど現れない。なぜなら預言者の使命は力を誇示することではなく、神のみことばとみこころを知らせることだったからである。したがって、預言者のまことの本質に属することとはむしろ苦難であった。「それ故、私の腰は苦痛で満ちた。女の産みの苦しみのような苦しみが私を捕らえた。私は、心乱れて聞くにたえない。恐ろしさのあまり、見るにたえない」（イザ21：3）、「ああ、悲しいことだ。……私は貸したことも、借りたこともないのに、みな、私をのろっている」（エレ15：10）、「私は、『主のことばを宣べ伝えまい。もう主の名で語るまい』と思いましたが、主のことばは私の心のうちで、骨の中に閉じ込められて燃えさかる火のようになり、私はうちにしまっておくのに疲れて耐えられません。」（エレ20：9）

王朝時代において、霊は王の身分と関わり、次第に静的、固定的、抽象的な概念へと変わっていった。霊は王の行動や言葉より、王の知恵とつながって用いられた。そして、霊は未来の救いの王、すなわちメシアにも適用された。「その上に、主の霊がとどまる。それは知恵と悟りの霊、はかりごとと能力の霊、主を知る知識と主を恐れる霊である」（イザ11：2）、「見よ。わたしのささえるわたしのしもべ、わたしの心の喜ぶわたしが選んだ者。わたしは彼の上にわたしの霊を授け、彼は国々に公義をもたらす」（イザ42：1）、「神である主の霊が、わたしの上にある。主はわたしに油

をそそぎ、貧しい者に良い知らせを伝え、心の傷ついた者をいやすために、わたしを遣わされた。」（イザ61：1）

後期の預言者たちは、個人向けの霊の臨在以外にも、集団向けの霊の臨在も強調した。「あなたがたに新しい心を与え、あなたがたのうちに新しい霊を授ける。わたしはあなたがたのからだから石の心を取り除き、あなたがたに肉の心を与える。私の霊をあなたがたのうちに授け、わたしのおきてに従って歩ませ、わたしの定めを守り行わせる。」（エゼ36：26―27）

後期時代、霊はさらに一般的な概念となった。そして、霊は神の神性と同じとみなされることとなった。「……あなたの預言者たちを通して、あなたの霊によって彼らを戒められましたが、……」（ネヘ9：30）、「私はあなたの御霊から離れて、どこへ行けましょう。」（詩139：7）

(2)　新約聖書の証言

新約聖書においても教会の活動は聖霊と共に始まる。聖霊は教会の共同創設者であり、教会に活力を与える霊である。[13] 教会は聖霊の仲介者であり、[14] 聖霊の宮である。したがって、聖霊は教会の生活原理である。[15] 教会は聖霊によって生じる。霊とはこのように親しい交わりである。教会は歴史的キリストの共同体として終末論的霊の創造である。[16] バルトによれば、教会は聖霊による覚醒の中で呼び寄せられ、聖霊の活力の中で成長、保存、更新され、聖霊の照明の中で世界の中に遣わされる。[17]

聖霊は教会をつくり、教会を一致させ（共同体の原理）、教会を聖くし（聖化の原理）、あらゆる時代に渡って教会を前進させ（普遍性の原理）、教会を使徒的教会として保存する。[18]

聖霊は教会に豊かな賜物を与える。したがって、聖霊は信じる全ての者に与えられる。聖霊の賜物と結ばれる実は、信者個人だけの有益のためではなく、全ての人の有益、すなわち、教会を健全に立てあげるために与えられるのである。「みなの益となるために、おのおのに御霊の現れが与えられているのです。」（Ⅰコリ12：7）こういうわけで、もし聖霊によってまことの交わりの中で共同体を形成しないなら、神の霊はそこにはもう存在しないはずである。聖霊を持っていると誇り、賜物を所有していると誇示しながら、教会の秩序に従わずに自分の領域をつくる者は、聖霊を受けたはずではなく「肉に属する人」である。「あなたがたは、まだ肉に属しているからです。あなたがたの間にねたみや争いがあることからすれば、あなたがたは肉に属しているのではありませんか。そして、ただの人のように歩んでいるのではありませんか。」（Ⅰコリ3：3）

また聖霊は、主導権を持って働き、現在も働かれる神である。私たちは聖霊を決して独占することも、私たちの所有物とすることもできない。神は常に新しい人間と新しい世界に向かう途上におられる。私たちは神を一つの場所に引きとめておくことも、外部から観察することも、神が誰なのかを完全に知っていると言うこともできない。したがって、教会は常に神の導きを祈らなければならないのである。[19]

第19章　聖礼典とはなにか

聖礼典（Sacrament）とはなにか。「恩寵の手段もしくは方便」と、見えないものを伝達して見えるようにするしるし、そしてキリストの聖礼典制定と約束に従って、人間に救いを伝達し、救いの確信を与える「聖なる儀式」を意味する。古代教会において聖礼典とは、密かな奥義をキリスト教的内容に結びつけるあらゆる行為やしるし、そして儀式を意味した。

しかし、ラテン語の「サクラメントゥム（*sacrāmentum*）」と訳されたギリシア語の「ミュステリオン（*μυστήριον*）」は、元来洗礼と主の晩餐を意味するのではなく、終末論的な神の秘密を意味する。「ミュステリオン」とは、ダニエル書において終末論的神秘、すなわち、神に定められた未来のことが秘められた奥義を意味する。この用語は、黙示文学的概念として聖霊によって啓示される神の決意を意味する。[1] このような意味で、この用語はキリスト論を超えて聖霊論、教会論、終末論にま

で拡大される。(2)

しかし、バルトは聖礼典をキリスト論的に理解する。彼によれば、受肉こそキリスト教の偉大な神秘と聖礼典である。(3) イエス・キリストの人間性自体が最初の聖礼典なのである。永遠の言葉の受肉とは、一回的な出来事であって継続的、普遍的な連続性を持たない。しかし、人間イエスの存在による受肉の証言は、前後の連続性を持つ。以前にはイスラエルの民の存在、そして以後には使徒と教会との存在と聖礼典的連続性を持つ。イエス・キリストは最初の聖礼典として、全人類のための救いの約束と希望であり、また全被造物を生命へと召し出す希望の実体である。全被造物はそれ自体によらず、神の決意と恵みによって神の宮と手段と象徴となることができる。(4)

これをもってバルトは、教会に対するキリストの質的な優先性を保持し、御言葉と洗礼と主の晩餐を通しての証言を排他的に、キリストにあって与えられた神の約束に結び付ける。したがって、バルトはカトリック教会の「延長されたキリスト（*Christus Prolongatus*）」思想、すなわちキリストの受肉が教会において続くという思想を排撃する。(5)

しかしカトリック教会の神学者カール・ラーナー（Karl Rahner, 1904~1984）によれば、教会がまさに原初的聖礼典であるとする。(6) 教会は救いの原初的聖礼典、すなわち空間と時間におけるイエス・キリストの永続的現存である。教会は救い自体ではないが、救いの効力のある象徴であり、神の自己伝達の歴史的現象である。(7)

しかしカトリック教会は、伝統的にペトルス・ロンバルドゥス（Petrus Lombardus, 1100~1160）の理論に従って七つの聖礼典（洗礼、堅信、聖体、ゆるし、病者の塗油、叙階、結婚：七つの秘跡）を教えてきた。しかし宗教改革者たちは、聖書と信仰に集中することによって聖礼典を三つ（説教、洗礼、聖餐）に限定したのである。そして、特に説教と聖餐は救いの手段として広く認められることになった。

しかし時間が経つにつれ、カトリック教会は御言葉を軽んずる傾向に流れた。御言葉がただ聖礼典を飾る言葉の花環のようになったのである。一方、プロテスタントは聖礼典を軽んずる傾向に陥り、単純に御言葉を包んでいる祭儀的な装飾のように見なした。それにもかかわらず、御言葉が「耳に聞こえる聖礼典」とすれば、聖礼典は「目に見える御言葉」と言えるであろう。[8] したがって、御言葉と聖礼典は両方とも効果的恵みの手段として認めなければならない。相異なる方式でありながら、同一の恵みを伝達する。[9] では聖餐と洗礼は神学的にどのような意味を持っているのか。

1　聖餐

聖餐は主の晩餐、聖体、最後の晩餐、犠牲祭祀《さいし》などとも呼ばれる。今日学者たちは、聖餐の起源を次の四つから求める。

(1)　まず、ユダヤ人の伝統から求められる最も一般的な見解は、出エジプトの前の過ぎ越しの食事からそのルーツを探ることである。最後の晩餐、夜、パンとぶどう酒、祝福と分かち合いは今日行われる聖餐と似ている。しかし、マクスウェル（W. D. Maxwell）は聖餐の起源を、ラビとその弟子たちが安息日や祝祭日を聖く迎えるために毎週夕食前に行った祈りの儀式（*kiddush*, キッドゥーシュ）に置き、ディックス（Dom Gregory Dix）は過ぎ越しの日から24時間前に持たれた友情の共同食事（*haburah*, カブラ）に置く。

(2)　次に求められるのは、渡される夜、イエスが設けた最後の晩餐である（マタ26：26―29、ルカ22：15―20、Iコリ11：23―26）。これは聖餐における最も重要な起源と言える。

(3)　さらにイエスが弟子たちと、特に収税人や罪人たちと共にした共同食事（ルカ14：1―2）が挙げられる。こういうわけでは、聖餐はこのような共同食事の反復と理解されることができる。

(4)　最後に、イエスの復活の後、終わりの日を期待して喜びをもってした食事が挙げられるであろう（ルカ24：30―31）。

聖餐の起源よりもっと重要なことは、聖餐の神学的意味と言えるであろう。したがって、世界教会協議会（ＷＣＣ）が様々な教派や神学的背景を持つ世界教会から、洗礼・聖餐・牧会についての共通理解と一致点を集め、発表した歴史的な「リマ文書」を中心として聖餐の意味を調べて見よう。[10]

(1)　聖餐は父なる神にささげる感謝と賛美とのいけにえである。聖餐は新約聖書においてすでに「感謝」を含めている。イエスがパンとぶどう酒を取って神に感謝をささげたように、教会もイエス・キリストとその方の死と復活に対して感謝し賛美する。それと共に、教会は聖餐の中で神のすべての恵みを感謝する。特に、地と人間の労働の産物であるパンとぶどう酒を、信仰と感謝の心をもって父なる神にささげる。したがって、聖餐は喜びの祝宴である。

(2)　聖餐はキリストの苦難と死を現在化する回想（記念）の象徴である。ここで記念とは、ただ過去の出来事とその意味を心の中で繰り返し味わうということだけではなく、過去の出来事が私たちに現在化となり、まさに私たちの時間の中に入って来るということを意味する。しかし聖餐は、キリストの犠牲の反復ではない。聖餐の中でイエス・キリストは十字架で起こった神と人間との和解の中に私たちを受け入れ、私たちの罪を赦したもう。そして私たちは神との平和と生命と希望を持つことになる。

(3)　聖餐は高く上げられたキリストの地上的臨在の表徴である。キリストの現存は確かに聖餐の核心である。しかしキリストの現存の方式をめぐる論争は、カトリック教会とプロテスタントとの間にだけではなく、プロテスタントの内部にも分裂をもたらした。カトリック教会は、パンとぶどう酒がキリストの体と血に変わるという聖変化説（*transubstantiatio*, 化体説とも呼ばれる）を主張し、ルターはパンとぶどう酒にキリストの体と血が聖礼典的に共に連合するという聖礼典的連合説（sakramentalische Vereinigung, 共在説〈consubstantiation〉とも言われる）を主張した。ツヴィングリは聖餐がキリストの救いの働きを回想し、感謝する記念の意味で記念説（memorialism, 象徴説とも呼ばれる）を主張し、カルヴァンは物体の中にキリストが実在することはできないが、聖霊の働きによって象徴物がキリストの実体につながり、信者たちはこれを取って食べることによってキリストと結ばれるという意味で霊的臨在説（spiritual real presence）を主張した。

このように聖餐の意味について、教派と神学的立場における相異なる見解があるが、最も重要なことはキリストが聖霊によって実際的で人格的に現存するということである。したがって、私たちは聖餐におけるキリストの現存を単に精神的、もしくは霊的なものとして抽象化してはいけないのである。

(4)

聖餐はキリストとの交わりであり、同時にキリスト者たち相互における交わりでもある。聖餐は一致と交わりの聖礼典である。すなわち、聖餐は和解と分かち合いと連帯性の表現である。その意味において聖餐は、世界に向けて開放された招待でもある。イエスが神の国の恵みの表徴として収税人と罪人たちと共に、公にどうどうと交わりの食事を分かち合ったように、教会が行う聖餐も洗礼を受けた者たちのみの閉鎖的な秘密の食事ではなく、神の恵み深い無条件的で主体的な呼びかけと和解と交わりと分かち合いのための招待となるべきである。

(5)　聖餐は終末論的希望、メシア時代の象徴である。聖餐は、神の国で行われるあらゆる国の人々の平和の祝会と宇宙的祝宴の始まりである。それはメシアの祝宴を前もって味わうことであり、望みのしるしであり、望みを祝って先取りする祝宴（マタ26：29、Ⅰコリ11：26）と言える。したがって、聖餐において私たちは創造物の究極的な更新、すなわち神の国の完成を待望する。その意味において聖餐を祝う群れは、生の祝祭と交わりによって実現される世界の平和と義に対する望みを現在化し、これを実践的に証言し伝えるのである。メシアの祝宴を仲介する聖餐は、信仰の自由と望みの勇気と愛の交わりを強め保存する。

2　洗礼（バプテスマ）

洗礼の起源は、洗礼者ヨハネの預言的な悔い改め運動とイエスの洗礼とにある。イスラエルの割礼、そして様々な神秘宗教の浄化儀式は似ているところを持っているが、初代教会の洗礼の起源とは直接的な関係がない。洗礼者ヨハネがヨルダン川で授けた洗礼は、不義からの悔い改め、束縛からの解放、約束された神の国への終末論的な参与を象徴する。それは既存の共同体に入るための入団式ではなく、既に近づいている神の国における自由のしるしであり、あらゆる抑圧から解放させる終末論的しるしであった。そのような意味で、ヨハネの洗礼は終末論的な悔い改めの聖なる儀式として、裁きの前で救いを保証したのである。

イエスも洗礼者ヨハネの差し迫った神の国の終末論を受け入れたが、裁きによる脅しではなく恵みの福音を宣べ伝えた。イエスにとって神の国とは、まさに終末論的喜びの知らせであった。そのような意味で、キリスト教の洗礼はイエス・キリストにあって恵みをもって近づいて来られる神の到来と、将来へ向かっての悔い改めの象徴であり、そして新しい神の民とする終末論的メシアによる刷新と新しい創造である。(11)

救いを得るために洗礼は必ず受けなければならないのか。バルトは洗礼が救いをもたらすということを否定する。聖霊の力によって洗礼は、全くそして排他的にキリストの出来事にかかわり、まさにこの出来事の模型（予型、ひな型）と証言と象徴と啓発として理解されるべきである。洗礼はそれ自体とそれ自体の出来事とは別にただキリストのみを指示する。そのような意味で、洗礼は認識的次元を持つ。したがって洗礼は、救いを補足あるいは延長する救済仲介の手段的な性格を持たないのである。(12)

しかしハインリヒ・シュリアー（Heinrich Schlier, 1900~1978）は、洗礼が聖礼典的行為として救いをもたらすと主張する。洗礼は救い自体を生まないが、洗礼を受ける人に救いをもたらす。洗礼とは、まことにキリストの名によって行われる象徴的行為であるが、仲介的な象徴であって、その執り行いを通してそれが指し示すことをもたらすのである。[13] 聖書の証言によれば、洗礼は罪を洗い（Ⅰコリ6：11、ヘブ10：22）、新生をたまわり（ヨハ3：3―4、テト3：5）、聖霊を授け（Ⅰコリ12：13、Ⅱコリ1：22、エペ1：13）、キリストの死と復活とにあずからせ（ロマ6：3）、キリスト者として確信させ（Ⅱコリ1：22）、主の体と一つにならせる（第一コリ12：13）。

しかし信仰がなければ、洗礼は何ももたらすことができない。洗礼が神の国のための召命の出来事であるかぎり、信仰は必要である。福音の呼びかけは信仰を通して認識され捕らえられるべきである。信仰が召命の過程であるかぎり、洗礼は必要である。しかし、洗礼が救いのために絶対的に必要とは言えない。[14]

これに関連して提起されるもう一つの問題は、「幼児洗礼」の問題である。初代教会が子どもと幼児に洗礼を授けたかは明らかではない。幼児洗礼について知らせる最も明確な文書は2世紀以後から登場する。新約聖書は家族が洗礼を受けたという事実を幾つかの箇所で証言しているが（使16：15、33、Ⅰコリ1：16）、ここでの「家族」とは確かに幼児を含める家族全体を意味する。そして新約聖書においては、幼児洗礼を反対する箇所もない。したがって、宗教改革者たちは幼児洗礼の持続に賛成したのである。

しかし、幼児洗礼は神学的にも政治的にも継続批判されている。バルトは神学的に幼児洗礼に反対する。聖霊のバプテスマが神の贈り物とすれば、水のバプテスマは人間の自由な責任的な行為である。しかし、幼児洗礼は人間の自由な決断と従順と応答とに関わるという特徴が欠けているという点において、非常に不合理な洗礼の執り行いに過ぎない。[15] ヨアキム・カール（Joachim Kahl, 1941〜）は幼児洗礼を強制的な宣教とみなして反対する。幼児洗礼はドイツ憲法に反し、人権の侵害である。自己防御ができない幼児はひそかに宗教的な行為を強要されている。[16] モルトマンによると、幼児洗礼はキリスト教社会のフレームの中で政治的な意味を持つ。すなわち幼児洗礼は宗教の社会化と統合との機能を遂行する。そして教会は宗教的な意味体系を通して生の意味を支配し管理し、保護する。[17] しかし今日の人々は、幼児洗礼を全く神の受容行為と単独的な恵みの行為とみなし、幼児洗礼に賛成し、施行する者が多いのである。

しかし、幼児洗礼を認めるとしても幼児洗礼を受けた者が成人になってから、自分の洗礼に対する見解を人格的に決定しなければならないという点は否認されてはいけない。父母の信仰が幼児の信仰にとって代わることはできず、父母の決断が幼児の決断を免れさせることもできない。しかし幼児洗礼は後に、人間を信仰の決断に導くことができ、効果的で持続的な福音伝道の手段となる可能性がある。しかし、幼児洗礼が政治的でイデオロギー的に誤用されたり、悪用されることを私たちは常に警戒すべきである。

第20章　だれが教会であろうか

1　教会は信仰の対象か

教会は信仰と告白の対象なのか。初期の信仰告白文は教会を信仰の対象とみなさなかったようである。ローマ教会の長老であったヒッポリュトス（Hippolytus of Rome、170~235）の《使徒伝承》の中で、洗礼式において次のような表現が表れる。「あなたは聖なる教会の中におられる聖霊を信じるか。」ここでは教会が信仰の項目ではなく聖霊が活動する場所とみなされている。しかし、言葉が少しでも変わると、聖霊の場所である教会は信仰の対象に変わってしまう。このような変化はすでローマ教会の洗礼式の信条に見える。二世紀にまで遡り、この信条は次のような告白をしている。「私は聖霊、聖なる教会、罪の赦し、体のよみがえりを信じる。」

しかし、教会に対する信仰が神の三つの位格に対する信仰と共にどのように並存することができるであろうか。使徒信条にも聖霊と並んで教会が登場しているが、聖霊に対する信仰は教会に対する信仰とは異なる解釈が必要なのである。使徒信条は、「私は聖なる教会を信頼する」とはせず、「私は聖なる教会を信じる」と告白する。ここで教会は信仰の対象として父と子と聖霊と共に並んで登場しない。むしろ使徒信条は教会が神によって呼び寄せられ、組織されただけではなく、神によって存在し保持されるという事実を告白する。したがって使徒信条が強調するのは、教会が神の約束の下にあるという事実である。[1]

ハンス・キュングによれば、私たちは教会を信じる必要はないが、教会を信じるとも言える。教会を信じる必要がない理由として、教会が神ではなく、神への信仰と従順との共同体だからである。私たちがまさに教会であり、また教会が私たちであって教会は自己自身を信じる共同体ではなく、神に聞き従う信仰の人間共同体である。同時に私たちが教会を信じると言える理由は、教会は信仰によって出来上がり、また信仰は教会によって出来上がるからである。このような意味で、教会は信仰の対象であり、信仰の拠り所であり故郷である。しかし信仰と教会とはただ恵み深い神の救いの行為にその根源があるため、絶対化することができない。この意味で、教会に対する信仰は神に対する信仰とは区分される。[2]

私たちは教会と神を混同してはいけない。換言すれば、私たちは教会を神と同格にして教会を拝んだり、絶対化してはいけない。しかし教会の歴史において、教会が自身を神と混同したり同一視したりする現象を見るのは珍しくない。このような現象はカトリック教会とプロテスタントとにおいて同様に現れたのである。

まずカトリック教会を見てみよう。教会史において、時が経つにしたがって神学的・政治的な覇権を占めたローマ教会は教皇制度を神学的・法的に確立し始め、結局すべての地域共同体を自分の影響圏の中に統合することに至った。ローマ教会の監督が最初の教皇でありながら、同時に法的に使徒ペテロの首位権を受け継ぐという主張は、ローマ教会が歴史の中で次第に勝ち取ったものに過ぎないのであって、歴史的にも神学的にも決して自明な事実ではない。自らの主張に基づいてカトリック教会は、教会のかしらなるキリストの統治に代わって、もしくはキリストの統治を抑圧しながら、自ら教会と世界とのかしらとして自称する危険に陥ったのである。(3)

そこに立ち向かいカトリック教会を改革し、新しく始まったプロテスタントもこのような危険を全く避けることはできなかった。このような危険は、プロテスタントがキリストの主権と福音とに従順するより、みなそれぞれに自分の固有の体験、もしくは神学、人物、伝統などを前面に押し出して数多く教派を量産した事実によく表されている。しかし、教会は信仰の自由を提唱する人々によって自由に結成された団体、すなわち宗教的で敬虔な人々が設立した団体ではない。(4)特に韓国において、何と多くの「自称神」と「自称キリスト」が出て来たことだろう。そして彼らの誘惑によって間違った道に陥った信徒たちが何と多かったことだろうか。これは確かに教権的・世俗的な欲望がもたらした深刻な犯罪現象であるが、まるで人間が教会のかしらとなることができるように、そして人間が教会の主体となることができるように誤解した神学的な無知から出た結果でもある。

したがって私たちは、今まで教会に関して問いかけてきた問い方を変えることが、ふさわしいであろう。もし、私たちが相変わらず「教会とは何なのか」と問い始めるとしたら、先に言及した危険を避けることは容易《たやす》くない。この問いより先ず「誰が教会なのか」と問うの方がより適切であろう。

では誰が教会なのか。聖徒たちが教会なのか。もちろんこれが最も健全な答えであるが、十分な答えではない。なぜなら、このような答えを通して私たちは再び制度的に「助祭、司祭、司教もしくは教皇がある所に教会がある」としたり、信仰的に「聖徒たちが集った所に教会がある」としたりする危険に陥るからである。この考え方は、教会を教会として建て上げ保持する主体はまさにキリスト者となってしまうであろう。しかし法的・制度的な伝統も、または人間の宗教的な欲望も教会を形成するはずはない。さらに、今日私たちがよく誤解するように、派手で立派な建物が教会を教会らしくさせることでもない(5)。教会をつくり、教会を教会らしくさせるのはただキリストのみである。

したがって、キリストがまさに教会と言えるのである。換言すれば、ボンヘッファーが語った通り教会は、「共同体として存在するキリスト」である。ボンヘッファーはキリストと教会との同一性は排撃するが、教会が集団人格としてキリストでもあると強調する。キリストは教会として存在する。キリストは教会の全体人格であり、御言葉と聖礼典として教会でもある。(6) バルトによると、教会は「イエス・キリストの地上的・歴史的実存形態」である。イエス・キリストは天上的・歴史的実存形態と地上的・歴史的形態という二つの種類の実存形態を持つ。イエス・キリストは教会の主《しゅ》と頭《かしら》でありながら、同時に体でもある。イエス・キリストは教会である。(7)

しかし、主語と述語を逆にしてはいけない。すなわち教会がキリストであるとは言えない。しかし、カトリック教会は自ら受肉の続き、すなわち延長されたキリストもしくはキリストの代理者と自任したのである。例えばピウス12世（Pope Pius XII, 1876~1958、在位 1939~1958）は１９４３年に発表した回勅「神秘的なキリストの体（*Mystici Corporis Christi*）」の中で、教会がもう一つのキリスト（*alter Christus*）であると主張した。そしてカトリック教会は自分をキリストと同一視し、キリストが教会自身に同化したという印象をもたらした。(8) しかしキュングによると、教会を受肉の続きとキリストの生涯の延長というのは相当大きな誤解である。教会の主と頭となるキリストは教会の手に渡され、教会がキリストに代わって自律的な全権を握る代理者となればキリストは最後に何の権限もない存在に転落してしまう。(9)

さらにプロテスタント信徒たちが、キリスト者が教会だとたまに誤解するが、そうではなく「共同体として存在するキリスト」がまさに教会なのである。キリストが存在する、まさにそこに教会も存在する。つまりキリストが存在しない所には教会も存在しない。教会の主体と主と創設者はただキリストである。キリスト者たちはただ教会の頭と主なるキリストに属することによってのみ教会となる。キリスト者はただキリストに属する者としてのみ、そしてただキリストだけに聞き従う者としてのみ教会なのである。

2　神の民の中におけるキリストの共同体

「神の民」は本来キリスト論的な述語ではなく、神論的な述語であった。すなわち、神の民は神の選びと召しの次元を持っている。選びは神の絶対的な行為であり、神の主権と恵みの表現である。選ばれた民は神の所有であり、神との親密な交わり（契約）の中に入って行く。したがって選びの中で与えられた神の約束によって、神の民の歴史は救いの歴史となる。

選びは本質的に神との対話的な性格を帯びている。すなわち、神の選びは選ばれた民の応答（信仰）を要求する。神の民が持つダイナミックな特色とは、まさに信仰の従順、神の御言葉と召しに対する信頼にある。この信仰の有無は神の民の歴史においてまことの民と偽りの民とを区分する。

しかし、神の民の選びは閉鎖的なものではなく、未来を志向しておられる神の終末論的な開放性を含んでいる。したがって神の民の選びは、神の包括的な世界救済のフレームによって理解されるべきである。信仰は神に対する証言の召命を含んでいる。神の民は神と神の御言葉の代弁者として全世界に遣わされるのである。[10] 新約聖書においても教会は自分を終末論的な神の民と告白する（Iペテ2：9—10、IIコリ6：16、ヘブ8：10、黙1：6、5：10、21：3）。

新約聖書においても旧約聖書がいう神の民が帯びている特徴、すなわち「救いと選び」が相変わらず重んじられる。新約聖書は神の選びに対する信仰を通して旧約聖書の教会理解を忠実に受け継ぐ（使9：15、15：14、18：10、Iコリ1：26—31、エペ1：4、Iペテ2：10）。しかし新約聖書の教会理解には新しい点が加えられる。新約聖書では、「新しい」神の民という言葉は出て来ないが、「新しい」契約という言葉が出てくる（ルカ22：20、Iコリ11：25、IIコリ3：6、ヘブ8：13）。したがって、これからの神の民は民族という境界線を越える。そして、古い契約のしるしであった「割礼」ではなく、「洗礼（バプテスマ）」すなわち「キリストの割礼」（コロ2：11）が神の民のしるしとなるのである。[11]

ではイエス・キリストは神の民と何の関係を結んでいるのか。旧約聖書がいう神の民と新約聖書がいう神の民とをつなぐ重要な神学的土台とは何なのか。それはまさに「人の子」思想と言えるだろう。ダニエル書7章13節において、人の子は神の民の代理とする集団的人格として現れる。イエスご自身と初代教会とがイエスに適用した人の子の語源はまさにここから由来するのである。ダニエル書で人の子はその民と共に神の前に進み、神から与えられた主権と栄光と国を神の民に渡した

（ダニ7：27　国と、主権と、天下の国々の権威とは、いと高き方の聖徒である民に与えられる。その御国は永遠の国。すべての主権は彼らに仕え、服従する。）。

しかし、これは終末論的希望である。神の民はイエスと共に近づいた神の国を証し、神の国を先取りして生き、まだ完全に臨まなかった神の国を待ち望んで生きる。すなわちイエスが宣べ伝え、近くもたらした神の国は教会の起源と根拠と希望である。換言すれば、教会は神の国に関わる人格として来たイエス・キリストの共同体であり、このイエスの人格によって近づいて来た神の国の先端的な（*avant-garde*）形態なのである。

したがって、神の国に対する回想と先取りした神の国における実験的・模範的生活と神の国に対する期待とに忠実ではない教会はイエス・キリストの教会と言えない。なぜならイエス・キリストは、まさに神の国を宣べ伝える使徒職（マタ28：18以下）と、神の国を待望して行う聖餐（Ⅰコリ11：23以下）と、神の国を信じる兄弟的交わり（マタ18：20）との中に共同体として現存するからである。[12]

しかし、パウロはキリストが共同体にかかわって現存する形式を「キリストの体」という概念によって表現した。[13]教会を「キリストの体」と主張する理由は、教会がそれ自体として一種の有機体的な特性を持つ社会団体だからではなく、キリストが死と復活とを通して教会をご自分の体とし構成し組織し維持するからである。[14]「キリストの体」の概念によってパウロは、教会が今ここで生きている主に結びついているという事実を告白する。教会はキリストにあってキリストと一つとなった。キリスト者は洗礼を通してキリストの運命にあずかり、キリストの肢体となるのである。

しかし、キリストと共に死ぬことと生きることとは、信仰の中で与えられる神の贈り物と同時に日常の中で実践すべき倫理的務めとして与えられるのである。「そういうわけですから、兄弟たち。私は、神のあわれみのゆえに、あなたがたにお願いします。あなたがたのからだを、神に受け入れられる、聖い、生きた供え物としてささげなさい。それこそ、あなたがたの霊的な礼拝です。この世と調子を合わせてはいけません。いや、むしろ、神のみこころは何か、すなわち、何が良いことで、神に受け入れられ、完全であるのかをわきまえ知るために、心の一新によって自分を変えなさい。」（ロマ12：1―2）

それ故、キリストと結び付いている教会は自分たちの主なるキリストの運命にあずかることが大切である。教会が本物かどうかはまさにこれらによって判断できるのである。バルトが語った通り「教会がまことのキリストの教会かどうか」を問う質問に対する決定的な答えは、古い伝統と歴史、業績と成功、外的な拡張などにかかっているのではない。教会の中においてただイエス・キリストがよく聞かれているのか、そしてキリストに対して常に問いかけられているのかにかかっている。(15)

3　世界と宇宙との中におけるキリストの共同体

聖書はイエス・キリストがただ教会の中においてだけ共同体として存在するとは言わない。キリストは私たちが思うより「常により大いなる存在」である。聖書はキリストが教会を内包すると同時に教会の外に、そして教会より大きく存在する異なる方式を伝えている。その一つとしては、貧しい人々の間に存在するキリストである。将来到来する世界の審判者は世界の中で最も小さい兄弟たち、すなわち飢えた者たち、渇いた者たち、旅人たち、ぼろをまとった者たち、病者たち、牢に入れられた者たちの間に隠れた形で存在する（マタ25：31−46）。イエス・キリストはご自身を彼らと同一視するのである。モルトマンによれば、最も小さい者たちに対して私たちに求められるのは、単純な愛ではなく信仰である。換言すれば、小さい者たちはキリストに代わって義なる行動を待つという信仰を要求する。惨めな者たちはただ隣人愛と道徳的な義務との対象ではなく、将来到来する救い主と裁き主が隠れている形として現存する方式である。したがって、貧しい人々の間に存在する人の子の現存は、まず教会論に属し、そしてそれに次いでついに倫理論に属するのである。[16]

イエス・キリストがより大きく存在するもう一つの方式は、「宇宙的キリスト」と言える。キリストは宇宙として実存する。エペソ人への手紙（1：22以下）とコロサイ人への手紙（1：17以下）とは、全宇宙を内包するキリストの救いの力について語る。もしキリストが死者より甦られた長子であれば、彼は新しい人間性を代弁する新しいアダムだけではなく全ての被造物の長子と理解されるべきである。[17]

バルトは神の中のキリストの存在と共同体の中のキリストの存在との以外に、「イエス・キリストの第三の実存的在り方」に関して次のように述べる。

「あの方は、既にすべてのものの支配者とすべてのものの頭《かしら》、そして初《はじめ》であり終わりまで唯一の大能者《たいのうしゃ》でありながらも宇宙の中において隠れている。それであの方の共同体（教会）があの方を認識することとは違って、宇宙はあの方を『まだ！』認識していない。しかしあの方は父なる神の右とあの方の共同体（教会）において現臨していることと同様に、最も大いなる実在性をもって宇宙の中に現臨し、活動し、行動し、働いていないのであろうか。(18)」

バルトは驚くことに世界を「イエス・キリストの共同体」と呼ぶのである。(19)

このような意味において、教会は神の宮となった大宇宙を代弁する小宇宙と言える。教会はキリストの体として全被造物の教会である。教会は自分を越えて天と地を満たす神の栄光を指す。(20)キリストの和解は、人間と神との和解、人間相互の和解、人間自身との和解だけではなく、人間と自然との和解をも含んでいる。したがって、人間は自然とも正しい共同体を形成しようと努めなければならない。(21)

第21章　教会はどのような秩序を持つべきか

私たちの周りには、今も数多くの教派と教会が競争するように互いに活動している。彼らは、神学と教理を巡って相異なる見解を主張するだけではなく、組織と職務に関しても非常に多様な形態を示している。一方このような事実が教会成長と宣教活動に大きく寄与した面が少なくないが、一致した福音伝道と連合事業を深刻に妨げることもある。その上、同じ教派と同じ教会の中にも、組織に対する相異なる理解が共存していることがある。このような事実は不協和音と葛藤との要因となり、ついに分裂という不幸な原因となる。

したがって教会の本質と共に、教会の職務を正しく理解することは、大変重要な神学的・実践的な課題だと言わざるを得ない。なぜなら、教会の職務は教会の本質から切り離せないからである。こういうわけで、聖書的な教会理解に基づいて望ましい教会の秩序とは何かについて考えてみたい。

1　教会の本質と職務

イエスの使命は神の国に集中されていた。それゆえイエスは、最初からイスラエルの民から分離された宗教団体を設立しなかった。むしろイエスは、全イスラエルに向かって神の国の到来を宣べ伝え、彼らをご自分の人格にあって、近づいて来た神の国の前で決断し悔い改めさせることによって、新しいイスラエルの民を呼び寄せることを願った。もちろんイエスは周りに弟子たちを呼び寄せた。イエスは到来する神の国を迎え、証言すべき群れ（ルカ12：32、マコ14：27？）を呼び集めた。このような点で、弟子たちの群れの中に教会が既に胎動していたと見るべきであろう。イエスは制度的・組織的な教会を目指さなかったが、イエスの周りに集まってきた弟子たちの共同体は、将来形成される教会の根となったと言える。[1]このような点で、「イエスの生涯の中では教会が設立されなかったが、イエスの生涯なしには教会もない」と言ったキュングの主張は正しい。[2]

実際的な教会は、イエスの復活と聖霊降臨の後に集まった弟子たちによって形成され始めた。彼らは十字架につけられて死に、甦られたイエスを世界の主と告白し、イエスの苦難を回想しながらイエスの教えを伝え、聖餐を行った。しかし、弟子たちは最初からユダヤ教の会堂から分離されることを願わなかった。彼らはイエス・キリストを、イスラエルのメシアと宣べ伝え、自分たちをまことのイスラエル、もしくは新しいイスラエルと理解したのである。しかし時間が経つにしたがって、会堂と弟子たちとの間に葛藤がより深まっていき、迫害と追放とによって弟子たちは次第に独自的な集りと形を持つしかなかった。異邦人向けの宣教が進んでいる中で弟子たちはキリストに従う者たち、すなわち会堂と分離された群れ（イエスに従う者たち）と認められることになったのである。[3] キュングによると、「教会の根源はキリストの出来事全体にあるが、教会は生ける方に対する現実体験から出発した」と述べる。[4]

教会の使命は最初からそれ自体の存立と拡張ではなかった。教会はキリストの統治にあって、新しく近づいて来た神の統治を伝え実践するよう使命を受けたのである。このような意味で、教会は神の国ではなく、神の国の先行的形態、その比喩、反映、雛型《ひな》であり、[5] 神の国の前兆、神の国を待ち望む人々の共同体であり、[6] 神の国を指し示す象徴なのである。[7]

しかし、神の国は相変わらず未来的・終末論的希望であり、教会はイエスの再臨による神の国の究極的な実現を待たなければならなかった。したがって、教会は中間時代、すなわちイエスの初臨と再臨との間に存在しているという確信の中で宣教活動を進めたのである。そのため歴史において存在している教会は、現実的に組織と職務を必要とするしかなかった。イエスの活動当時を見て分かるように、神の国を待ち望む弟子たちの群れは特別な組織を必要としなかった。しかし神の国を待ち望む群れとして地上において生きるべき教会は、自然に一定の務めを割り当て組織することを避けることはできなかった。

2　教会の職務の三つのモデル

初期から教会は徐々に秩序を形成していった。これは教会が直面した実践的・倫理的な危機を神学的に解決しようと努めた一つの結果であった。そこで新約聖書の中において、すでに多様な教会共同体が見いだされ、全ての共同体はみなそれぞれ異なる形態の秩序を形成していったという事実を発見する。そのため、新約聖書は一つに統一された秩序を確かに示さないのである。それぞれの初代教会の立場と神学的な見解によって、新約聖書において非常に多様な職務理解と形態が現れる。それにもかかわらず、新約聖書における教会の職務はおおむね三つのモデルに要約することができるであろう。(8)

(1)　パレスチナ教会（Palestinian Community）のモデル

パレスチナ教会はユダヤ教の古い形態と組織の中に粘り強くとどまっていた。ここではペテロとヤコブとが特別な役割を果たした。ユダヤ教の職務である律法学者、ラビ、長老、祭司なども教会に入って加わったが、彼らが特別な権限を持つことはなかった。教会の中において、あらゆる誤った権威や位《くらい》は排除されたのである。

もちろん、ペテロには教会を指導するための特別な権限が与えられたとマタイは記す。「わたしは、あなたに天の御国のかぎを上げます。何でもあなたが地上でつなぐなら、それは天においてもつながれており、あなたが地上で解くなら、それは天においても解かれています」（マタ16：19）。しかし、全ての弟子たちも同一の権限を受けたことが分かる。「まことに、あなたがたに告げます。何でもあなたがたが地上でつなぐなら、それは天においてもつながれており、あなたがたが地上で解くなら、それは天においても解かれているのです。」（マタ18：18）。「使徒の働き」では使徒ではない人（アナニア、ピリポ）も洗礼を授ける権限を持ち、使徒たちがいない中でも聖餐式を行った。

しかし、パレスチナ教会は神の国がまだ来なかったから、組織と秩序が教会の存続と生存とのために必要だと考えていた。そのため、職務が分担された者は特別な役割を担った。様々な賜物、特に病気の癒しはおもに彼らによって行われ、また按手を通して聖霊を受けさせることも使徒たちにだけ許されたようである。「ふたりが、彼らの上に手を置くと、彼らは聖霊を受けた」（使8：17）。

このようにユダヤ教的職務の伝統を受け継いだ教会は、マタイの福音書、ルカの福音書、牧会書信などで示され、今はカトリック教会によってよく受け継がれている。カトリック教会は政治的・行政的秩序と構造を規定するローマ法（Roman law）から影響を受け、伝統的な儀式と結び付いた中で職務と組織を強めることとなった。特に異端を防ぐため、監督（司教）の権威がより強められ、時間が経つに従ってより堅く聖職者の位階制の形態を持つことになったのである。

(2) ヨハネの教会（Johannine Community）のモデル

ヨハネが理解した教会とはパレスチナ教会と全く違っていた。ヨハネによれば、教会は聖霊を所有するために職務と組織は特に重要ではない。聖霊によって生まれ変った者は、律法もしくは規則に従属する必要がない。なぜなら、聖霊はその思いのままに吹く風のようだからである。「風はその思いのままに吹き、あなたはその音を聞くが、それがどこから来てどこへ行くかを知らない。御霊によって生まれる者もみな、そのとおりです。」（ヨハ３：８）

助け主なる聖霊はイエスが去って行った間、教会と共におり、イエスの代わりに教会を治める。「わたしは父にお願いします。そうすれば、父はもうひとりの助け主をあなたがたにお与えになります。その助け主がいつまでもあなたがたと、ともにおられるためにです。その方は、真理の御霊です……その方はあなたがたとともに住み、あなたがたのうちにおられるからです。」（ヨハ14：16−17）教会は完全に自由な群れであり、聖霊によって生きる群れだからこそ特別な職務は必要ではない。教会は聖霊によって油注がれ全てを知っている。「あなたがたには聖なる方からのそそぎの油があるので、だれでも知識をもっています」（Ⅰヨハ２：20）。したがってヨハネの教会は、教会を支配しようとした監督を強く拒否したのである。「彼らの中でかしらになりたがっているデオテ

レペスが、私たちの言うことを聞き入れません。」（Ⅲヨハ1：9）

ヨハネの教会のモデルは、組織と法と体系というよりは、自由なる聖霊と聖徒の自律性とをより強調する自由教会（Free church）、カトリック教会の教会基礎共同体（Basic ecclesial communities）、ブレザレン教会（Brethren church）、会衆派教会（Congregational church）などによって受け継がれており、一般信徒を中心とした教会を民主制的に運営しようとする多様な運動において新しく示される。

(3)　パウロの教会（Pauline Community）のモデル

パウロの教会は中間的な立場を代弁する。パレスチナ教会は制度的に硬直した教会、権威主義的で律法主義的な組織に変質する危険がある。一方、ヨハネの教会は教会の秩序だけではなく教会の存在も否認する危険性がある。パウロの教会は中道的な立場を見せる。パウロの教会は中世ヨーロッパの市場に例えることができる。平和な時期、市場が町の中心となるが、ひとたび戦争が起これば、敵の移動経路によって市場が立つ所、すなわち町の中心は常に変わることができる。状況によって東側の城壁辺りに移動したり、あるいは西側の城門辺りに移ったりすることができるであろう。

パウロは聖職者と一般信徒とを区別しなかった。なぜなら全てのキリスト者が教会に仕えるよう呼ばれたからである。キリスト者はみな聖霊を持っており、そしてみながそれぞれ賜物を所有し、それを通して教会の中で固有の務めを果たしている。したがって、特別な召命にかかわる職務を認めることができる。「神は教会の中で人々を次のように任命されました。すなわち第一に使徒、次に預言者、次に教師、それから奇跡を行う者、それからいやしの賜物を持つ者、助ける者、治める者、異言を語る者などです。」（Ⅰコリ12：28）けいがい

　パウロの教会は職務と聖霊の賜物とをすべて認める中で、この両者の調和と均衡を保とうとする姿勢を見せる。ここで公の職務と霊的な賜物とは対立しない。両者は一つとなっていく中で互いに健全な緊張関係を持つ。このような教会のモデルは極端に走らないで、中間的な立場を取る大多数のプロテスタント教会の中に散見することができる。

　このように新約聖書における教会は、その職務にかかわる三つのモデルの中で相互力動的な緊張関係を保ちつつ一つの教会を成している。新約聖書の教会は硬直せず、活発な運動と作用との過程の中にいた。敵の攻撃方向に応じて、教会は時には職務的なパレスチナ教会にもなったり、時にはカリスマ的なヨハネの教会にもなったりする。しかし両方の攻撃を防ぐためには中道的なパウロの教会に戻るべきであろう。

　教会の組織はいつも変化する可能性を前提とする。教会の絶えることのない発展過程に伴う変化と緊張は否定することができない。そのため教会組織は決して画一的であることができない。画一性は共同体を形骸化させ衰退させてしまう。聖霊における生活と交わりは、緊張に満ちた一致と表

現することができるであろう。したがって教会の職務は硬直した法則ではなく、多様な見解の間にいつも新しく創造されるべき「平和」と同じである。平和は、究極的に教会が求める大切な務めの本質である。(9) なぜなら、神は混乱させる神ではなく平和の神だからである（Ⅰコリ14：33「神が混乱の神ではなく、平和の神だからです。」）。

3　教会の職務に対する福音的理解

しかし、教会におけるあらゆる形態の職務は神学的に正当なのか。私たちは教会の秩序を自由に形成しても構わないのか。教会の職務形成は全的に人間の自由と権限とに委ねられているのであろうか。換言すれば、教会は置かれた条件と現実的な状況によって任意で職務を立ててもよいのであろうか。決してそうではない。なぜなら教会は、その頭《かしら》なるキリストに従順であることが大切であり、この従順の中で教会を形成して行くことが重要だからである。教会は世の中の団体のように、人間の自由な意志と任意の目的によって形成する自律的な集まりではなく、キリストの統治を受け入れ、同時にそれを実現しようとする神の聖なる民である。

では教会の職務の在り方はどのように決定されるべきなのか。エルンスト・ケーゼマン（Ernst Käsemann, 1906~1998）が語った通り「歴史的なものの多様性を楽しんで神の全ての被造物と共にしようと努めるとしても、何処であっても聖霊を必要とし、そして霊を試し見分ける尺度をあきらめる結果に陥ってはいけない。教会の職務の在り方は、ただ福音から、そして福音の一部として理解される職務理解から決定されることが大切であり、まさにそのように形成・更新されることが大事である。[10]」

それでは福音とは何であり、イエス・キリストが宣べ伝えた福音の核心とは何なのであろうか。それこそがまさに「神の国」である。ただ神のみが世界を治める。したがって、どんな人間であっても人間の上で人間を支配したり抑圧したりしてはいけない。神の統治の下で全てのキリスト者は兄弟姉妹である。イエスは仕えられるためではなく、仕えるために来た（マタ20：28）。当然イエスに従う者も自分を低くする者と仕える者とになるべきである。仕える精神とその実践により出る権威こそ教会における職務のまことの本質である。

初代教会はイエス・キリストを世界と教会の主と告白した。ただキリストのみが世界を統治する。しかし、キリストは権力と威力によってではなく、犠牲、赦し、復活の力、聖霊の臨在によって統治する。そのため、初代教会は最初の職務を説明するために世俗的な事柄に関連して用いられた用語の「ディアコニア（*διακονια*）」を使った。これは食卓で主人のために仕える行為を意味する。したがって、教会の職務はどんな権限や特権も、そして階級意識と名誉をも含まない。このように、初代教会の最初の職務も、イエスの教え通り仕えることを特徴としていた。[11]

パウロの神学において、教会のあらゆる奉仕と機能を包括的に表現する概念は「賜物（カリスマ）」である。「私たちは、与えられた恵みに従って、異なった賜物を持っているので……」（ロマ12：6）「賜物にはいろいろの種類がありますが、御霊は同じ御霊です。」（Ⅰコリ12：4）イエス・キリストにある唯一の終末論的賜物は永遠の命である。キリストは生命と恵みと霊、それ自体である。「賜物」を持つということはすなわち、キリストの生命と恵みと霊にあずかることを意味する。ところが、このような参与は奉仕と召命の中で現れる。奉仕とは賜物が示され実現されるところである。すなわち永遠の命はこの地上において新しい従順によって現れる。

パウロによれば、聖徒はみなおのおのがそれぞれの賜物を持っている。多様な賜物とは大きく三つに分けることができる。

(1)　まず「宣べ伝える賜物」にかかわる職務者として、使徒、預言者、伝道者、教師、勧めをする人がいる。霊感と幻とにかかわる者もここに属する。

(2)　「奉仕する賜物」には、癒し、悪霊追い出し等がある。

(3)　「指導する賜物」にかかわるものには、監督などがある。しかし苦難、人知れず実践する愛の行為、技術的な奉仕、結婚、独身なども賜物として挙げられる。

主《しゅ》に召命を受けたすべての者はみな各々に相応しい賜物を持っている。「一人ひとり神から与えられた自分の賜物があるので、人それぞれの生き方があります。」（Ⅰコリ7：7）

このように多様な賜物を判断する唯一の尺度は主にあって主のための行動、すなわちキリストへの従順とキリスト者相互間の従順とにある。したがってキリストに結びつかないあらゆる賜物は狂信主義（fanaticism）に陥る危険がある。全ての賜物はただ教会の頭であるイエス・キリストへの従順によってのみ、キリストにあって一つの体となれる。[12] パウロによれば、多様な賜物は次のような秩序を持っている。

(1)　各々器官である全てのキリスト者は、神に与えられた信仰の量りにとどまるべきである。「だれでも、思うべき限度を越えて思い上がってはいけません。いや、むしろ、神がおのおのに分け与えてくださった信仰の量りに応じて、慎み深い考え方をしなさい。」（ロマ12：3）

(2)　全てのキリスト者は愛をもって互いに仕えるべきである。「兄弟たち。あなたがたは、自由を与えられるために召されたのです。ただ、その自由を肉の働く機会としないで、愛をもって互いに仕えなさい。」（ガラ5：13）

(3)　全てのキリスト者はキリストを恐れ尊んで、互いに従い重んじるべきである。「兄弟愛をもって心から互いに愛し合い、尊敬をもって互いに人を自分よりまさっていると思いなさい。」（ロマ12：10）

要するに、教会の職務はいつもダイナミックなものなのである。これは様々な楽しみの中においても常に緊張を含めているということである。教会の一致は、終末論的なものとして主の声を聞く中でいつも新しく把握されるべきである。教会は寄留者である神の民として、常に新しい旅路においてキリストの統治に従い、従順になることが大切ある。

しかしキリストの統治は私たちが引きつけることができるものではない。むしろキリストの統治が、私たちをいつも新しく引きつけてその証人となさせるのである。教会がイエス・キリストの王的統治と自由とを認め、その方の教えを自由に伝え、その方に従う中で他人に仕えているであろうか。教会の職務の誠実さと有益さは、まさにこのような問いに正しく応答することによってのみ見分けられるのである。(13)

第22章　世界の中における教会の務め

教会は誰でも認識することができるものではない。なぜなら、教会は信じる者たちの共同体であって、ただ信仰によってのみ認識され、またそれは聖霊の働きによって生じるからである。そういった意味で教会は、「目に見えない教会（不可視的教会）」である。しかし、信仰は行いを通して示され、聖霊の働きは具体的な地上的・歴史的形態において示される。そのため教会は「目に見える教会（可視的教会）」でもある。したがって「不可視的教会」は、「可視的教会」と共に並んでいるものでもなく、そして分離されている超自然的な霊魂の国でもない。「不可視的教会」はまさに「可視的教会」の中にあり、その中で教会を示すのである。したがって私たちはキリスト論的仮現説と同様に教会論的仮現説も警戒すべきである。人間は「不可視的教会」に対する信仰の中で「可視的教会」という活動領域、もしくは闘争領域の中に入って行く。教会は歴史的実体として全ての人に見ることができる。[1]

教会は現実から隔たったユートピア的なものではなく、キリストを主と告白する兄弟姉妹の共同体である。[2]このような意味で、教会は世界の中心に置かれている。では教会と世界との関係はどのようなもので、世界の中で教会が担うべき務めは何であろうか。

1　世界より呼び集められた共同体

教会は世界より呼び集められた神の民である。新約聖書で教会の名称に用いられた「エクレシア（*ἐκκλησία*）」は、本来ギリシア社会において共同体の問題を扱うために指導者が呼び集めた市民たちの公の集いを意味した。しかし、新約聖書はこの言葉に神の選びと召しとの神学的意味を加えて、新しい信仰共同体に適用したのである。元来この言葉は、旧約聖書のヘブル語のカーハール（Qahal）のコイネー訳語で、七十人訳聖書（LXX）に由来した。「カーハール」は、祭儀、戦争、裁きのために召集されたイスラエルの民の集いを表す一般的な用語であった。特に、祭儀（礼拝）のための「カーハール」は、イスラエルの民の生活にとって決定的な意味を帯びた。祭儀の祝祭的な楽しみはイスラエルの著しい特徴であった。[3]

祭儀のために神の前に集まったイスラエルは、神の御言葉を聞く共同体であり、祈りと賛美と感謝と願いをもって応答する共同体であった。[4] イスラエルは神に仕えるために選ばれた祭司の国であり、異邦人から聖別された聖なる民であった。「あなたがたはわたしにとって祭司の王国、聖なる国民となる。これが、イスラエル人にあなたの語るべきことばである。」（出19：6）

新約聖書の教会は、旧約聖書の神の民とは違い、それ以上に同じ風習と律法と民族とに捕らわれている民ではなく、ユダヤ人と異邦人より呼び集められた全世界の神の民として登場した。そして教会は新しい契約によって古い契約を更新した新しい共同体となったのである。しかし、教会は旧約聖書における礼拝の基本要素は受け入れた。例えば、エルサレム教会は神を賛美し、使徒たちの教えを受け、共にパンを裂き、交わりをし祈りをしていた（使2：42―47）。教会は復活したイエス・キリストに呼ばれた終末論的な神の国の民であった。

そういった意味で、特にヨハネは世界を否定的な勢力、すなわちキリストと教会に抵抗する敵対的な勢力として度々描写する。教会はキリストに属するため世界から憎まれる。「もしあなたがたがこの世のものであったなら、世は自分のものを愛したでしょう。しかしあなたがたは世のものではなく、かえってわたしが世からあなたがたを選び出したので、それで世はあなたがたを憎むのです。」（ヨハ15：19）教会は世界において苦難があるが、キリストのように世界に勝つことができる（ヨハ16：33）。「神によって生まれた者はみな、世に勝つからです。私たちの信仰、これこそ、世に打ち勝った勝利です。」（Ⅰヨハ5：4）教会は世界を愛してはいけない。「世をも、世にあるものを

も、愛してはなりません。もしだれでも世を愛しているなら、その人のうちに御父を愛する愛はありません。」（Ⅰヨハ2：15）

2　世界のために存在する共同体

世界と教会とを非常に対立的な存在と見るヨハネも、究極的には世界を呪いと滅亡の観点から見ることをしない。なぜなら「神はそのひとり子をお与えになったほどに、世を愛された。それは御子を信じる者が、ひとりとして滅びることなく、永遠のいのちを持つ」（ヨハ3：16）ことを願われるからである。したがって、ヨハネ共同体は世界から全く決別もしなかったし、また共同体の聖さと救いのために荒涼とした砂漠か谷間に入って隠遁もしなかった。

世界と教会とを冷静に区分することとは、世界と教会の完全な分離を意味するのではなく、さらに世界を呪うことも世界から避けることも要求しない。もし、教会が世俗化を拒否するという名分をもって世界から離れようとするなら、これはもう一つの危険な教会の聖域化をもたらすであろう。[5]聖域化は世俗化に劣らず教会を過ちに陥れる致命的な誘惑であり危険でもある。教会は世界と区分されるべきだが、世界と分離することはできない。たとい教会が世界に敵対するとしても、このような行動は世界のためでなければならない。教会は世界のために存在する。「世界のための教会」は教会の存在意義、方向、目的を指示している。世界との分離と世界の中への参与とは一つの運動である。キリスト者になるというのは、本質的に特別な権利か排他的な権限を享受するという意味ではない。教会は自分のために存在しない。自分のための教会も究極的には、それと同時に他者のために存在するのである。(6)

教会は、ただ他者のために存在する時にのみ教会なのである。(7) 教会は現世の利益を追求したり、現世の幸せにのめり込んだりしてはいけないが、また現世から逃避したり現世に敵対したりしてもいけない。(8) 私たちは、教会が遣わされた世界に対して語ることをしなければ、教会に対しても語ることは出来ない。なぜなら神の民の選びとは、まさに他者のためのことであり、選ばれた民とは、世界のための神の計画を指すしるしにならなければならないからである。教会は世界の中において自分の姿を持つべきだが、あくまでも他者のためにそうしなければならない。(9) したがって、教会は地の塩、世の光、山の上にある町（マタ5：13―14）と呼ばれるのである。

3　世界のための教会の務め

世界の中において世界のために実践すべき教会の務めとは何なのか。ここで極めて包括的であるが重要な要素を三つだけ集中的に見てみよう。

(1) 祈り

今日、多くの形態の祈りが存在するが、大概祈りとは神と個人との間で密かに行われる。イエスも公で祈ることを反対しなかったが、奥まった部屋で密かに祈ることをより重要に思ったように見える（マタ6：6）。そして多くの場合、祈りは個人の問題から始まる。しかしイエスが模範として教えてくださった「主の祈り」はそうではなかった。主の祈りは個人の問題より先に、神が大切に思われる問題、すなわち神の御名があがめられ、神の国が来、神のみこころが地でも行われるよう願うことから始まる（マタ6：9―10）。そして主の祈りは「私」の問題ではなく、「私たち」の問題のために祈るべきことを教える。「私たちの日ごとの糧を今日もお与えください。私たちの負いめをお赦しください。私たちも、私たちに負いめのある人たちを赦しました。私たちを試みに会わせないで、悪からお救いください。」（マタ6：11―13）

このような点で、バルトが祈りを世界に向かう教会のダイナミックで能動的な行動と見たのは注目すべきである。[10] 私たちはよく「私」のために祈るが、それよりまず「私たち」のために祈るべきであり、そして「世界」のためにまず祈るべきである。なぜなら教会は世界を認識し、世界に対して連帯的で、世界に対して義務を負っているからである。[11]

教会は世界のために祈ることが大切である。教会は世界の人々が「ひとりも滅びることがなく、すべての者が悔い改めに至る」（Ⅱペテ3：9）ように祈ることが大切である。パウロは王と全ての高い地位にある人たちのために祈るよう勧めた。なぜなら、特に彼らが平和を保ち、信仰の自由を保障することが大切だからである（Ⅰテモ２：２）。特に、国家と国民とが大きな危機に直面する時、教会はみな心を合わせて祈ることが大切である。

世界の中で神の秩序が脅かされるか、もしくは人間の権利と生命とが侵害される時、そして貧しい弱者たちが苦しんでいる時、教会は彼らのために祈ることが大切である。教会は祭司の国として自分と自国民の苦しみだけではなく、世界と宇宙との苦しみを抱いて神の前にこれを代弁し訴えることが大切である。(12)

(2)　福音証言（宣教）

教会はイエスの大宣教命令の下にある。「あなたがたは行って、あらゆる国の人々を弟子としなさい。そして、父、子、聖霊の御名によってバプテスマを授け、また、わたしがあなたがたに命じておいたすべてのことを守るように、彼らを教えなさい」（マタ28：19―20）、「全世界に出て行き、すべての造られた者に、福音を宣べ伝えなさい」（マコ16：15）、「聖霊があなたがたの上に臨まれるとき、あなたがたは力を受けます。そして、エルサレム、ユダヤとサマリアの全土、および地の果てにまで、わたしの証人となります。」（使１：８）

教会の全ての奉仕（務め）は、教会の福音証言の中で総括的に要約される。教会の存在はこのような証言にかかわる奉仕と共に立ったり倒れたりする。[13] 宣教のための派遣は、キリスト者の存在と生活との根元である。教会は常に「宣教する教会」でなければならない。宣教の目的は神の栄光と人間の救いにあり、特定宗派の権力拡張や先進文化の拡散ではない。そして宣教とはただ言葉によってだけではなく行為によっても行われることが大切である。[14]

宣教の目的は解放である。神は人間を罪から解放することを願い、人間をご自分の栄光にあずからせることを願う。これはすべての人が罪を悔い改め、神に立ち返って神の民となること、そしてキリストにあって新しい被造物となることを意味する。しかし神の創造意志と救済意志とは相互分離して考えることができない。すなわち、救いは統合的・総合的に理解されることが大切である。救いはただ人間の霊魂だけを救うことではなく、人の全人的総体を救うことである。また、個人を救うことだけではなく人類を救うことであり、その上、さらに神が創造された世界を新しくすることも含まれる。宇宙自体は神を啓示し、神の普遍的な救済計画を共有する。救いは包括的、共同体的であり、宇宙的である。[15]

(3)　社会批判と社会奉仕

教会は奉仕活動と政治介入を通して、基本的な生活手段を剥奪された者たち、自ら権利を獲得できない者たちを代弁することが大切である。そして教会は人権を擁護することが大切である。[16] 教会は公の生活の中において、特に神の戒めが無視され神の意図が脅かされる時、声を出すことが大切である。このような教会の見張り人の役割とあらゆる生活領域におけるキリストの統治権についての宣言とは、世界に対して責任を担う教会の務めである。(17)

もし教会の批判的務め（役割）が確実に実践されなければ、教会は消費社会において適応することができない者たちへの宗教的欲求を満たす一介の存在に転落してしまうことだろう。教会は、宗教的な内面世界へと引き下がって、既に存在するものを無条件に擁護してはいけない。それは教会が、社会の支配体制の制度化への手段として利用されてしまうことになる。(18) もし教会が、社会的な悪の根に立ち向かうことを躊躇するなら、「口のきけない犬」となり、不義の支配勢力の手下か共犯者となってしまうであろう。(19)

しかし社会に対する徹底的な批判（預言者としての役割）は、社会から孤立するような結果となってはならない。教会は既存の政治的・社会的生活に真剣に関わることが大切であり、到来している神の国のために奉仕することが大切である。このような奉仕は、まさに社会のまことの福利を増進するという意味である。教会は宗教的な欲求を満足させるために存在する機構ではなく、神の国を先取りした存在であり、正義と平和と愛と人権を実現する機構となることが大切である。(20)

教会の全ての分野は奉仕の行動であるが、その奉仕のまことの意味とは、苦難に置かれた者たちを助けることである。したがって教会は、最も小さい者たちと連帯することが大切である。これは、和解、神の国、神と隣人に対する愛の宇宙的な特徴を具体的に表す行為と言える。[21] 教会はこのような行為を通して世界を変革していくことが大切である。教会は世界のための明らかな希望を持っているため、神の国に対する確かな信仰にあって未来に向かって進むことが大切である。[22]

第23章　終末信仰の根拠と準拠

1　終末信仰の重要性

今日私たちは人間の生活が、様々な歴史的出来事の成り立つ過程と絡み合っている様子を体験する。それは宿命のように避けることも変えることも出来ず人間を支配する勢いによって左右されていく様子は以前より深刻であるかのように見える。文明が進歩すればするほど、かえって人間は予期し得なかった大きな不幸に直面することとなり、物事を操ろうと努めても、意図と全く異なる結果を経験する場合も珍しくない。したがって、まさに現代人は歴史に関して非常に敏感になり、人間の歴史性に非常な関心を傾けることとなった。[1]

特にフランス革命以後、現代人の歴史意識は一般的に危機意識として現れる。従来の伝統的な手段によっては克服できない果てしなく新しい可能性は現代社会に危機意識を招いた。人間の生活を支えていた文化的・精神的な自明性と共通性は消えてしまった。フランス革命と共に、全ての歴史は人間世界の総体的な危機として意識された。そして歴史は限りない危機、もしくは止めることも制することもできない永続的な革命として経験された。これ以後、世界を宇宙論的・形而上学的に見通す観点に代わって現在を歴史哲学的に見通す観点が主流となったのである。(2)

特に、私たちの時代における不確実性、挫折感、不安感は歴史の終末に関する関心を広く引き起こし、その上、このような感情に乗じてあらゆる種類の宗教的・世俗的な終末論的運動が広まっている。20世紀の最後の年、すなわち二つ目の千年期を終える年を前にして世界中は終末信仰の熱気が極度に高まった。1999年に地球が滅亡するとしたノストラダムスの予言、2000年にイエスがエルサレムに再臨するとしたエルサレム症候群、新しい千年期にコンピュータシステムにおける誤作動の可能性があるとした「2000年問題」、そして世界中に起こっている地震、台風、旱魃《かんばつ》、洪水、火山噴火《ふんか》などのような自然災難は地球の終末に対する信仰をより広めたのである。これによって世界中に終末信仰に追従する集団が約1200か所も生じた。

「終末論」とは、伝統的に「終わりの出来事についての教え」と理解されてきた。そこで様々な教理問答書や神学書は、歴史の終わりに起きる出来事として扱うために常に最後の紙面を割いてきた。しかし終末論は、教義学の最後の部分に至ってついに関心を配るべき項目でも、また特定の時代の雰囲気に従って取り出すべき製品のようなものでもない。さらに終末論は人類の未来と終わりのことに関してただ暇な時に好奇心を見せるような思弁的な省察の対象でもない。

まことに終末論とは、初めから教会の宣教とキリスト者の実存と全ての教会の性格を形成した支配的なものであった。バルトによれば「全的に、真に、そして徹底的に、終末論的ではないキリスト教は全的に、真に、そして徹底的に、キリストとは何の関係もない。[3]」

そしてモルトマンによれば――、

「キリスト教は単に終末論という附録においてのみではなく、全てにおいて徹頭徹尾希望であり、前に向かっての展望であり前進である。終末論的なものは何かキリスト教に付随しているものではなく、全くキリスト教信仰の媒体であり、キリスト教信仰において一切が調律される原音であり、一切がその中に浸されるところの待望された新しい日の曙光の色なのである。それゆえ正しい神学において終末論はその終わりではなく、その初めでなければならないであろう。[4]」

2　終末信仰の根拠

それではイスラエルの民とキリスト者が、終末論を信じることとなった根本的な経験は何であろうか。そしてそのような経験を表す神学的な概念とは何であろうか。ここでは聖書的に最も重要な要素を三点取りあげる。

(1)　約束信仰

イスラエルの歴史は初めから希望の歴史であった。希望はイスラエルの民の個々人の未来に関して、復活か不滅の霊魂について語るずっと前から存在して来た。それは旧約聖書における約束信仰と共に始まったのである。遊牧民であったイスラエルの民は、農耕民のように種まきと収穫との円環においてではなく、季節によって移動しながら彼らと共に歩まれる神の約束において生きたのである。このように、神は単に現在の単なる繰り返しや確保ではなく、現在の出来事の未来の目標へと導く方として経験された。[5]

私たちは、まさにこの約束の信仰において終末論の最初の原動力を見出すことができる。約束はあらゆる経験と歴史とを超越する「未だない現実」を待望させ、またこのような希望の中で約束は継続再解釈されることだけではなく、時間が経つに従って未来的・終末論的特徴を帯びることになったのである。すなわち、神の約束の変わらない価値は、イスラエルの民をどんな歴史的現実に満足も失望もしないように、緊張と開放性を維持し、歴史的・終末論的な新しい未来の地平を開示したのである。[6]

そして預言者たちにおいて歴史的希望が終末論的希望と変わったのは、約束に対する「歴史的失望」の故ではなく、それまで知られていなかった新しい神の行動が始まったからである。それまでのイスラエルの救いの根拠が突然未来の神の出来事の中に移される時、ついに預言者的終末論が発信された。そこで約束の範囲は広まり、過去の更新と回復だけではなく新しい使信が告知された。(7)

(2)　神ヤハウェの王権の信仰

神ヤハウェを王と呼び、王として信じる伝承は、初めから終末論的な土壌で形成されたのではない。これは元来イスラエルの民が歴史的現実において経験した神の救済と創造に対する信仰において、形成されてきたものである。しかし、時間が経つにつれて、特にバビロン捕囚期の前後、ヤハウェへの王権の信仰は神の未来的行為に対する待望によって、次第に、より終末論的な方向をもつことになったのである。特に継続する苦難の経験の中で、イスラエルの民は神が悪の支配者たちを倒して普遍的統治を樹立する日を切望することになっていくのである。(8)

新約聖書において、「ヤハウェの王権」の信仰は、「神の国」の信仰によって受け継がれて新しく表現された。特にイエスの宣教において「神の国」は終末論的現実として非常に重要で決定的な比重を占めることになった。「ヨハネが捕らえられて後、イエスはガリラヤに行き、神の福音を宣べて言われた。時が満ち、神の国が近づいた。悔い改めて福音を信じなさい。」（マコ1：14−15）イエスは確かに神の国を、未来の終末論的実体として期待した古代イスラエルの伝統を受け継いだ。しかしイエスは、神の国をただ予告し示唆しただけではなく、ご自身の人格と活動において神の国が近づいて来たと宣べ伝え、様々な象徴的で具体的な行為（譬え話をも含む）を通して、その事実を明らかに示した。既に神の国は近づきつつあるので現在を決定的に変革する。神の国はイエスの言葉と行為を通して既に現在の中に突入して来たのである。(9)

(3)　復活信仰

キリスト教的終末論は、イエスの復活によって完全に新しい意味と展望を獲得することになった。こういうわけで、キリスト教的終末論はイエスの復活の現実から始まり、イエスの復活の現実を認識し、復活したその方の未来を宣べて言う。すなわち、キリスト教的終末論はイエス・キリストとその方の未来に関して語る。(10) キリスト教的終末論は復活事件の内的傾向性に関して問い、復活されて高く上げられた者から真に期待できると同時に当然期待すべきものに関して問う。それはキリストの使命に対して問い、彼を死者から甦らせた神の意図に関して問いかける。(11)

特に、終わりに起こると期待された「死者たちの復活」に対する信仰はイエスの復活によって強い根拠と動機を得ることになった。神はイエスの復活を通して死を完全に克服し、彼を信じる者にも復活の未来を開いたのである。したがって、キリスト者たちはイエスの死と復活に基づいて死者の復活を強く期待することになった。そしてイエスの復活に対する信仰は、イエスの昇天と再臨に対する信仰につながり、黙示文学的終末論においてこの終末信仰は非常にダイナミックで幻想的に表現されたのである。(12)

3　終末信仰の準拠

最も妥当で適切なキリスト教的終末論は何なのか。数多くの終末論と多様な異見の中から真のキリスト教的終末論を選り分けることができる尺度は何なのか。次のような三つの観点は正しいキリスト教的終末論を見分けることができる重要で決定的な準拠となるであろう。

(1)　キリスト教における終末は、流れ星のように歴史の中に落ちる突発的な希望として理解されてはいけない。しかし、人間が自ら造って行く歴史的な希望として理解されてもいけない。終末は徹底的に現実を変革して進む神が実現される、未来の力として把握されるべきである。したがって、終末信仰は私たちを現実から逃避させたり、現実に絶望させたり、現実に対して諦《あきら》めさせたりする「宗教的阿片」ではなく、現実に立ち向かってそれを変革させる「パン種」として作用する。

神はご自分を真実に信じて死んだ人々の霊魂を連れて行く彼岸の神ではなく、世界の中において世界の希望に満ちた未来を開いていく希望の神である。神は生命と義と真理とに溢れる新しい世界を約束し、その約束の成就を通して世界を常に新しくする。したがってキリスト教的終末論はキリスト教的希望論とならなければならない。アルベルト・シュヴァイツァー（Albert Schweitzer, 1875~1965）の言葉通り、歴史が終末論を呑みこむこともできないが、ルドルフ・ブルトマン（Rudolf Bultmann, 1884~1976）の言葉通り、終末論が歴史を呑みこむこともできない。むしろ終末論は歴史の動機・要因・動力・苦悩なのである。[13]

(2)

終末は人間の実存にかかわり、倫理的な衝撃を与える決断の性格を持っている。すなわち、終末は人間に倫理的な衝撃を与え、人間を究極的な未来の前で決断させるのである。イエスはご自分の時間を最後の決断の時間として宣べ伝えながら、ご自分に従う者たちに悔い改めと従順とを促した。イエスは神の国が到来する時間と歴史的状況を問う黙示文学的問いを、神の国の告知の実存的意味に集中させて黙示文学的世界像を克服したのである。

イエスの終末論的宣教は人間を神の前に立たせ、現在を神のための倫理的・実践的決断の時間とした。もちろん神の国の福音はただ倫理的特性だけを持つのではなかった。それはあるゆる宇宙的・黙示文学的象徴を完全に否定もしなかった。しかし神の国に対する希望は、倫理に対する受動的な生き方や歴史に対する幻滅と諦めを助長しなかった。近づく神の国は、それ自体がもたらす強い希望を通して、私たちを世界に妥協できないようにさせ、キリストに従う中でキリストの苦難に関わるようにさせる。[14]

(3)　終末論はキリスト中心に理解されるべきである。なぜなら神の国の未来と到来とは、イエスの十字架と復活によって新しく具体化されたからである。したがって、キリストを中心として終末論を説かないあらゆる終末論と歴史解釈は非聖書的であるだけではなく、まったく時代錯誤である。終末論は徹底的にキリストの未来に向かっている。[15]なぜならキリスト教の終末論は何よりも復活経験から生じているからである。それは本質的にナザレのイエスの人格と彼の復活事件とに結び付き、この人格とこの事件とに基づく未来に関して語っている。したがって、キリスト教の終末論は本質的に終末論的展望におけるキリスト論である。[16]「キリストは私たちの望みである。」（コロ1：27）

第24章　歴史の終末と完成

終末論は歴史の終わりに起こる出来事と、個人に迫って来る死後の出来事とにかかわる。歴史的終末と個人的終末とは相互分離できなく緊密につながっている。そのためこのような面においてほとんどの神学者は終末論を統合的に論じる。しかしここで私たちは方法論的に両者を区分して先ず歴史の終末と完成に関して見ていく。

1　終わりの時間

現代神学において最も熾烈に論争される問題は終末の「時間」についてである。この問題は終末の空間（この世とあの世）の問題と噛み合わさって現代神学の中心的な主題となった。ここでは現代

神学において提示された幾つかの重要な終末論の類型を分析して短く評価してみよう。(1)

(1) 実現された終末論

チャールズ・ドッド（Charles H. Dood, 1884~1973）は、終末がイエスの到来において完全に実現されたという独特な見解を提示した。彼は未来が本質的に新しいことをもたらせないと考え、近い未来につながるすべての本文を現在的成就の観点から解釈したのである。イエスの告知によれば、神の国は近づいているのではなく、イエスと共に既に到来したのである。イエスの譬えは審判の危機が現在であると教える。長い間の成長は終わり、決断の時間がすでに到来した。残っていることは収穫することである。イエスの活動の中で神の国が力強く臨んで神の支配と共に現存していた。それゆえ人間の決断と選択のみが残っているだけである。(2)

ドッドは神の国の未来を意味する本文を見過ごし、プラトン哲学の思考方式に従って未来にかかわる本文を時間と空間を越えた超越的・精神的世界を象徴するものとして理解した。(3) しかし、彼は後に一方的な終末論を主張するとした批判を受け入れ、自分の立場を変えて神の国の実際的な未来性を認めたのである。神の国は現在的経験であると同時に相変わらず希望として残っている。それにもかかわらず、神の国は歴史を超越して完成するのである。(4)

(2)　徹底的終末論

ヨハネス・ヴァイス（Johannes Weiß, 1868~1914）は、当代の観念的・内在的・倫理的な傾向に偏った神の国理解に立ち向かった黙示的・超越的な神の国の理解を強く主張した。彼は新約聖書における迫った終末を待望する信仰から出発し、イエスがご自分の時代が間もなく終わりに至ると信じたと主張した。すなわち、イエスは超世界的な神の国が迫って到来すると待望していたのである。そこでイエスの行動と発信には、世界内的な痕跡が全くないとした。[5] ヴァイスはイエスを黙示思想的熱狂主義者と描写したのである。そのようにして終末論という未知の地に勇ましく上陸したヴァイスは、すぐにそこから出て自由主義者たちのイエス理解に立ち帰ってしまったのである。[6]

アルベルト・シュヴァイツァー（Albert Schweitzer, 1875~1965）も、イエスを終末論的・黙示思想的な脚本を演ずる俳優と理解した。ご自分の生涯の間に終末が来ると待望したイエスは、終末の遅延に当たって、歴史という車輪の中につかまり、それを動かし、終末を早めようとした。しかし歴史の車輪は、イエスの意図とは違って、彼を打ち砕き、その車輪に彼の死体をかけたままさらに走り続けた。こういうわけでイエスは終末論をもたらす代わりに、むしろそれを破壊した。これはイエスが成した勝利であり統治である。[7]

シュヴァイツァーはイエスを、決して実現されることが出来ない黙示的幻想と、錯覚に陥って盲信的に自分の生を投げ捨てた狂信者と理解した。[8] 終末論の神学的・哲学的な意味を全く諦めた[9]彼は、仏教思想の核心である「同一のものの永遠回帰」思想と「生命への畏敬」思想に基づいて博愛の生を実践した。[10]

(3) 現在的・超越的終末論

初期のバルトによれば、終末は全ての時間の神秘、止揚、基礎、永遠と同じ意味を持つ。時間におけるあらゆる瞬間は永遠の価値を持つことができる。[11] 真の終末とは毎瞬間訪れると言える。終末は近くにある。それは昨日、今日、そして明日にも原則的に当てはまる。[12] 初期のバルトの思考は時間と永遠との弁証法によって動き、カントの超越的な終末論に影響を受けた。終わりは根源と同じ意味となり、終末は永遠による時間の超越的な限界の設定となった。これをもってバルトは超歴史的・超越的終末論を代弁する方へと傾いたのである。[13] しかし、後でバルトは終末論を徐々に修正し始め、ついにキリスト中心的・救済史的な終末論理解に引き返した。[14]

ブルトマンも毎瞬間の中で終末論的可能性を見ようとした。彼によれば、歴史の意味は常に現在の中にある。瞬間ごとに終末論的な瞬間となる可能性が存在する。人間は責任的な決断を通してこのような可能性を呼び起こすことができる。[15] 福音宣教を通して宣言された赦しはもう一つの終末論的事件である。ブルトマンはマルティン・ハイデッガー（Martin Heidegger, 1889~1976）の時間と歴史との概念に頼って未来の範疇を人間実存の範疇とみなした。[16] ここで終末論は歴史の目標という意味を完全に失い、個人の実存の目標と理解された。これによって信仰は、それ自体が既に終末であり、信じる者はもうそれ以上待つべきものがなくなることになる。[17]

パウル・ティリッヒ（Paul Tillich, 1886~1965）も終末論を永遠と時間との弁証法として理解した。私たちは現在に生きる。この現在は私たちのために一時的な今を設ける永遠の今である。[18] 過去と未来とは現在において出会う。私たちは今永遠の中に立っている。歴史の完成は永遠に現在的歴史の終わりに置かれている。歴史の終わりは時間が永遠に上昇するものである。[19] ここにおいても終末論の未来は適切に認められていない。未来に焦点を置かない終末論は信仰の希望を表すことはできないであろう。[20]

(4)　現在と未来を仲裁する終末論

聖書の教えに基づいた最も正しい終末論は、神の国の現在性と未来性との中において一方的に片方を主張するか廃棄するかではなく、両方のバランスを取るものであろう。両方の釣り合いを取ろうと試みる様々な理論の形式と内容は、学者によって少しずつ異なるが、時には重なることもある。ここでは代表的な学者を紹介してみよう。

オスカー・クルマン（Oscar Cullmann, 1902~1999）は自分の直線的救済史の観点に基づいて、キリスト中心的な歴史理解を提示した。クルマンは神の国の到来の現在性と未来性との理解において第二次世界大戦のD-dayとV-dayとの比喩を用いる。すなわち、イエスの死と復活との出来事は、戦いが開始され、まだ途中であるが、勝利は既に確保されているようなこと（D-day）を意味する。しかし最後の戦勝日（V-day）まで、まだ討ち払う戦いが残っているのと同様である。クルマンは、終末の「既に」と「まだない」との間の緊張関係を保ちながらも、現在的成就に強調点を置いたと言えるであろう。[21] しかし彼の歴史観は、絶えず続く量的時間に基づいており、聖書の本文をきちんと整理された幾何学的な構造に合わせようとしたと批判された。[22]

ヨアヒム・エレミアス（Joachim Jeremias, 1900~1979）も救いの現在性に重点を置きながらも、その未来性を見通さなかった。彼は自分の終末論を「実現されていく終末論」と呼んだ。[23] ヴェルナー・ゲオルク・キュンメル（Werner Georg Kümmel, 1905~1995）は、聖書における解き難く結合している神の国の現在性と未来性とを緊張関係の中に保存しようとした。[24]

ヴォルフハルト・パネンベルク（Wolfhart Pannenberg, 1928~2014）は、歴史を一つの内的統一性を持つ普遍的な歴史として把握し、この普遍史の地平の中において神の自己啓示は神の歴史行為を通して生じると主張した。完全な啓示は啓示の歴史の最初ではなく最後に現れる。完全な神認識は、歴史の終末に至ってついに可能となるのである。しかし歴史の終末は、ナザレのイエスにおいて先取りされて行った。したがって、人間はすでに先取りされた歴史の終末を生きているのである。[25]

モルトマンは旧約聖書における約束信仰に基づいて、イエスの復活とその未来が持つ「希望の終末論」を主張した。それは神の義、生命、新しい存在の全体性の中における神の国の約束を期待する。モルトマンはイエスの復活とその未来性を終末論の試金石としながら、エルンスト・ブロッホ（Ernst Bloch, 1885~1977）の哲学的概念、特に「究極的な新しさ（novum ultimum）」の概念をも神学的に活用した。(26)

2　終わりの出来事

神の国の成就に対するキリスト者の望みは、一方でユダヤ教の伝統に基づいているが、その一方でイエス・キリストによって変わった未来の出来事、すなわちキリストのパルシア、死者の復活、義の裁き、新しい天と新しい地を待望する。

(1)　パルシア

パルシア（再臨）は、旧約聖書の「ヤハウェの日」という期待の背景の上で理解できる。その時になると、神は歴史の中に入って来て世界を全く新しくするであろう。神は新しい天と新しい地とを創造し、被造物との完全な交わりを樹立するであろう。新約聖書において「ヤハウェの日」は「イエス・キリストの日」へと変わった。すなわち神のパルシアは、イエス・キリストのパルシアにおいて行われるということである。

ところが、パルシアとは先に出発した者が帰って来るまで、今は存在していないことのように誤解されやすいが、それは去って行った者が帰って来ることを意味するのではなく、切迫した到来を意味する。パルシアはまた現在とも言えるが、明日には消えてしまう現在ではなく、私たちが今日も明日も待機しなければならない現在である。それは私たちに向かって来ているものの現在、言わば到来してくる未来である。[27]

しかし、パルシアはただ過去の出来事の反復ではなく、すでに与えられているイエス・キリストの臨在に対する究極的な観察である。キリストはへりくだった姿の中ですでに来られ、今も隠れた姿（霊）でおられ、終わりの日に栄光の中で来られる。その日には彼は万物を新しくするであろう。[28]

(2)　死者の復活

古代教会においてイエス・キリストのパルシアに対する信仰は、死者たちの復活に対する信仰に分かち難く結び付いている。[29] 使徒信条の中の「かしこより来たりて（キリストが）生ける者と死にたる者とを裁きたまわん」という告白は、死者たちが将来甦《よみがえ》るという信仰を前提とする。もし死者たちが甦らないとすれば、再び来るイエス・キリストがどう彼らを裁けるであろうか。さらに古代教会は永遠の命に対する確信を復活の確信の上で堅く告白する。永遠の命は霊魂不滅、すなわち肉体から離れた霊魂の存続から自然に与えられるのではなく、死者の復活から奇跡的に与えられる。

キリストは死んで生き返り、死者と生者との主となった（ロマ14：9）。そしてイエスは「死者の初穂」（黙1：5）となった。それでパウロはイエスの復活に基づいて死者の復活を力強く期待する。キリストの再臨が日増しに遅れ、キリスト者たちが引き続き死んで行く現実の中でパウロは復活の希望を力強く宣べ伝える。すでに死んだ者たちは生きている者たちより決して不利ではない。主の来臨の時、キリストにあって死んだ者たちは生きている者たちより先に甦る。復活はイエスの運命、すなわちイエスの死と復活とによって全ての人の運命となるであろう。神は復活したイエスを通して死者たちを栄光のある復活に導くであろう。したがってキリスト者はこのような希望をもって互いに慰め合うべきである[30]（Ⅰテサ4：13―18）。

(3)　公正な裁き

キリストのパルシアは死者の復活にだけではなく、復活した者に対する最後の裁きにもつながる。すなわち、死者は神の永遠の裁きのために復活する。そのため使徒信条は「かしこより来たりて（キリストが）生ける者と死にたる者とを裁きたまわん」と告白するのである。

新約聖書において、このような普遍的な裁きと無関係に個人が死んだ後、直ちに神の裁きを受けるという明らかな証拠を見つけるのは難しい。このような象徴は教父時代から徐々に発展したものである。死を肉体と霊魂との分離として解釈し、死と最後の裁きとの間に一種の中間状態を設定し、死後の裁きという象徴はより強調されたのである。未信者の霊魂は、死後直ちに裁きを受け、信者の霊魂はキリストと共にいる（ピリ１：23）ことになる。死者の体は終わりの日に復活を通して起きて霊魂と再び結合する。その後、人間は全人として裁きを受けるのである。(31)

もし裁きの最終的な目的が、罪人と聖徒とに対する神の最後の清算作業だとすれば、裁きは確かに「終わりのこと」になるであろう。それとも、最後の裁きが神ご自身の新しい世界を永遠の義の上に立って、永遠の平和を創造し、全てにおいてご自身の義を示し貫き通すためであるなら、最後の裁きは神に期待できる「終わり以前のこと」となるであろう。したがって「終わりのこと」とは神の国とすべての新しい創造と言えるであろう。恐ろしい裁きによって終わりが来るということではなく、義がとどまる新しい創造の究極的な祝福が終わりであるということとなるのである。(32)

(4)　新しい天と新しい地

最後の裁きは神の最後の言葉ではない。なぜなら神の最後の言葉は新しい創造だからである。最後の裁きは暫定的なものであり、究極的なものは新しい創造である。神が時間の中で世界を創造されたのではなく、時間と共に世界を創造したなら、創造は一つの活動と方向の中にあることになる。すなわち、世界は閉ざされているのではなく、未来に向かって開かれているのである。(33)

世界は栄光の国、すなわち「新しい創造」に向かって進んでいる。聖書はこれを「新しい天と新しい地」と呼ぶ。新しい天は古い創造の回復、もしくは代わりを意味するのではなく、創造の完成と刷新を意味している。万物が新しく創造される時、時間に限られた生は永遠の生として変わり、歴史は永遠の神の国に変わり、時間的な創造は永遠の創造に変わるであろう。[34]

第25章　個人の終末と完成

死の中において何が起こるのか。死後にはどんなことが起こるのか。死は人間の破滅と終わりなのか。それとも死後も人間の生命は続くのか。死によって確かに消えて見えなくなる個人の終末と、死の向こう側にまで続く自我の連続性に対する人間の熱望との間にある葛藤と矛盾は、絶えず表れている。人類が地上に存在し始めてから、人間の最大の出来事である死とその後の生命の連続性に関する問いは絶えず提起され、今まで様々な答えが提示されている。しかし、死の境界線を越えて行った後に帰って来た人間はいない。したがって、死後において人間がどのように存在し続けるのかに関する、あらゆる理論は大体幻想的で神話的な傾向を帯びるしかない。

しかし、キリストの復活に対する信仰によって生じた新しい関心は、死後の問題に関する活発な議論を引き起こした。個人の終末と完成とに関するキリスト教の解答は果たして何なのか。ここでは今まで提示されて来た重要な見解を紹介してみよう。

1　霊魂不滅

霊魂不滅の象徴は、古代ギリシアのオルペウス教（Orphism, 神秘宗教）に由来し、紀元前6世紀以来ギリシアと小アジアに広まった。哲学的に、この象徴はピタゴラスとエンペドクレスとによって受容され、プラトンによって確かな形態として定着した。彼が宗教的伝統と思索的な体験をもって考えた霊魂不滅の根拠は次のようである。

(1)　霊魂は変わらないもの、すなわち善と真理と正義とのイデア（Idea）を認識できる精神的能力である。霊魂がこのようなものを認識可能なのは人間が生まれる前にイデアを見たからである。したがって先験的な霊魂の認識は、誕生以前の霊魂の先在に基づいている。

(2)　プラトンは霊魂が不変のものを認識できるため、それ自体も永遠だと述べた。なぜなら、古代の認識論は同じものはただ同じものによって認識されることができるとみなしたからである。

(3)　霊魂不滅の最も決定的な理由は、霊魂が生命の原理と考えていたことによる。霊魂の概念は、必須的に生命の概念を含めているため霊魂を持ったまま死ぬ存在はない。霊魂は死を通して肉体という監獄から解放され本来の状態に帰って行くのである(1)。

古代教会は霊魂不滅に基づいた二元論的人間理解が、人間の歴史と身体との価値を引き下げることを認めることができなかった。使徒信条の告白のように、古代教会が永遠の命を確信したのは、まさに体の復活のためであった。永遠の命の根拠は、霊魂不滅ではなく死者の復活であった。しかし時間が経つにつれて、古代教会は死と復活との間における人間の運命を解明するのに適切な霊魂不滅論をも受け入れることになった。しかし古代教会はギリシアの霊魂不滅論を修正して受け入れたのである。それゆえ霊魂不滅は人間の生まれつきの属性ではなく、神の恵みとして理解され、死後の霊魂の状態がプラトンの見解とは違い、一種の待機の状態やほんの少しの幸福な状態として理解された。

しかしプラトンの思想が教会の中に影響を及ぼし始めてから、次第に多くのキリスト者は死後に完全な幸福な状態に入って行くと信じることになった。そして体の復活に対する望みが弱まれば弱まるほど、体と分離された霊魂を完全な祝福の状態とみなす見解が次第に優勢となったのである(2)。

トマス・アクィナスは、アリストテレスの哲学を通してプラトンの二元論を修正した。体は質料として霊魂の自己表現であり、霊魂は形相《けいそう》を与える体の起源である。そして、この二つの一致の中においてのみ人間は存在する。しかし、死の中において体は崩れるが霊魂は崩れることなく、復活まで不自然な生存を保つ。体が復活する時、ついに人間は完成されるのである。

それにもかかわらず、アクィナスは解き難い課題を残した。体と霊魂とは必然的に互いにつながっているが、死の中において体は消え、霊魂だけが不滅であるとする考えは、相変わらずプラトンの二元論が強い影響を及ぼしているというのである。そして死後の霊魂の状態を非常に幸せな状態として理解することによって、霊魂の完成をより強く熱望する結果をもたらした。[3]

古代教会に至大な影響を及ぼした霊魂不滅論は、今日まで変わった形をもって続いてきた。例えばカール・ラーナー（Karl Rahner, 1904~1984）は、霊魂と肉体との分離を信仰の真理として受け入れた。彼によると、霊魂は死後に世界の外に遠く離れるのではなく、世界全体とより親密な関係を結ぶ。しかし、死の中において霊魂は肉体と分離される。そして死は個人の終末であると同時に完成となる。[4] 彼はプラトンとは違い、生命が宇宙的状態に移していくと言うが、相変わらずプラトンの二元論から完全に脱け出すことはできなかったようである。[5]

2　中間状態に関する多様な象徴

旧約聖書における死の理解は非常に多様であり、時には互いに矛盾したりすることもある。それゆえ、旧約聖書において死に関する一貫した理解を見つけるのは難しい。最も古い証言によると、イスラエルの民は神との生き生きとした交わりの中で死をあまり深刻な問題と思わなかった様に見える。神との交わりの中で生きる真実な生は、神の御心に委ねる従順な生であった。したがって、死も神の御心として受け取られた。若い時に、もしくは異郷で迎える死でないのなら、死は神との交わりの中で、長く生きた結果として自然であり、逆らうことのできない終末とみなされた。そして死は「すべての日常の果てしなさ」、「先祖たちの傍らで休むこと」、「穀物が実って打ち場に到達すること」などの表現のように、自然な状態に入っていくこととして描写されていたのである。

しかし時間が経つにつれ、死は悲痛で空しく鬱々として描写され始めた。そこでは、人生は暫く過ぎ去ってしまう影、朝露、野草、流れる川の水のような儚いものと表され始めた。[6]そして、後期に至って周りの世界から「シェオル、*Sheol*」（地下の世界、黄泉、陰府）の象徴がイスラエルの中に入ってきた。[7]人間は死後に低く暗い所、地下の世界にくだる。人間が地上でどのように生きたとしても、またどのように死んだとしても、すべての人間は神との交わりがない暗く虚しい実存を営むのである。

死者はもうこれ以上神をほめたたえることができない。神も死者をもうこれ以上思わない。死者は神の力から離れて忘却の地で生きていく。シェオルにとどまることは、地上の悲痛な生よりも哀れである。シェオルにいる人間の運命は獣の運命と違わない。すべてのものは塵から出て、また塵に帰る。

確かに、このような考えはヘレニズム的な霊魂不滅論と徹底的に対立する。なぜなら全ての人間が交わりの断絶の中で死ぬからである。しかし知恵文学において、シェオルの象徴はヘレニズム的な霊魂の象徴と結び付くことになった。ここで死後の霊魂も神の栄光の中で続いて生きていくという確信が表れている。しかし正しい者たちが死後にも神との交わりを続けて享受するという確信は、ヘレニズム的な霊魂の象徴に全的に頼っているのではない。(8)

バビロン捕囚期以後から死を克服する希望に対する問いが提起され始めた。もし生というものが神との交わりを意味するなら、そして神が生と死との主であるなら、神との交わりが死によってなぜ切られなければならないのか。なぜ神は死者たちを顧みられず、彼らは神をもうこれ以上ほめたたえることができないのか。かくして死が自然だという考えは次第に問題の種となった。なぜなら死の自然性は神に対する信仰と矛盾するからである。もし神が全世界の主と創造者であるなら、神との交わりと神の契約とに対する忠実さは死より強いものではないのか。

その結果、次のような確信が生じた。神は正しい者の命をシェオルに見捨て置かず、また神を敬い慕う者の体を腐って消えるように見捨てておかれない。神は人間を栄光の中に受け入れ、彼らと相伴う。こういうわけで、永遠の命に対する希望は霊魂不滅の象徴から生じたのではなく、神の生命力に対する信仰から生じたのであろう。このような脈絡から見ると、「ヤハウェの王権の信仰」も新しい次元を獲得することになった。全ての国民がヤハウェの支配下にあるように、死者たちもヤハウェを礼拝するであろう。ヤハウェの支配とヤハウェの国には、死や地下世界のような境界線は

ない。万軍の主がシオンの山で全ての民のために祝宴を設ける時、永久に死は滅ぼされるであろう。(9)

生と死との主として神を経験することによって、ついにイスラエルは死者の復活を通して死を超える希望を持ち始めた。実にイスラエルは、死者崇拝とヤハウェの唯一性の歪曲とを防ぐために長い間不滅と復活との象徴に立ち向かってきた。イスラエルは周りの世界（特にペルシア）の復活信仰についてすでに知っており、カナンの土着の宗教における多産と豊穣とにかかわる信仰からも自然の蘇生の表象を受容したように見える。しかしイスラエルは、死者を呼び出して拝む行為を防ぐために、不滅論を諦めて長い間死を秘密のように沈黙の中に置いた。

それにもかかわらず、神義論（Theodicy）の問題は復活信仰をもたらすことになった。善なる神がどうして死んだ義人との交わりを一度に断つことができるであろうか。神との交わりは死より強いのではないのか。それゆえ神の律法に忠実であったとしても殺された義人は甦るであろう。しかし、このような希望は体と霊魂との再結合としてではなく、シェオルの中の存在を再び引き起こすこと、すなわち全人としての人間を新しく創造することと思われた。新しい創造は胎児の誕生に似ている。

ところが殉教者たちの復活が遅れることによって、復活の日まで彼らがとどまっている場所に関する多様な象徴が生じた。例えば、シェオルは西の方、すなわち日が沈む所にある。そこには四つの洞窟を持つ山がある。罪人たちは暗い部屋に入り、義人たちは明るい部屋に住む。ラビたちは人間は死後に裁きを受けた後、各々二つの場所、すなわち「パラダイス（楽園）」と「ゲヘナ（Gehenna, 呪いの場所）」のうち一つに行くと考えたのである。[10]

新約聖書において、死んだ信者たちの霊魂が神の御座、もしくは祭壇の下に待機している、そしてアブラハムの懐に安らうという表現が出てくる。このような本文に基づいて、カルヴァンはアナバプテスト（再洗礼派）が主張した「霊魂の眠り」理論を反駁した。彼は、本質的に不死的な人間の霊魂は死滅もせず、眠りもせず、復活の期待の中で天の平和を享受していると主張した。一方、彼はプラトンのように、死を霊魂が肉体の監獄から解放される出来事として理解した。[11] その一方、それは相変わらず不完全な状態と描写されている。しかし、救われた霊魂は死において永遠の平和に到達する。霊魂は良心の平和の中で恍惚とした喜びを楽しむ。死の中で霊魂は暫定的に完全な状態に至るのである。[12]

カルヴァンとは違い、クルマンは霊魂の中間状態はまだ不完全で裸になった状態であり、眠る状態だとした。クルマンは霊魂不滅論を拒み、イエス・キリストの復活に基づく不滅を支えた。彼はプラトン以来、教会の中に浸透して入った霊魂不滅論がもたらした誤解を解くため、ソクラテスとイエスとの死を迎えた態度を比べた。ソクラテスにとって肉体は単に霊魂の衣に過ぎないもので、霊魂は肉体の監獄から抜け出すことによって永遠の世界へと解放されるとした。死は偉大な解放者のようであり、死は霊魂が故郷に回帰する出来事である。したがって、肉体の死滅と共に霊魂が死滅するのではない。それでソクラテスは死を恐れず淡々と死んでいった。しかし、イエスは徹頭徹尾人間であったため、死の恐怖に襲われた。彼は死に対して苦しみ、死を避けることを願った。死ぬ前の日の夜には一人でいるのを恐れ、弟子たちがご自身と一緒に目をさましているのを求めるほど弱っていた。彼は死を目の当たりにし泣き叫び、そして死んだ。したがって、ここにヘレニズム的二元論が立ち入る余地はない。人間は霊魂不滅によって永遠の命を享受するのではなく、復活を通して新しい創造の奇跡によって生命を受けるのである。

それにもかかわらず、死と復活との間の中間状態を表す多様な隠喩（ルカ16：22、23：43、ピリ1：23、Ⅱコリ5：1―10、黙6：9）に基づいてクルマンは、キリストにあって死んだ者たちは完全に死なないと言う。彼らは眠る状態でキリストと共におり、すでに復活に与っている。この点から、クルマンはヘレニズム思想に似ている概念を用いた。ヨハネの福音書（3：36、4：14、6：54など）において、「霊魂不滅」に類似している内容を見つけることができるとした。しかし死者たちはパウロが語ったように裸になった状態で体の復活を待っているのである。[13]

3　復活を通しての新しい創造

現代プロテスタント神学、特に「弁証法神学」は、霊魂不滅論に対して強い異議を提起した。霊魂不滅論は死者を甦らせる神の恵みに抵抗する罪人の驕慢《きょうまん》（おごりたかぶること）を表す。そして霊魂において不滅の享受を期待し、死までも越えようとする人間の絶対的な自己主張と自己能力への意志を表す。もちろん、このような批判が必ず当たっているとは言えない。教父たちが主張した霊魂不滅は神が創造を通して与えた贈り物であった。しかし、啓蒙主義の哲学とドイツ観念論に立ち向かった弁証法神学はそれなりに正当性を持っていた。なぜなら多くの者が霊魂不滅を人間の道徳性、また倫理的行動の究極的な成就と完成との前提ないし要請としてみなしたからである。(14)

バルトは、死後人間の霊魂があたかも墓の上を飛び交う蝶のように、続けて生き残ることができるという考えを異教的だとみなした。(15) 各々の人間は全く死ぬ。死後はどんなものも残らない。神は死者の復活において新しい被造物を創造する。被造物のアイデンティティーが保たれるのは全的に被造物に対する神の誠実さによる。(16) 終末論の中心は不滅の霊魂の幸せにではなく、死者の復活に置かれたのである。

ティリッヒも死後生命が存続するという通俗的プラトン主義を拒んだ。なぜなら永遠の命は、人間の霊魂の自然的特質ではないからである。新しい存在が第二の存在ではなく古いものの変容であるように、復活も古い現実に対立した第二の現実の創造ではない。それは古いもの、変容であり、古いものの死から起こる復活なのである。(17)

エーバーハルト・ユンゲル（Eberhard Jüngel, 1934~）によると、聖書における死の理解は二つの次元を持つ。まず、それは死の本質に関する確証である。死は生の諸関係を全的に打ち破る関係喪失の出来事として、人生の終末、霊魂と体の終末、全人としての終末である。まさにそのような点において、死は人間の有限性の表現なのである。人間が死ぬと、それ自身から脱け出して継続存在するのではなく、すべてがなくなる。聖書における死の理解が持つもう一つの次元は、贈り物の次元である。すなわち、人間の死に関わる神は死を征服する。信仰はこの贈り物を認め受け入れる。それで信仰は希望として表れると同時に義務としても与えられる。希望と義務とは、イエス・キリストの死に基づいている。「死の死」として理解されるキリストの死によって死は殺されたのである。イエスの死の中で死は力を失った。キリストの死は死を呑み込んだ。死者の復活は死を軽蔑する。[18]

4　死の中における復活

最近カトリック教会の神学者たちは霊魂不滅と体の復活との関係を新しく解釈しようと試みている。新しい解釈の基本観点は、「死の中における復活」と要約することができるだろう。人間が体を持つ人格主体である限り、人間はただ一つ、すなわちイエスの復活にあずかることを望む。体から離れた不死の霊魂の祝福ではなく、死を征服したキリストとの全人的交わりが希望の目的である。これをもって二元論的終末論は排撃される。しかし、ここで霊魂不滅と体の復活とは対立的であるとみなされるよりは同一であるとみなされる。すなわち、死者の復活は死の中で完成されるという希望と同一視される。[19]

ギスベルト・グレスハケ（Gisbert Greshake, 1933〜）によると、死の中において霊魂は肉体から分離されて神に渡っていくのではなく、また世の終わりに肉体が霊魂の後について復活することもない。キリスト者は死の中における復活を望む。肉体の復活は、身体もしくは死体の復活を意味するのではない。肉体の復活とは、全人が死の中において神から具体的な世界と共に新しい未来が与えられることを意味する。私たちは、このような未来を想像できず、死を超越する未来がどのようなものかを知らず、また知る必要もない。しかし、復活は個人的な出来事ではなく、普遍的な過程の中に置かれている。ある意味で人格を持つ肉体自体がまさに世界自体であるから、人格を持つ肉体の死を通して、まさにこの世界が完成の状態に向かって徐々に成長するのである。この過程には個人と共同体と歴史との完成が互いに混じっている。復活は全体の実在が愛に充ち満ちた状態に至る過程なのである。[20]

ゲルハルト・ローフィンク（Gerhard Lohfink, 1934〜）も、すべての人間が死の中で裁きと復活とを経験すると言う。人間は死の中で自己自身の終末だけではなく、同時に世界とすべての歴史の終末を経験する。死後直ちに人間は時間を超越し、すべての歴史の時間は同時的になる。そして人間は死後直ちに終末を迎える一瞬のうちにある。ローフィンクは自分の見解を支える重要な根拠として、弁証法神学における垂直的な終末論を挙げる。それによれば死者の復活と普遍的終末とは、長い水平的な時間の最後に起こるのではなく、個人の死において垂直的に起こる。永遠は時間の終わりにあるものではなく、時間の限界を設けるものである。永遠はすべての時間の上にあり、すべての時間を支える究極的な現実としてすべての時間を超越している。各々の個人の死の時点は相互遠く離れているが、死者たちの復活は同時に起こる。なぜなら永遠において時間的間隔は全く存在しないからである。(21)

注

第1章　組織神学とは何か

1. Daniel L. Migliore, 申 玉秀・白 忠賢訳『キリスト教組織神学概論（原題：*Faith Seeking Understanding : An Introduction to Christian Theology*)』セムルキョルプラス、二〇一二年、三九頁。
2. Karl Barth, *Kirchliche Dogmatik (KD)* I /1 (Zollikon-Zürich: Evangelischer Verlag AG, 1955), p. 10.
3. Otto Weber, *Grundlage der Dogmatik* I (Neukirchen-Vluyn: Neukirchener Verlag, 1983), p. 48.
4. Emil Brunner, *Dogmatik* I (Zürich: Theologischer Verlag, 1972), p.101.
5. Alexandre Ganoczy, *Einführung in die Dogmatik* (Darmstadt: Wissenschaftliche Buchgesellschaft, 1983), p. 17.
6. Ibid., pp. 18ff.
7. 金 均鎮『キリスト教組織神学』延世大學校出版部、一九八四年、七五頁以下。
8. Emil Brunner, op. cit., p. 17ff.
9. Horst G. Pöhlmann、李 信建訳『教義学（原題：*Abriss der Dogmatik*)』信仰と知性社、二〇一二年、三五頁以下。
10. Daniel L. Migliore、申 玉秀・白 忠賢訳『キリスト教組織神学概論』、三九頁以下。
11. Alexandre Ganoczy, *op. cit.*, p. 57.
12. Bernhard Lohse、具 永哲訳『キリスト教教理史（原題：*Epochen der Dogmengeschichte*)』コンコルディア社、一九八八年、三五頁以下。
13. 米国の物理学者兼科学哲学者であるトーマス・クーンによると、パラダイムとは、物事を見る方式、問題の認識と解法に関する特定の時代における科学者集団が共有する理解の体系を意味する。自然科学の発展は、新しい仮説と理論との検証を通してでも、また単純な誤謬の立証を通してでも生じるものではない。新しい仮説と理論とは、今まで用いられた説明モデル、もしくは模型が非常に複雑で時間がかかる過程を経て新しいものとして代わることによって生じるのである。Thomas Kuhn, 金 明子訳『科学革命の構造』東亜出版社、一九九二年。を参考。

14. Hans Küng, 李 宗漢訳『キリスト教：本質と歴史（原題：*Das Christentum : Wesen und Geschichte*)』ブンド出版社、二〇〇二年、一一〇頁以下。

15. 同書、一六七項以下、二三四頁以下。

16. 同書、三六六頁以下。

17. 同書、六六七頁以下。

18. 同書、八三二頁以下。

19. 同書、九三四頁以下。

第2章　信仰とは何か

1. ルターによれば、すべての人は神の力の中に置かれているか、サタンの力の中に置かれている。中立地帯ということはない。人間の意志はあたかも馬のように、神がその上に乗ると神の御心に適う所に走り、サタンがその上に乗るとサタンの願う所に走る。ルターは自分の論文「奴隷意志論（*De servo arbitrio*）」でエラスムスの理論に対する反論としてそう主張した。人間の自由な意志は、ただ全能なる神の活動にかかっている。Paul Althaus, *Die Theologie Martin Luthers* (Gütersloh: Gerd Mohn, 1983), pp. 99, 144ff.

2. Paul Tillich、李 桂俊訳『究極的関心：ティリッヒとの対話（原題：*Ultimate Concern：Tillich in Dialogue*）』大韓基督教書会、一九七一年、二〇頁以下。

3. Paul Tillich, 崔 圭澤訳『信仰の力動性（原題：*Dynamics of Faith*）』グルトギハウス、二〇〇五年、31頁、35頁。

4. セーレン・オービエ・キュルケゴール（Søren Aabye Kierkegaard）は、信仰を「虚空への跳躍（Sprung ins Leere）」と定義した。信仰とは客観的不確実性を堅く掴むことである。これによって、彼は、信仰が冒険と決断との性格を持つ実存的行為であると強調した。初期のバルトも『ローマ書(*Der Romerbrief*, 一九二一年)』において、神の啓示の代わりに、人間と人間の信仰、人間の敬虔、人間の宗教、人間の文化、人間の精神、人間の感情を中心に置いた当時の神学を批判するためこのような表現を用いた。彼によれば、信仰とは深淵への飛躍と虚空への飛躍のようなものである。

5. Paul Tillich, 崔 圭澤訳『信仰の力動性』、三七頁以下。ティリッヒによれば、信仰は人格の中心部に受け入れられる行為であり、恍惚（Ecstasy）の状態である。このような信仰の性質は、理性の性質とは違いながらも、それを排除しない。信仰の恍惚境の中に、真理認識と倫理的価値認識がある。同書、三八頁。

6. 旧約聖書において信仰を表すために用いられたヘブル語の単語である「*emeth*」の語源（*aman*）は、「揺るぎない」、「安全だ」、「信頼できる」などのような意味を持つ。したがってまさに信仰は、真実、持続、根気、確信、信頼などの意味を持つことになった。G. Johannes Botterweck, Helmer Ringgren, Heinz-Josef Fabry (Hrsg.), *Theologisches Worterbuch zum Altes Testament* (*ThW zum AT*), Bd. 1(Stuttgart: Kohlhammer Verlag, 1973), pp. 178ff.

7. 「知る」という言葉が、マタイの福音書では八回、ルカの福音書と使徒の働きとでは十八回用いられる。

しかしヨハネの福音書では三十一回、パウロの書簡では五十三回も用いられる。
8. Martin Buber, 金 天培訳『我と汝（原題：*Ich und Du*）』大韓基督教書会、一九五八年、七五頁以下。
9. Heinrich Ott, 金 光植訳『生ける神』大韓基督教書会、一九七三年、六九頁以下。
10. この問題については本書の第七章を参考せよ。
11. Martin Buber, *Der Glaube der Propheten* (Zürich: Manesse, 1950), pp. 56ff, 66.
12. クラウス・ヴェスターマンによれば、旧約聖書における神はご自分の民の歴史と共に連帯する方であり、それで歴史的な変化と偶然にご自身を従属させる方である。Claus Westermann, *Theologie des Alten Testaments in Grundzügen* (Göttingen: Vandenhoeck & Ruprecht, 1978), pp. 7ff.
13. これに関しては次の拙著を参考せよ。李 信建『イエスの正体と意味』信仰と知性社、二〇一三年、一七九頁以下。
14. Robert Musil, *Der Mann ohne Eigenschaften* (Hamburg: Rowohlt Verlag, 1970), p. 755.
15. Paul Althaus, *op. cit.*, p. 61.
16. Paul Tillich, 崔圭澤訳『信仰の力動性』、五七頁以下。
17. シーシュポス（Sisyphos）は古代ギリシア神話に登場する人物で、アルベール・カミュ（Albert Camus）のエッセイ『シーシュポスの神話』に再び登場する。ヘレニズム時代のギリシアのコリントス王国では、彼を伝説的な始祖と崇めた。伝説によれば、シーシュポスは悪賢さでよく知られ、貪欲でよく相手を欺いた。彼はタルタロス（黄泉）で巨大な岩を山頂まで運び上げるという刑罰を受けた。しかし、彼が山頂にその岩を運び終えた瞬間、岩は転がり落ちてしまう。同じ動作を何度も繰り返しても結果は同じだった。彼がこのような刑罰を受けた正確な理由は明らかではない。ある人は、彼が神々の秘密を人間に知らせたための刑罰と言い、また他の人は彼が旅人たちを殺したための刑罰だと言った。

18. Jürgen Moltmann, 李信建訳『希望の神学』大韓基督教書会、二〇〇二年、二一二頁以下。

19. Heinrich Ott, 金 光植訳『生ける神（Gott）』、七八頁以下。

20. Augustine, *Confessions and Enchiridion*, Albert Cook Outler (Trans. & Ed.) (Philadelphia: Westerminster, 1955), p. 338.

第3章　信仰・知識・イデオロギー

1. Jean Calvin, 金 種洽ほか三人訳『基督教綱要　中』センミョンウマルスム社、一九八八年、三六頁以下。

2. Karl Barth, *KD*, IV/1, pp. 831ff.

3. 信仰と理性との関係に対する見解は、歴史上四つの形で表れる。①信仰と理性とは、両者とも確実な根拠を持つが、互いの間にはどんな関連性もない。②理性は信仰に従属する。③信仰は理性に従属する。④理性と信仰とは相互補完する。Westlake Taylor Purkiser, 金 龍蓮訳『基督教信仰の探求（原題：*Exploring our Christian Faith*）』図書出版ナサレット、一九九二年、二九頁以下。

4. Blaise Pascal, 申 相楚訳『パンセ』乙酉文化社、一九七二年、二六七頁以下。

5. Paul Tillich, 崔 圭澤訳『信仰の力動性』クルトギハウス、二〇〇五年、一三三頁以下。

6. ホルスト・G・ペールマンは、ゲルハルト・フォン・ラート（Gerhard von Rad）の知恵理解に基づいて、知恵は知っている信仰であり、信じている知識であると主張する。Horst G. Pöhlmann, 李 信建訳『教義学（原題：*Abriss der Dogmatik*）』信仰と知性社、二〇一二年、一一〇頁以下。

7. 全ての推論には信仰が伴い、全ての信仰には推論が伴う。推論とは、予て受け入れられた、他の命題に関する真理に基づいて演繹的に、あるいは多様な特定の事実に関する観察に基づいて帰納的に、結論を見出すことを意味する。出発点となる前提に関する実質的な真理性に対する信仰、自然の一体性に対する信仰、そして推論自体の有効性に対する信仰などは、理性それ自体の存続のためには不可欠なものである。Westlake Taylor Purkiser, 金 龍蓮訳『基督教信仰の探求』、三〇頁以下。

8．John Plamenatz, 陳 徳奎訳『イデオロギーとは何か』カッチ、一九八六年、三一頁以下。カール・マンハイム（Karl Mannheim）は、イデオロギーを部分概念と全体概念とに分けて説明した。前者は、相手の特徴的な理念と表象とを偽りと疑う時に用いられる心理的意味を持ち、後者はある時代におけるある歴史的・社会的な特定の団体の全体的意識構造の特性や相手の全体的世界観を表す時に用いられる静的な意味を持つ。Karl Mannheim, 黄 誠模訳『イデオロギーとユートピア』三星出版社、一九八五年、三三三頁以下。

9．John Plamenatz, 陳 徳奎訳『イデオロギーとは何か』、一四〇頁。

10．今日、政治イデオロギーと批判的に対話する神学は、政治神学、解放の神学、女性神学などが挙げられる。政治神学の代表者であるモルトマンは、教会の政治的中立性が不可能であることを次のように力説する。「政治に無関心な神学はあるが、根本的に非政治的な神学はない。確かに、著しい非政治的な神学は常に沈黙を通して、特に保守的な政治運動と共に堅く結び付く。したがって、非政治的で政治を超越する中立地帯に隠遁する教会であればあるほど、実により政治化した教会である。」Jürgen Moltmann, 趙星魯訳『政治神学・政治倫理』シムジ、一九八五年、四八頁。宗教社会学によれば、宗教は社会によってつくり出され、その基礎が据えられ、制限を受け、方向づけられ、構造化される。宗教は既存の現実に対して保守（統合）的、あるいは革新的な機能を発揮する。宗教制度が社会的実在を形成する様々な力は、宗教の歴史、伝統、教義、組織、地位、社会構成、信徒大衆、資源である。一定の歴史的・社会的状況において、宗教体系は維持、適応、改革と、それとも退歩、窒息、衰え、分裂とも表れることができる。Otto Maduro, 姜仁哲訳『社会的葛藤と宗教』韓国神学研究所、一九八八年。を参考。

第4章　信仰と希望と愛

1. Martin Luther, *Galater*, Weimarer Ausgabe (WA) 40. I. Bd. 2, p. 273.
2. Jean Calvin, 金 種洽ほか三人訳『基督教綱要 中』センミョンウマルスム社、一九八八年、七五頁以下。
3. Dietrich Bonhoeffer、李 信建訳『ディートリヒ・ボンヘッファーの黙想52週』信仰と知性社、二〇一〇年、二五六頁。
4. Jürgen Moltmann, 李信建訳『希望の神学』大韓基督教書会、二〇〇二年、二七頁。
5. Jürgen Moltmann, 李 信建訳『生命の泉』大韓基督教書会、二〇〇〇年、一三八頁。
6. 同書、二四三頁以下。
7. Dietrich Bonhoeffer, 李 信建訳『わたしについて来なさい』信仰と知性社、二〇一三年、四五頁以下。
8. この表現は、ルター派教会の中における教理論争を解決するために一致して最後に出された「和協信条(*Konkordienformel*)」(一五七七年)に記されている。
9. Dietrich Bonhoeffer, 李 信建訳『ディートリヒ・ボンヘッファーの黙想52週』、二四六頁以下。
10. 「神は愛である」という聖句の意味を究明している書物としては次の本を参考せよ。Geddes MacGregor, 金華永訳『愛の神学(原題：*He Who Lets Us Be : A New Theology of Love*)』大韓基督教書会、二〇一一年。ゲデス・マッグレガーによれば、神の愛は自らを空にし、制限する愛である。そのような点で神の愛は苦難を受けることができる。神は愛の苦難を通して被造物に実存を付与し、創造に内在しているあらゆる苦難をも共に与える。

11. Dietrich Bonhoeffer, 李 信建訳『ディートリヒ・ボンヘッファーの黙想52週』、二五七頁以下。

第5章　神は誰であるか

1. ニーチェ（一八四四年～一九〇〇年）は、かつてアルトゥル・ショーペンハウアー（Arthur Schopenhauer, 一七八八年～一八六〇年）に心酔して大きい影響を受けた。彼は、生を巡る歓喜と厭世、そして肯定と否定とを芸術的な形而上学の次元に築き上げた。処女作『悲劇の誕生』（一八七二年）を起点とし、『反時代的考察』（一八七六年）、『人間的な、あまりにも人間的な』（一八七八年）などを通し、過去の理想をすべて偶像と見なし、新しい価値転換を試みた。『ツァラトゥストラはこう語った』（一八八五年）は、彼が四十歳前後に書いた作品で、永遠回帰の思想に基づいて超人の理想を描写した哲学的叙事詩である。ここで彼は神の死を語り、永遠回帰を通して生を肯定し、すべての苦悩や死を超克した超人の理想を主張した。

2. 朴 鳳琅『基督教の非宗教化』凡文社、一九八〇年、四〇七頁以下。

3. サミュエル・ベケット（Samuel Beckett, 一九〇六年～一九八九年）の戯曲『ゴドーを待ちながら』は、戦争で荒廃したヨーロッパの不安や動揺を背景に、人間存在の無意味性をテーマに扱った不条理劇である。ここで二人の登場人物は、未知のゴドー（Godot）を待ち続けるが、ゴドーが何者であるかは誰も知らない。ゴドーは神であるかもしれないが、その神とは特に人間の生に関わらず、ただ沈黙しているだけである。Samuel Beckett, 呉 曾子訳『ゴドーを待ちながら』民音社、二〇〇二年。

4．Heinrich Ott, 金 光植訳『神に対する私たちの時代の質問』大韓基督教出版社、一九八一年、一〇五頁。
5．Max Scheler, 申 相浩訳『哲学的人間学』正音社、一九七五年、一二一頁。
6．Horst G. Pöhlmann, 李 信建訳『教義学』信仰と知性社、二〇一二年、一七六頁〜一七七頁。
7．Thomas Aquinas, *Summa Theologiae* II (London: Eyre & Spottiswoode, 1963), pp. 13ff. アクィナスが神の存在を証明するために頼ったのは、「存在の類比（Analogia entis)」である。彼によれば、神は被造物と共に、静的・継続的・論理的に認識できる一連の属性を共有している。両者とも両者を包括する「存在」に与っているが、その相異なる様式は、原因と結果との差に起因する。神と被造物との間には、相異なる密度にもかかわらず類似したところがある。このような意味で、被造物はその作用原因である神に依存しながらも、神の完全性を反映している。Frederick C. Copleston, 姜 星偉訳『トマス・アクィナス』デジョ社、一九六八年、一六三頁以下。
8．カントは、神の宇宙論的・目的論的証明が結局神の存在論的証明に帰着し、そして第一原因もしくは究極的目的が、まことに完全で最上のものであるとまとめて論駁した。Sterling P. Lamprecht、金 泰吉ほか二人訳『西洋哲学史』乙酉文化社、一九七七年、五三二頁。
9．特にアウシュヴィッツ（Auschwitz）と広島とにおいて経験した深刻な苦難は、調和と秩序と美しさとの神を否定させた。ただ十字架にかけられたキリストの前で理解される神のみが、現実的な神である。Jürgen Moltmann, 全 景淵訳『政治神学』福音主義神学叢書、第十二巻、一九八九年、一三三頁以下。
10．Wolfhart Pannenberg, *Grundfragen Systematischer Theologie* (Göttingen: Vandenhoeck & Ruprecht, 1971), pp. 73ff.
11．モルトマンによれば、神は世界の現実からして証明できない。普遍史的に問われる世界現実の全体性と統一性は、いつか終わりにおいて現実を全体へと全うする世界史の単なる進行過程から現われるものではない。あの現実の全体性と統一性は、あらゆる現存する現実とは違って新しい現実になるであろう。ここで万物は新たに、そして完全になるであろう。ただ神が全てにおいて、全てとなるところにおいて、世界は神の神性を証明できるであろう。Jürgen Moltmann, 李 信建訳『希望の神学』大韓基督教書会、二〇〇二年、二九九頁以下。

12. St. Augustinus, 崔 民淳訳『告白録』聖パウロ出版社、一九九三年。

13. ブルトマンはマルティン・ハイデッガー（Martin Heidegger）の存在に対する実存的分析をもとに、新約聖書の人間観を解釈した。ハイデッガーによれば、歴史における人間の特徴は不安である。人間は、過去と未来との間における緊張の中に存在している。すなわち、人は目に見える一時的な世界に束縛されて不満の僕となるか、それとも目に見えない実在に向かって心を開くかを決断しなければならない。信仰は未来に向けた開放である。Rodolf Bultmann, 柳 東植・許焱訳『聖書の実存論的解釈』大韓基督教書会、一九六九年、二八頁、三八頁以下。

14. Karl Rahner, *Grundkurs des Glaubens* (Freiburg: Herder Verlag, 1984), pp. 42, 61ff.

15. Heinrichi Ott, 金 光植訳『生ける神』大韓基督教書会、一九七三年、五四頁。

16. Jürgen Moltmann, 李 信建訳『希望の神学』、二九九頁。

17. Anselm of Canterbury, 全 景淵訳『神存在証明（原題：*Proslogion*）』ハンドゥル出版社、一九七七年、二〇頁以下。

18. Sterling P. Lamprecht, 金 泰吉ほか二人訳『西洋哲学史』、五三二頁。カントによれば、理性は自らの能力を超えた問題に関して、どんな決定も下すことができない。理性は、神、自由、霊魂不滅のような一般的な形而上学的観念を、証明も否定もできない。Hans Joachim Störig, 林 錫珍訳『世界哲学史下巻』ブンド出版社、一九七八年、一六四頁。

19. Karl Barth, *Fides quaerens intellectum. Anselms Beweis der Existenz Gottes im Zusammenhang sienes theologischen Programms* (Zürich: Evangelischen Buchhandlung, 1931), pp. 75ff.
20. Jürgen Moltmann, 李 信建訳『希望の神学』、二九九頁以下。
21. 同書、一〇四頁以下。
22. Jürgen Moltmann, 全 景淵訳『政治神学』、一二七頁、一五九頁。; Jürgen Moltmann、李信建訳『希望の神学』、三〇六頁。
23. Horst G. Pöhlmann, 李 信建訳『教義学』、一七六頁。
24. ヘブル語のエロヒム（*Elohim*）の単数形はエロハ（*Eloah*）で、「神」を示す名である。至尊を意味する「エロヒム」はモアブ人の神ケモシュ（Chemosh）やシドン人の女神アシュタロテ（Ashtoreth）のような他の神々を指すために用いられることもあり、天使と王と士師とメシアのように威厳のある存在を表すこともある。
25. Thorleif Boman, 許 焱訳『ヘブル的思惟とギリシア的思惟との比較』ブンド出版社、一九八五年、五六頁。
26. Martin Buber, Moses (Heidelberg: L. Schneider, 1952), p. 64.
27. Jürgen Moltmann, 李 信建訳『希望の神学』，二二二頁以下。
28. Karl Barth, *KD*, II/1, p. 288.
29. Horst G. Pöhlmann, 李 信建訳『教義学』、一九三頁以下。

第6章　三位一体とは何か

1. モルトマンによれば、古代の宗教世界において、キリスト教が宣言した三位一体の神論は、多神教と汎神論と一神論から自らを区分する理論であった。キリスト教がイスラム教の一神論と論争した決定的な問題は、三位一体信仰であった。Jürgen Moltmann, 金 均鎭訳『十字架につけられた神』韓国神学研究所、一九七九年、二四八頁。
2. Leonardo Boff, 李 世炯訳『三位一体と社会』大韓基督教書会、二〇一一年、七〇頁。
3. ロマ5：5、8、8：3、9、11–12；Iコリ6：11、12：3–7；IIコリ1：21–22；ガラ4：6；エペ4：4–6；IIテサ2：13；Iペテ1：2；テト3：4–6などを参考。
4. テルトゥリアヌスは、このように区別されている単一性を具体的に図解するために、「太陽・光線・反射」、あるいは「水源・小川・河川」のようなグノーシスや新プラトン主義の象徴を用いている。しかし、このような三位一体的な細分化によって、神の専制君主制が否定されたのではない。Jürgen Moltmann, 金 均鎭訳『三位一体と神の国』大韓基督教出版社、一九八二年、一六九頁以下。
5. Otto Weber, *Grundlagen der Dogmatik* I (Neukirchen-Vluyn: Neukirchener Verlag des Erziehungsvereins, 1955), pp. 404ff.
6. Jürgen Moltmann, 金 均鎭訳『十字架につけられた神』、二四八頁以下。
7. モルトマンによれば、アウグスティヌスが聖霊を父と子との間の愛の紐帯（vinculum amoris）と理解した点においては、彼は神の「三位一体」を仮定するように見える。彼にとって、聖霊の存在の仕方は、父と子とに対して何一つ固有のものを付け加えるものではない。Jürgen Moltmann, 金 均鎭訳『三位一体と神の国』、一七六頁。
8. Horst G. Pöhlmann, 李 信建訳『教義学』信仰と知性社、二〇一二年、一九五頁以下。

9. Karl Barth, KD, I / 1, p. 326.

10. モルトマンによれば、三位一体論的思考が必然的に成り立つ具体的な場所は思索ではなく、イエスの十字架である。「三位一体論の内容的原理はキリストの十字架である。十字架に対する認識の形式的原理は三位一体論である。」Jürgen Moltmann, 金 均鎮訳『十字架につけられた神』、二四八頁以下。

11. Leonardo Boff, 李 世炯訳『三位一体と社会』、四五頁。政治的・教権的な一神論に対するモルトマンの批判とその三位一体論的神国論については次のところを参考。Jürgen Moltmann, 金 均鎮訳『三位一体と神の国』、二二八頁~二四二頁、二四九頁~二六三頁。モルトマンによれば、一定の時代における宗教的な表象は、その時代の社会が持つ政治的状態と密接な関係を持つ。Jürgen Moltmann, 趙 星魯訳『政治神学、政治倫理』シムジ、一九八六年。を参考。

12. 三位一体の諸位格の相互関係を説明する重要な二つの概念は、連環（*Perichoresis, Circumincessio*）と変容（*Manisfestatio*）である。三位一体の諸位格は、互いに他のうちに存在し、生きるだけではなく、神的栄光において相互的に表示し合うのである。それらは相互的に、他によって完全なる形へと高まり、互いに他にあって完全なる美へと成長するのである。Jürgen Moltmann, 金 均鎮訳『三位一体と神の国』、二一〇頁以下。レオナルド・ボフは、このような概念外にも超越（transcendence）、内在（immanance）、相関（transparence）のような現代的な概念を通しても三位一体の神の神秘を理解しようと努める。彼によれば、超越、内在、相関が、私たちの存在の力動的な一致を形成するように、類比的に言えば、父と子と聖霊とは、完全で相互的で本質的な連合において総体的に一致する。Leonardo Boff, 李 世炯訳『三位一体と社会』、四七頁以下。

13. Leonardo Boff, 李 世炯訳『三位一体と社会』、四五頁。

第7章　無神論をどのように受け取るべきか

1．最近の無神論は、主に科学者たちから提起される。例えば、イギリスの進化生物学者クリントン・リチャード・ドーキンス（Clinton Richard Dawkins）は、最近の著書『*The God Delusion*』（二〇〇六年。韓国では『つくられた神』と、日本では『神は妄想である』と翻訳、出版された）の中で、「自然科学は、神に対する信仰を不必要で不可能にする」と主張して無神論の先頭に立って広めている。

2．ここからは、次の本を参考し要約紹介して見よう。Horst G. Pöhlmann, *Der Atheismus oder der Streit um Gott* (Gütersloh: Gütersloher Verlag, 1977).

3．Hans Küng, 鄭 漢橋訳『なぜキリスト者なのか』ブンド出版社、一九八二年、五二頁以下。

4．同書、五二頁以下；Hans Küng, *Existiert Gott? Antwort auf die Gottesfrage der Neuzeit* (München: R. Piper & Co. Verlag, 1978), p. 624. を参考。

5．Erick Frank, 金 夏泰訳『哲学的理解と宗教的真理』大韓基督教書会、一九七三年、四七頁以下。

6．しかし「奴隷意志論（De servo artitrio）」の中で、ルターは神の啓示と隠蔽との一致を主張するよりは、「神が啓示の背後に、啓示を超越し、ご自分の全能なる二重意志と二重活動の神秘の中に隠れている」と主張する。Paul Althaus, *Die Theologie Martin Luthers* (Gütersloh: Gütersloher Verlag, 1962), p. 240.

7．神の存在を把握し表現しようとする人間の神学的思考の形式は伝統的に三つに分けられる。まず「積極的・教義学的神学」は、教理と聖書の概念を通して神を肯定的に表現する。次に「否定的・神秘主義的神学」は、神に対する人間的な認識可能性を否定すると同時に自己卑下の神秘的な沈黙を通して神に近寄る。最終に「弁証法的神学」は、前述した二つの方法を総合しながら止揚していく。李 信建『カール・

バルトの教会論』ハンドゥル出版社、二〇〇〇年、一一三頁以下。

8. Thomas von Aquinas, Librum I Sententiarum, distinctio VIII, 1/1/4; De potentia VII, 5, in: Erick Frank, 金 夏泰訳『哲学的理解と宗教的真理』、六一頁から再引用。

9. Jürgen Moltmann, 金 均鎭訳『十字架につけられた神』韓国神学研究所、一九七九年、二六一頁以下。

10. Dietrich Bonhoeffer, 孫 圭泰・李 信建・吳 聖顯訳『倫理学』大韓基督教書会、二〇一〇年、一三七頁。

11. 同書、一三七頁。

第8章　創造とは何か

1. Raymund Kottje, Bernd Moeller, 李 信建訳『古代教会と東方教会』韓国神学研究所、一九九五年、一四一頁以下。

2. Jürgen Moltmann, 李 信建訳『三位一体と神の歴史』韓国神学研究所、一九九八年、三〇九頁以下。

3. Bertrand Russell, 宋 三龍ほか二人訳『宗教と科学』電波科学社、一九七七年、一八頁以下。

4. 科学は常に臨時的で、その現在の様々な理論は遅かれ早かれ修正されるべきであると見なされており、その方法が完全で究極的な証明に到達するのは、論理的に不可能だという点を念頭に置いている。科学は絶対的な真理を諦めるように鼓舞する。同書、一四頁以下。

5. 例えば、アイルランド・アーマーの大司教ジェームズ・アッシャー（James Ussher, 一五八一年〜一六五六年）は天地創造の年代を紀元前四〇〇四年と主張し、さらにケンブリッジ大学副総長ジョン・ライトフット（John Lightfoot, 一六〇二年〜一六七五年）は、人間の創造が十月二十三日午前九時に行われたと言った。同書、四三頁。

6．文　熹錫『創造神学』ヴォイス社、一九七六年、二二頁以下。
7．ゲルハルト・フォン・ラートによれば、救済論的創造理解は、ただ第二イザヤのみの特性ではなく、ヤハウィスト学派と祭司文書との創造説話にも敷かれている。Gerhard von Rad, 許 焱訳『旧約聖書神学　第一巻』ブンド出版社、一四三頁以下。
8．人類の起源に関して今まで提起された主な理論は、自然的進化論（Naturalistic Evolution）、命令的創造論（Fiat Creationism）有神論的進化論（Theistic Creationism）、漸進的創造論（Progressive Creationism）である。ミラード・J・エリクソンは、これらの中で、有神論的進化論と漸進的創造論を最も可能性のある理論だと考える。この両理論は聖書信仰を持つ福音主義神学者たちによっても支えられている。Milard J. Erickson, 申 京洙訳『福音主義組織神学 上』クリスチャンダイジェスト社、一九九五年、四二頁以下。進化論と創造論とがどれほどよく調和できるかについて説得力を持って説明する書物としては、次を参考。John F. Haught, 申 在植訳、『神と進化に関する百一の質問』知性社、二〇〇四年。; Ted Peters、金洽榮ほか五人訳『科学と宗教』図書出版トンヨン、二〇〇二年。; 申 在植『イエスとダーウィンとの同行』サイエンスブックズ、二〇一三年。ジョン・F・ホートはダーウィンの進化論と、それ以後の進化科学とがキリスト教信仰に与える意味を論じ、創造科学（Ccreation science）と知的設計（Intelligent design）とを批判的に検討し、「進化論的有神論」の立場で「進化論的神学」を提示する。
9．李 信建『イエスの正体と意味』信仰と知性社、二〇一三年。第七章「生命なるイエス」を参考せよ。
10．モルトマンによれば、聖書の伝統は三つの観点から神の創造を語る。まず「時間の始まり」の観点から「初めの創造」を、次に「歴史的時間」との観点から「継続的創造」を、最後に「終末論的時間」の観点から「新しい創造」を述べる。Jürgen Moltmann, 金 均鎭訳『創造における神』韓国神学研究所、一九八七年、七五頁以下。

11. Gerhard von Rad, 許 焱訳『旧約聖書神学　第一巻』、一四九頁。

12. Matthew Fox, 黄 鐘烈訳『原福：創造霊性への道しるべ（原題：*Original Blessing: A Primer in Creation Spirituality*）』ブンド出版社、二〇〇一年、三四頁以下。

13. Leo Scheffczyk, *Einführung in die Schöpfungslehre* (Darmstadt: Wissenschaftliche Buchgesellschaft, 1987), p. 50.「無からの創造」を指示する聖句は、ロマ４：17（死者を生かし、無いものを有るものとして召される神）、ヘブ11：３（信仰によって、私たちは、この世界が神のことばで造られたことを悟り、その結果、見えるものが、目に見えるものからできたのではないことを悟ります）などである。バルトによれば、「無からの創造」は思弁的な創作物ではなく、人間イエスにおいて現われた神の啓示に基づく人間的な自己理解の自己表現である。Karl Barth, *KD*, III/2, p. 185.

14. Otto Weber, *Grundlagen der Dogmatik*, I (Neukirchen-Vluyn: Neukirchener Verlag, 1955) , p. 553.

15. Emil Brunner, *Dogmatik*, II (Zürich: Theologischer Verlag, 1972), p. 23.

16. Jürgen Moltmann, 金 均鎮訳『創造における神』、一〇〇頁。

17. Jan Milic Lochman, 呉 永錫訳『使徒信条解説』大韓基督教書会、一九九七年、六四頁。

18. Jean Calvin, 金 種洽ほか三人訳『基督教綱要　上』センミョンウマルスム社、一九八六年、二八三頁。

19. Milard J. Erickson, 申 京洙訳『福音主義組織神学　上』、四二三頁。

20. Karl Barth, *KD*, III/1, p. 106ff.

21. Karl Barth, *KD*, IV/1, p. 22ff.

22. Franz Mußner, "Schöpfung in Christus," in: Johannes Feiner, Magnus Löhrer (Hrsg.), *Mysterium Salutis*, II (Einsiedeln:

Benziger Verlag, 1967), p. 456.

23. Jürgen Moltmann, 金 均鎮訳『創造における神』、七五頁以下、八一頁以下。

24. Jürgen Moltmann, 李 信建訳『生命の泉』大韓基督教書会、一四八頁以下。

25. Jürgen Moltmann, 金 均鎮訳『創造における神』、二六頁。

26. 同書、八四頁。

27. 同書、二四六頁以下。

28. Matthew Fox, 黄 鐘烈訳『原福：創造霊性への道しるべ』、四四頁。

29. 摂理の語源は、創世記二十二章八節と十四節に遡ることができる。イサクを全焼のささげ物にしようとして出かけたとき、アブラハムはイサクに「神ご自身が備えてくださる」と言った。ラテン語翻訳本はこれを「*Deus providevit*」と訳した。ここで「provideo」とは、「先を見越す」という意味を持つ。しかし聖書における摂理は予見だけではなく、選び、備え、活動、支配などを含める包括的な概念として表れる。

30. Karl Barth, *KD*, III/3, p.1ff.

31. Paul Tillich, 金 天培訳『震え動く地盤』大韓基督教書会、一九七四年、七頁以下。

32. Horst G. Pöhlmann, 李 信建訳『教義学』信仰と知性社、二〇一二年、二一七頁以下。

33. Jürgen Moltmann, 李 信建訳『生命の泉』、一五二頁以下。

34. 同書、二五〇頁。

35. 同書、二五二頁。

36. 同書、一五六頁。

37. 同書、一五六頁。

38. Jürgen Moltmann, 金 均鎮訳『創造における神』、三二四頁以下。; Jürgen Moltmann, 金 均鎮訳『来られる神（原題：*Das Kommen Gottes*）』大韓基督教書会、一九九七年、四五二頁以下。

第9章　人間とは何か

1. Martin Buber, 南 正吉訳『人間とは何か』大韓基督教書会、一九七五年、一〇頁。
2. Max Scheler, 申 相浩訳『哲学的人間学』正音社、一九七五年、一〇頁。
3. Rollo May, 白 尙昌訳『自我を失った現代人（原題：*Man's Search for Himself*）』文芸出版社、一九七七年、五八頁以下。
4. Jürgen Moltmann, *Mensch* (Stuttgart: Kreuz Verlag, 1971), pp. 30ff.
5. Eberhard Bethge, *Dietrich Bonhoeffer* (Hamburg: Rowohlt Verlag, 1976), p. 9.; Dietrich Bonhoeffer, 李 信建訳『ディートリヒ・ボンヘッファー黙想52週』信仰と知性社、二〇一〇年、十六頁以下。
6. 李 信建『人間の本質と運命』信仰と知性社、二〇一〇年、一〇三頁以下。
7. Leo Scheffczyk, *Einführung in die Schöpfungslehre* (Darmstadt: Wissenschaftliche Buchgesellschaft, 1987), pp. 99ff.
8. Jürgen Moltmann, 金 均鎮訳『創造における神』韓国神学研究所、一九八七年、二二七頁。
9. 同書、二二六頁以下。
10. Gerhard von Rad, 許 焱訳『旧約聖書神学　第一巻』ブンド出版社、一九七六年、一五四頁。; Jürgen Moltmann, 金 均鎮訳『創造における神』、二六一頁。
11. Leo Scheffczyk, *op. cit.*, p.107.

12. Jürgen Moltmann, 金 均鎭訳『創造における神』、二六九頁。
13. 同書、二六七頁、二六九頁以下。
14. Gerhard Ebeling, *Dogmatik des christlichen Glaubens*, Bd.1 (Tübingen: JCB Mohr, 1982), p. 414.
15. Jürgen Moltmann, 金 均鎭訳『創造における神』、二六二頁以下。
16. Karl Barth, *KD*, III/1, p. 220.
17. Jürgen Moltmann, 金 均鎭訳『創造における神』、二六四頁以下、二七八頁。
18. 同書、二六七頁。
19. Leo Scheffczyk, *op. cit.*, p. 102.
20. George Eldon Ladd, *A Theology of the New Testament* (Grand Rapids: Wm. B. Eerdmans, 1974), p. 457.
21. Claus Westermann, *Genesis 1-11* (Neukirchen-Vluyn: Neukirchener Verlag, 1976), p. 283; Leo Scheffczyk, *op. cit.*, pp. 100ff.; Hans Walter Wolff, 文 熹錫訳『旧約聖書の人間学』ブンド出版社、一九七六年、二九頁。
22. Jürgen Moltmann, 金 均鎭訳『創造における神』、三〇一頁以下；Anthony A. Hoekema, 柳 浩濬『改革主義人間論』基督教文書宣教会、一九九一年、三三七頁以下。しかしミラード・J・エリクソンは、「条件的な統一性」を主張する。聖書は人間をほとんど統一的な存在とみなす。人間の霊的本質は体から分離して言及されることはほとんどない。しかし聖書は、死と復活との間に人格的な意識を持つ実存の状態を指し示す中間状態があるという点を示唆する。たとい不完全で正常ではない状態であっても（IIコリ五：二〜四）、非物質的な様相は死によって物質的な様相が解体された後にも生き残る。Millard J. Erickson, 申 京洙訳『福音主義組織神学』クリスチャンダイジェスト社、一九九五年、一〇六頁以下。
23. Cornelis Anthonie van Peursen, 孫 鳳鎬・姜 榮安訳『体・魂・精神：哲学的人間学入門』曙光社、一九八九年、二一三頁。

第10章　悪は何処から来るか

1. 神の統治に対する伝統的な問いは、「Sic Deus Justus-unde malum?（もし神が義なるものであるなら、なぜ悪が存するのか）」である。神に対する問いと苦難に対する問いとは相異ならない一つの共通の質問である。Jürgen Moltmann, 金 均鎭訳 『三位一体と神の国』大韓基督教出版社、一九八二年、六八頁。悪と苦難とに直面して神の義を弁護しようとする論議を神義論もしくは弁神論（Theodizee, Theodicy）と言い、この概念を初めて用いた者はゴットフリート・ヴィルヘルム・ライプニッツ（Gotrried Wilhelm Leibniz, 一六四六年～一七一六年）であった。悪と苦難とに対する多様な解釈と省察を紹介する書物には、韓国精神文化研究院哲学・宗教研究室編『悪とは何か』図書出版窓、一九九二年。などを参考。悪と苦難、そして神の義と全能とに対する神学的理解を紹介する書物には、Nicholas Thomas Wright、魯宗文訳『悪の問題と神の正義』韓国基督学生会出版部、二〇〇八年。朴永植『苦難と神の全能』ドンヨン、二〇一二年。などがある。

2. 第二世界大戦の惨禍を経験したモルトマンは次のように問いかける。「如何なる神学も、ヨブの水準を下まわることができない。〈ヨブの友たち〉の神学は論駁されてしまっている。ゴルゴタの十字架につけられたその方を除いて、真に神学的な、ヨブの友人なるものが存在するであろうか。」Jürgen Moltmann, 金均鎭訳『三位一体と神の国』、六七頁。

3. Hermann Häring, *Das Problem des Bösen in der Theologie* (Darmstadt: Wissenschaftliche Buchgesellschaft, 1985), pp. 44ff.

4．罪の起源と本質に関する詳しい理解のためには、李 信建『人間の本質と運命』信仰と知性社、二〇一〇年、一四七頁以下を参考。
5．Dietrich Bonhoeffer, 柳 錫成・李 信建共訳『聖徒の交わり』大韓基督教書会、二〇一〇年、一〇七頁以下。
6．同書、一〇五頁以下。
7．Matthew Fox, 黄 鐘烈訳『原福（原題：*Original Blessing*）』ブンド出版社、二〇〇一年、五一頁。
8．Horst G. Pöhlmann, 李 信建訳『教義学』信仰と知性社、二〇一二年、二三五頁以下。
9．Matthew Fox, 黄 鐘烈訳『原福』、四八頁以下。
10．Leo Scheffczyk, *Einführung in die Schöpfungslehre* (Darmstadt: Wissenschaftliche Buchgesellschaft, 1987), p. 148.
11．Jürgen Moltmann, 金 均鎭訳『三位一体と神の国』、七〇頁以下。
12．Gustavo Guierrez, 第三世界神学研究所翻訳室訳『ヨブ記 - 無垢の者の苦難と神のことば』ナヌム社、一九八九年、一九三頁以下。
13．Nicholas Thomas Wright, 魯 宗文訳『悪の問題と神の正義』韓国基督学生会出版部、二〇〇八年、一二五頁以下。
14．David Syme Russell, 洪 成赫訳『神の啓示：ユダヤ黙示文学概論（原題：*Divine Disclosure: An Introduction to Jewish Apocalyptic*）』ジェラ書院、二〇一二年、一七八頁以下。
15．Richard Bauckham, 李 必贊訳『ヨハネの黙示録神学』ハンドゥル出版社、二〇〇四年、一三四頁。
16．Claus Westermann, *Genesis 1-11* (Neukirchen-Vluyn: Neukirchener Verlag, 1976), p. 325.
17．P.E. Ellis, 金 元柱訳『歴代誌作家の歴史とユダヤの預言者たち』ブンド出版社、一九七二年、一一四頁。
18．Richard Bauckham, 李 必贊訳『ヨハネの黙示録神学』、一三三頁以下；Jacques Ellul, 柳 相鉉訳『ヨハネの黙示録注釈』ハンドゥル出版社、二〇〇〇年、一三四頁、二三九頁。
19. Karl Barth, *KD*, Ⅲ /3, p. 402ff.
20. Jürgen Moltmann, 金 均鎮訳『三位一体と神の国』、四九頁。
21. 同書、七〇頁。
22. Heinrich Ott, 金 光植訳『神学解題』韓国神学研究所、一九七四年、一八九頁。
23. Gustavo Guierrez, 第三世界神学研究所翻訳室訳『ヨブ記 - 無垢の者の苦難と神のことば』、一七五頁。
24. Horst G. Pöhlmann, 李 信建訳『教義学』、一九〇頁。
25. Heinrich Ott, 金 光植訳『神学解題』、一九〇頁。
26. 朴 永植『苦難と神の全能』ドンヨン、二〇一二年、三九八頁。
27. Nicholas Thomas Wright, 魯 宗文訳『悪の問題と神の正義』、一九〇頁以下。
28. Jürgen Moltmann, 李 信建訳『今日私たちにキリストはだれであろうか(原題: *Wer ist Christus für uns heute?*)』大韓基督教書会、一九九七年、一七〇頁。

第11章　恵みとは何か

1. Leonard Boff, 金 正洙訳『解放する恵み』韓国神学研究所、一九八八年、一七頁。
2. Otto Hermann Pesch, Albrecht Peters, *Einführung in die Lehre von Gnade und Rechtfertigung* (Darmstadt: Wissenschaftliche Buchgesellschaft, 1981), pp. 1ff.
3. Ibid., pp.5ff.
4. Emil Brunner, *Dogmatik I: Die Christliche Lehre von Gott.* (Zürich: Theologischer Verlag, 1972), pp. 347ff.

5. *Ibid.*, pp. 349ff.
6. *Ibid.*, p. 351.
7. Jean Calvin, 金 種浩ほか三人共訳『基督教綱要 中』センミョンウマルスム社、一九八六年、四九九頁以下。
8. 同書、五五七頁。
9. 同書、五〇五頁。
10. 同書、五六五頁。
11. 同書、四九九頁、五一五頁、五一七頁、五二五頁。
12. 同書、五〇〇頁、五六八頁以下。
13. Karl Barth, *KD*, II/2, p. 13.
14. *Ibid.*, pp. 4ff.
15. *Ibid.*, pp. 37ff.
16. *Ibid.*, pp. 56ff. バルトのキリスト論的予定論において、その重要な聖書的根拠は、エペソ一章四節以下（すなわち神は、世界の基が据えられる前から、この方にあって私たちを選び……）と、ヨハネの福音書一章（ロゴス・キリスト論）とにある。バルトの予定論は伝統的予定論を完全に再解釈しようとした革命的な試みである。彼によれば、イエス・キリストは予定論（選択論）の認識根拠のみならず、その存在根拠、すなわち予定自体である。Ibid., pp. 101ff.
17. *Ibid.*, pp. 101ff.
18. *Ibid.*, pp. 177.
19. *Ibid.*, p. 190.

20. *Ibid.*, pp. 177, 179ff.
21. Emil Brunner, *op. cit.*, pp. 353ff.
22. Jean Calvin, 金 種洽ほか三人訳『基督教綱要　中』、五〇〇頁以下。
23. Juergen Ludwig Neve, 徐 南同訳『基督教神学史』大韓基督教書会、一九八五年、二二五頁以下。
24. 同書、二二五頁以下。
25. William Ragsdale Cannon, 全 宗玉訳『ウェスレー神学』基督教大韓監理会教育局、一九六七年、一一六頁以下。
26. Leonard Boff, 金 正洙訳『解放する恵み』、一八二頁。
27. 逆説的な性格を帯びるキリスト教教理に属するものとしては、恩寵の逆説（Iコリ一五：十）の外にも受肉の教理（イエスが神でありながら人間である）、創造の教理（世界は無から造られた）、摂理の教理（世界のすべての出来事が自然法則と人間の行動との結合によって出来ると考えながらも同時に神の決定によるとも信じること）などがある。Donald Baillie, 金 龍玉訳『キリスト論』大韓基督教書会、一九六二年、一二九頁以下。
28. Horst G. Pöhlmann, 李 信建訳『教義学』信仰と知性社、二〇一二年、八四頁。

第12章　創造と解放と和解

1. 例えば、残酷なアウシュヴィッツ強制収容所でユダヤ人は、「神よ。今どこにおられますか。なぜこのようなことを許しておられますか」と叫んだ。彼らの苦しい叫び声は、連合軍がドイツ軍を退けて収容所を奪還するまで続けられた。戦争が終わり連合軍が収容所の中に入った時、ある一人の兵士が奥まった一つの部屋の壁に書かれてある文字を見つけた。「その大いなる神の愛は言葉で表現できない。大空を紙とし、海を墨としても、限りない神の愛は、すべて記すことができない。」地獄のような収容所に置かれ、ただ死ぬ日だけを待っていたあるユダヤ人が神の愛を賛美していたと思い至ったことに、その兵士は驚くしかなかった。ところが、その文字の下に書かれたもう一つの文章が目に入った。「神はここにおられる。」死の陰の谷にも、不毛の荒野にも、うねっている波の中にも、神は私たちとともにおられる。

2. Gerhard von Rad, 許 焱訳『旧約聖書神学』第一巻、ブンド出版社、一九七六年、一四三頁以下。
3. Matthew Fox, 黄 鐘烈訳『原福』ブンド出版社、二〇〇一年、四六頁。
4. 米国と韓国との教会が米国発資本主義的商業主義からどれほど大きな影響を受けたかを紹介する書物には次のような本などがある。Michael Scott Horton, 金 宰永訳『米国製福音主義を警戒せよ（原題：*Made in America?*）』羅針盤出版社、一九九六年。
5. Claus Westermann, *Genesis 1-11* (Neukirchen-Vluyn: Neukirchener Verlag, 1976), pp. 215ff.；李信建『人間の本質と運命』信仰と知性社、二〇一〇年、一〇八頁以下。
6. イスラエルにおける神の信仰が約束信仰にどれほど密接に結び付いているかを理解するためには次の部分を参考。Jürgen Moltmann, 李 信建訳『希望の神学』大韓基督教書会、二〇〇二年、一一一頁以下。
7. Matthew Fox, 黄 鐘烈訳『原福』、四五頁以下。
8. Günther Bornkamm, 姜 漢表訳『ナザレのイエス』大韓基督教書会、一九八三年、一一八頁；李信建『人間の本質と運命』、一六三頁以下。
9. Gustavo Gutierrez, 成 捻訳『解放神学』ブンド出版社、一九八七年、一九二頁以下。
10. 同書、二〇〇頁以下。

11．李 信建『人間の本質と運命』、一七九頁以下。
12．Gustavo Gutierrez, 成 捻訳『解放神学』、二三〇頁。
13．Jürgen Moltmann, 金 均鎮訳『十字架につけられた神』韓国神学研究所、一九八八年、三三八頁以下。
14．Jürgen Moltmann, 金 均鎮訳『創造における神』韓国神学研究所、一九八七年、三二四頁以下；Jürgen Moltmann, 金 均鎮訳『神の来臨』大韓基督教書会、一九九七年、四五二頁以下。
15．Karl Barth, *KD*, II/1, pp. 1ff.
16．Karl Barth, *KD*, IV/1, p. 36.
17．Hans Küng, *Rechtfertigung: Die Lehre Karl Barths und eine Katholische Besinnung* (Einsiedeln; Johannes Verlag, 1957), p. 34.
18．Karl Barth, *KD*, IV/1, pp. 38ff.
19．*Ibid.*, pp. 22ff.

第13章　義認と聖化と栄化

1．Millar Burrows, 柳 東植訳『聖書神学総論』大韓基督教書会、一九六七年、二六四頁。
2．Paul Althaus, *Die Theologie Martin Luthers* (Gütersloh: Gütersloher Verlag, 1983), p. 195.
3．Jean Calvin, 金 種洽ほか三人訳『基督教綱要　中』センミョンウマルスム社、一九八六年、二四七頁。
4．エーバーハルト・ユンゲル（Eberhard Jüngel）によれば、イエスとパウロとの違う点は、①パウロはイエスの「神の国」の概念を「義」の概念に代えた。②イエスは宣べ伝えたが、パウロは宣べ伝え解釈した。③イエスは簡明に教えたが、パウロはよく複雑に論争した。両者の共通点は次のようである。①神の国と神の義は、みな終末論的現象である。②律法は愛の要求として肯定的な役割をする。③両者は行いによる裁きと報償を信じる。ブルトマンが主張したようにパウロの義認の福音がイエスの神の国の福音に一致するとしたなら、金《キム》世《セ》潤《ユン》によれば、パウロの義認の福音はイエスの神の国の福音にかかわる救済論的表現である。金 世潤『義認と聖化』ツラノ、二〇一三年、九三頁以下。

5. Ernst Käsemann, *An die Römer* (Tübingen, JCB Mohr Verlag, 1980), p. 22. 邦訳あり、岩本修一訳『ローマ人への手紙』日本基督教団出版局、一九八〇年
6. Johan Christiaan Beker, 張 裳訳『パウロの黙示思想的福音』韓国神学研究所、一九八七年、一四〇頁以下。
7. Paul Schütz, *Freiheit, Hoffnung, Prophetie* (Moers: Brendow Verlag, 1986), pp. 18ff.
8. Johan Christiaan Becker, 張 裳訳『パウロの黙示思想的福音』、一四〇頁以下。
9. Gerhard Gloege, "Gnade für die Welt," in: Erwin Wilken (Hrsg.), *Helsinki 1963 Beiträge zum theologischen Gespräch des Lutherischen Weltbundes* (Berlin: Lutherisches Verlagshaus, 1964), p. 303ff.
10. Horst G. Pöhlmann, 李 信建訳『教義学』信仰と知性社、二〇一二年、三四〇頁以下。
11. Paul Althaus, *op. cit.*, p. 211.
12. Karl Barth, *KD*, IV/2, p. 575.
13. Horst G. Pöhlmann, 李 信建訳『教義学』、三四五頁。
14. Harald Linström, 全 宗玉訳『ウェスレーと聖化』基督教大韓監理会教育局、一九六二年、八二頁以下。
15. 同書、一二七頁以下。
16. Karl Barth, *KD*, IV/2, pp. 603ff.
17. ウェスレーが「社会的聖化」を具体的に実現するため、熱意をもって、どれほど幅広く活動したかを理

解するために次の資料を参考。Manfred Marquardt, 趙 慶哲訳『ジョン・ウェスレーの社会倫理』普文出版社、一九九二年。; Theodore Runyon, 邊 鮮煥訳『ウェスレーと解放神学』展望社、一九八七年。; 金 洪基『ジョン・ウェスレー神学の再発見』大韓基督教書会、一九九三年。

18. ここでパウロは聖化の段階に関して言わない。私たちはこれをどう理解すべきなのか。金世潤によれば、「聖化」は、義認の構造における現在的な生を指し示すもう一つの同意語的な言葉であるが、義認から構造的に分離された、義認の次に来る救いの段階ではない。義認は、信じる者になった瞬間から、現在を越えて最後の審判の時までの救いの全過程を包括的に指し示すものである。伝統神学が言う聖化とは、義と認められた者たちが神の子なるイエス・キリストの主権に従順して生きることである。したがって義認と聖化とは分離することができない。聖化のない義認は無い。金 世潤『義認と聖化』、一七頁以下。しかしパウロが「義」と「聖」とを単に同一視しなく、並べ立てるという事実をも見落としてはいけない。「キリストは、私たちにとって神からの知恵、すなわち、義と聖と贖いになられました。」（Ｉコリ一：三十）「主イエス・キリストの御名と私たちの神の御霊によって、あなたがたは洗われ、聖なる者とされ、義と認められたのです。」（Ｉコリ六：十一）

第14章　イエスとは誰か

1. Eduard Schweizer, *Jesus Christus im viefältigen Zeugnis des Neuen Testaments* (Gütersloh: Gütersloher Verlagshaus Gerd Mohn, 1968), pp. 128ff.; Horst G. Pöhlmann, *Wer war Jesus von Nazareth?* (Gütersloh: Gütersloher Verlagshaus Gerd Mohn, 1976), pp. 120ff. 邦訳あり、田村宏之訳『イエスとは誰か——宗教・哲学・文学・神学からの50のイエス像』教文館、二〇〇三年。

2. Horst G. Pöhlmann, 李 信建訳『教義学』信仰と知性社、二〇一二年、一二〇頁。
3. オスカー・クルマンは、このような並べ方にやむなく一つの図式的な分類が介入するしかないとその限界性を先に前提する。なぜならそれぞれの称号あるいはキリスト論的概念は、イエスの四つの相異なる機能の中の一つだけではなく、二つ、さらに三つとも同時につながるからである。そしてこの多様な称号をイエスに同時に適用した初期のキリスト者たちの意識の中には、相互同和作用が起こったであろう。初期キリスト教は私たちの現象学的研究のように、これらの称号をそれほど厳しく区分しなかったという事実をも考慮に入れなければならない。Oscar Cullmann, *Die Christologie des Neuen Testaments* (Tübingen: Verlag JCB Mohr, 1975), p. 9.
4. Rudolf Bultmann, *Das Urchristentum im Rahmen der antiken Reigionen* (Darmstadt, Wissenschaftliche Buchgesellschaft, 1986), pp. 214ff.
5. Ferdinand Hahn, *Christologische Hoheitstitel, Ihre Geschichte im frühen Christentum* (Göttingen: Vandenhoeck & Ruprecht, 1974), pp. 347ff.
6. 李 信建『イエスの正体と運命』信仰と知性社、二〇一三年、三五頁以下。
7. Hans Küng, 李 宗漢訳『信じます』ブンド出版社、一九九九年、八四頁以下。マルコは一方では、高く上げられたキリストから、すなわち上から地上的イエスを解釈する。彼はイエスの奇跡を復活の先取りとみなし、イエスの威厳とメシアの身分を隠す。しかしその一方で、マルコの福音書におけるイエスの存在は下から、すなわちその地上での活動から出発するようであり、ヨハネとパウロとの場合のように上から、すなわちその先在から始まらないように見える。Horst G. Pöhlmann, 李 信建訳『教義学』、三一三頁。
8. パウロは上から出発するだけではなく、下からも出発するように見える。ローマ書の序文で彼は、「聖なる霊によれば、死者の中からの復活により、力ある神の子として公に示された方、私たちの主イエス・キリストです。」（ロマ一：四）と言う。これはイエスが神の子と冊立されたことを意味する。Hans Küng, 李宗漢訳『信じます』、八六頁。

9．Horst G. Pöhlmann, 李 信建訳『教義学』、三三〇頁以下。

10．古代教会におけるキリスト論の根本的な核心は、神の子の受肉とそれによる神聖化にあった。エイレナイオスとアレクサンドリアのアタナシオスに至るまで古代教会におけるキリスト論の根本的な立場は、「神の子が人間になったのは人間がキリストの神性に与るためである」という前提の上にあった。Basil Studer, *Gott und unsere Erlösung im Glauben der Alten Kirche* (Düsseldorf: Patmos, 1985), pp. 80ff.

11．Horst G. Pöhlmann, *Wer war Jesus von Nazareth?*, p. 120.

12．Emil Brunner, *Dogmatik*, II (Zürich: Theologischer Verlag, 1960), p. 423.

13．Jürgen Moltmann, 金 均鎮訳『十字架につけられた神』韓国神学研究所、一九七九年、一一三頁以下。モルトマンによれば、永遠の神の子の受肉や真の人間性の模範からではなく、むしろその中において、そしてイエスご自身から始まっている神の国の未来が彼の価値を決定する。彼の活動の中で、神と人間と世界とのための新しい未来が始まっている。同書、一〇九頁。このような立場は、「上からのキリスト論」と「下からのキリスト論」を無条件肯定も否定もしなく、「前から」、すなわち開かれた未来開放性からイエス・キリストの人格と歴史とを理解する。このようなキリスト論は、常に修正を必要とする。ヴァルター・カスパーもこれと同様に話す。「イエス・キリストは、私たちが一先ずその人となりを知ろうとするが、その限りまで知り抜くことはできないお一人である。」Walter Kasper, 朴 祥來訳『イエス・キリスト』ブンド出版社、一九七七年、五頁。

第15章　イエスの宣布と活動

1. Martin Buber, *Königtum Gottes* (Heidelberg: L. Schneider, 1956) を参考せよ。

2. Hans-Joachim Kraus, *Die Königsherrschaft Gottes im Alten Testament* (Tübingen: Verlag JBC Mohr, 1951; Werner. H. Schmidt, Königtum Gottes in Ugarit und Israel)Berlin: A. Töpelmann, 1966; Jörg Jeremias, *Das Königtum Gottes in den Psalmen* (Göttingen: Vandenhoeck & Ruprecht, 1987) を参考せよ。しかしエジプトからの解放の経験、神のヤハウェのシナイ山顕現と啓示、唯一性と絶対性を要求するヤハウェの戒め、モーセを通して伝えられた様々な契約の中における「ヤハウェのみへの信仰」、幕屋と契約の箱の上での神の顕現、そして彼らの前に行って導く神に対する歴史的経験などが、イスラエルにおけるヤハウェの王権の信仰を備えたと言える。Rudolf Schnackenburg, *Gottes Herrschaft und Reich* (Freiburg: Herder Verlag, 1963). 特に、ヤハウェの王権に対する信仰形成に影響を与えた政治的な要素（君主体制に対する抵抗）に関しては、George V. Pixley, 鄭浩眞訳『神の国』韓国神学研究所、一九八六年。を参考。

3. 概念史的に見ると、イエスは、第二イザヤから始めてバビロン捕囚期以後の預言者たちに受け入れられ、そしてユダヤの黙示文学（ダニエル書）にまで存続していた伝承、すなわち神の統治を「貧しい者たち」に宣べ伝えられる終末論的現実として理解する伝承の中にいるようである。Medard Kehl, *Eschatologie* (Würzburg: Echter, 1986), p. 137.

4. このことばにおいて、イエスが、人間の努力、すなわち律法の実践もしくは暴力革命などを通して神の国を実現しようとする誤った意図をかえって批判していると多くの注解者は言う。

5. ヘルマン・ニコラス・リダボスは、これを「神中心の神の国」と呼び、ジョージ・エルドン・ラッドは

「神の活動によって現存する神の国」と呼ぶ。Herman Nicolaas Ridderbos, 呉 光満訳『神の国』エンマオ、一九八七年、五四頁以下：George Eldon Ladd, 李 泰勳訳『イエスと神の国』エンマオ、一九八五年、二〇五頁以下。

6．バルトによれば、神の国は、既に存在する全ての社会や、あらゆる革命に対して「より優先で根本的」革命である。Karl Barth, "Der Christ in der Gesellschaft," in: Jürgen Moltman (Hrsg.), *Anfänge der dialektischen Theologie Teil*, II, (München: Christain Kaiser Verlag, 1977), p. 20. ローマ書注解第一版においても、バルトは次のように語る。「この革命は、人間が革命と呼ぶものの革命である。」Karl Barth, *Der Römerbrief 1919: Erste Fassung*, Hermann Schmidt (Hrsg.) (Zürich: Theolgischer Verlag, 1985), p. 234.

7．神の国は神から来るが、それはまさにこの世界のためにこの世界の中に入って来る。まさにこの世界の中において実現されるという意味で、私たちは、「神の国がこの世界に属している」と言っても間違いないであろう。

8．ラッドは、「力動的な力として現存する神の国」（サタンの制御と墜落、神の国の力動的な働き、力動的なみことば）と呼び（George Eldon Ladd, 李 泰勳訳『イエスと神の国』、一七九頁以下）、リダボスは、「力動的な神の国」と呼ぶ（Herman Nicolaas Ridderbos, 呉 光満訳『神の国』、六一頁以下）。

9．エドゥアルト・ブエスは、マルクス主義の挑戦に当たって世界に対して責任を果たす神学的立場を神の国の信仰から説明する。Eduard Buess, *Gottes Reich für diese Erde: Weltverantwortung aus Glauben und die Herausforderung des Marxismus* (Neukirchen-Vluyn: Neukirchener Verlag, 1981) を参考せよ。

10．ヴァルター・カスパーが語った通り、神の支配は専ら、そして徹頭徹尾神ご自身のことである。それは宗教的・道徳的成就を通して獲得されることが出来るものでもなく、政治的闘争を通して地上に強制的に引き下ろすことができるものでもなく、また黙示文学的空想で予め計算できるものでもない。それは、神が贈物として授けるものであり（マタ二一：四三、ルカ一二：三二）、遺産として譲り渡すものである（ルカ二二：二九）神の支配の到来はあらゆる人間的な期待、反抗、予想、そして計画に構わない神のみの奇跡であり、神のみの働きであり、神が主であることである。Walter Kasper, 朴 祥來訳『イエス・キリスト』ブンド出版社、一九七七年、一三五頁。

11. カスパーによれば、信仰は神を働かせること、すなわち神を行動に出させることを意味する。信仰は神の支配の現存を迎え入れるための空き地である。この信仰の反応においてこそ、神のことばもついに意味を帯びることになり、その目標に到達することになる。同書、一三七頁。

12. カスパーによれば、神の国の到来に関するイエスのメッセージは平和と自由、正義と生命に対する人類の渇望と追求という地平の中で理解されるべきである。同書、一九頁；Joachim Jeremias, 許 焱訳『イエスの譬え』ブンド出版社、一九七四年、一一〇頁以下を参考せよ。

13. イエスが宣べ伝えた福音は救いの宣言のみならず、時の恐ろしい緊迫感の前での破滅の告知、警告、そして悔い改めへの招きでもある。同書、一五五頁。

14. Medard Kehl, *op. cit.*, p.145. もちろんイエスはご自身の宣教の中において全てのイスラエルを念頭に置いた。彼は全てのイスラエルをヤハウェの新しい、救われた十二部族として終末論的に呼び集めようとした。しかしイエスにとって、イスラエルは単に一つの民族もしくは国家ではなく、「貧しい」民であった。Gerhard Lohfink, 鄭 漢橋訳『イエスはどのような共同体を願ったのか』ブンド出版社、一九八五年、二四頁以下。

15. Joachim Jeremias, 許 焱訳『イエスの譬え』、一一九頁以下。

16. Walter Kasper, 朴 祥來訳『イエス・キリスト』、一四二頁以下。

17. イエスはたとえで話しただけではなく、たとえとして行動もした。イエスはたとえによって宣べ伝えただけではなく、生を通してそれを表し、彼の人格を通して具現した。イエスは神の国の福音を語るだけではなく、同時に彼ご自身がその福音である。Joachim Jeremias, 許 焱訳『イエスの譬え』、二一九頁以下。

18. Karl Barth, *KD*, IV/2, p.743ff.

第16章 イエスの死と復活と昇天

1. Jürgen Moltmann, 金 均鎮訳『十字架につけられた神』韓国神学研究所、一九七九年、一三五頁。
2. Edward Schillebeeckx, Jesus. *Die Geschichte von einem Lebenden* (Freiburg: Heder Verlag, 1980), p. 284.
3. Jürgen Moltmann, 金 均鎮訳『十字架につけられた神』、一三五頁以下；Marcus J. Borg, John Dominic Crossan, 呉喜天訳『イエスの最終の一週間』中心、二〇〇七年、一四〇頁以下。
4. Jürgen Moltmann, 金 均鎮訳『十字架につけられた神』、一五三頁。
5. Richard J. Cassidy, 韓 完相訳『イエス・政治・社会』大韓基督教出版社、一九八九年、一〇六頁。
6. Jürgen Moltmann, 金　均鎮訳『十字架につけられた神』、一四一頁以下。
7. Marcus J. Borg, John Dominic Crossan, 呉　喜天訳『イエスの最終の一週間』、三〇頁以下。
8. John Knox, 蔡 偉訳『キリストの死』大韓基督教書会、一九七一年、一一頁以下。ジョン・ノックスによれば、福音書の伝承の中には次のような三つの傾向がある。①イエスの死刑の出来事を非常に重要視し、その出来事を意味付けようとする傾向。②ローマ人の役割を軽んじ、それとなくユダヤ人の役割を強調しようとする傾向。③その出来事の政治的な意義を下げようとする傾向である。
9. 仕えることの動機は、イエスの生涯と死とを貫き通す救済的な意味を持っている。生きていた間のイエスの使命が仕えることであったなら、彼の死も仕える行為として理解されることができる。仕えることの動機は特に最後の晩餐の伝承に、その根を深く下ろしている。Edward Schillebeeckx, *op. cit.*, pp. 268ff.

10. Heinz Schürmann, *Gottes Reich – Jesu Geschick. Jesu ureigener Tod im Licht seiner Basileia Verkündigung* (Freiburg: Herder Verlag, 1983), p. 187.

11. Marcus J. Borg, John Dominic Crossan, 呉喜天訳『イエスの最終の一週間』、一六一頁。

12. Gerhard Fridrich, 朴 明玉訳『イエスの死』韓国神学研究所、一九八八年。を参考せよ。

13. Gustaf Aulen, 全 景淵訳『贖罪論研究』福音主義神学叢書 第四巻、大韓基督教書会、一九七〇年。を参考せよ。

14. 李 信建『イエスの正体と意味』信仰と知性社、二〇一三年、二三六頁以下を参考せよ。

15. ある神学者たちは、イエスの復活以後の弟子たちの宣教活動を心理的に解釈する。例えば、「認知的不協和の理論（the theory of cognitive dissonance)」によれば、イエスの死はイエスをメシアとして信じ従った人々に認知的不協和をもたらし、これから生じる苦悩がかえって彼らにイエスを合理化させるか回心主義（conversionism）をもたらせたと言う。John Goodrich Gager, 金 快相訳『初期基督教形成過程研究』大韓基督教書会、一九八〇年、六八頁以下。

16. Jürgen Moltmann, 李 信建訳『希望の神学』大韓基督教書会、二〇〇二年、一九二頁以下。

17. Hans Grass, *Osterglauben und Osterberichte* (Göttingen: Vandenhoeck & Ruprecht, 1964), pp. 233ff.

18. Wolfhart Pannenberg, *Das Glaubensbekenntnis* (Gütersloh: Gütersloher Verlagshous Gerd Mohn, 1982), p. 104.

19. Werner Georg Kümmel, 朴 昌健訳『主要な証人たちによる新約聖書神学』聖光文化社、一九八五年、一一八頁。

20. Ulrich Wilckens, 朴 昌健訳『復活』聖光文化社、一九八五年、一六一頁。
21. Günther Bornkamm, 姜 漢表訳『ナザレのイエス』大韓基督教書会、一九八三年、一八八頁。
22. Marcus J. Borg, John Dominic Crossan, 呉 喜天訳『イエスの最終の一週間』、二一五頁。
23. Wofhart Pannenberg, *op. cit.*, p.104.
24. Günther Bornkamm, 姜 漢表訳『ナザレのイエス』、一八八頁。
25. Walter Kasper, 朴 祥來訳『イエス・キリスト』ブンド出版社、一九七七年、二一三頁。
26. 同書、二〇九頁、二七四頁。
27. Ulrich Wilckens, 朴 昌健訳『復活』、一六九頁。
28. Jürgen Moltmann, 金 均鎮訳『イエス・キリストの道：メシア的次元のキリスト論』大韓基督教書会、一九九〇年、三四三頁。
29. Wofhart Pannenberg, *op. cit.*, p.105.
30. Horst G. Pöhlmann, 李 信建訳『教義学』信仰と知性社、二〇一二年、二九〇頁。
31. Jürgen Moltmann, 李 信建訳『希望の神学』、二二二頁。
32. Ulrich Wilckens, 朴 昌健訳『復活』、一六八頁。
33. Jürgen Moltmann, 金 均鎮訳『創造における神』韓国神学研究所、一九八七年、二二〇頁。
34. Rudolf Schnackenburg, *Gottes Herrschaft und Reich* (Freiburg: Herder Verlag, 1963); Gerhard Dautzenberg, "Der Wandel der Reich-Gottes-Verkündigung in der urchristlichen Mission," in: Josef Balan, Gerhard Dautzenberg, Helmut Merklein u. a., *Zur Geschichte des Urchristentums* (Freiburg: Herder, 1979). ここでゲルハルト・ダウツェンベルクは、Q資料に基づく五十年代から六十年代の神学において、歴史的イエスとケリュグマ的キリ

ストを区分して来た方式に異議を提起し、「神の国の福音が使徒たちの宣教において確かに退潮し、メシアと主としてのイエスに関するメッセージが中心を占めることになった」と主張するルドルフ・シュナッケンブルク（Rudolf Schnackenburg）の立場にも歯止めをかける。初代教会の神学において変化と再解釈が現れることはあるが、これらの間には広範な接触と共通性があって相変わらず神の国の福音が固有の中心を占めていると主張する。

35. 李 信建『カール・バルトの教会論』ハンドゥル出版社、二〇〇〇年、一四二頁。

第17章　聖霊とは誰か

1. Wilhelm Dantine, *Der Heilige Geist und unheilige Geist* (Stuttgart: Radius Verlag, 1973), p. 1.
2. Otto A. Dilschneider, "Der Geist führt in die Wahrheit," in: *Evangelische Kommentare* 3(Stuttgart: Kreuz Verlag, 1973), pp. 336ff.
3. Walter Kasper, *Gerhard Sauter, Kirche – Ort des Geistes* (Freiburg: Herder Verlag, 1976), pp. 14ff.
4. モンタノスは紀元一五六年頃小アジア西部のフリギアにあるアルダバウ（Ardabau）とい小町に登場し、入神状態で「聖霊の感動を受けた預言」をし始めた。しばらく後、彼は同じく預言をし始めたプリスカ(Prisca) とマクシミラ (Maximilla) という二人の女性と共に活動した。彼らは福音における終末論と千年王国に関わる予言的要素を強調した。そしてヨハネの福音書において約束された助け主（パラクレートス）である聖霊の時代が到来したため、厳格な禁欲生活を通して週末を備えるべきだと教えた。さらにモンタノスは助け主が預言者の口を通して語ることだけではなく、預言者がまさに助け主だと主張した。Andre Benoit, Raymund Kottje, Bernd Moeller, 李 信建訳『古代教会と東方教会(原題：*Alt Kirche und Ostkirche*)』

韓国神学研究所、一九九五年、一四九頁以下。
5. Wilhelm Dantine, *op. cit.*, p. 32.
6. Jürgen Moltmann, 金 均鎭訳『生命の御霊』大韓基督教書会、一九九二年、十三頁。
7. 金 喜成『復活信仰に見る新約の聖霊論』大韓基督教書会、二〇〇〇年、二七頁以下。
8. *Theologisches Worterbuch zum Altes Testament(ThW zum AT)*, pp. 726ff.
9. 金 喜成『復活信仰に見る新約の聖霊論』、二三頁以下。
10. Hans-Joachim Kraus, *Heiliger Geist* (München: Kösel Verlag, 1986), pp. 13ff.
11. Christian Schütz, *Einführung in die Pneumatologie* (Darmstadt: Wissenschaftliche Buchgesellschaft, 1985), pp. 190ff.
12. Hans-Joachim Kraus, *op. cit.*, pp. 13ff.
13. Karl Barth, *KD*, IV/1, pp. 718ff.
14. Jürgen Moltmann, 金 均鎭訳『生命の御霊』、九一頁以下。
15. Hans-Joachim Kraus, *op. cit.*, p. 35.
16. パウロにおいては、聖霊が位格化になれる可能性が欠けているが、ヨハネの文献においては位格としての聖霊に対する表象が徐々に始まっている。聖霊は栄化する神であり、統合する神である。こうした見方に立てば、聖霊は父ないし子から発する力ではなく、一つの主体である。聖霊は父と子とを栄化し、子と父を統合する主体である。Jürgen Moltmann、金均鎭訳『三位一体と神の国』大韓基督教書会、一九八二年、一五五頁以下。
17. Jürgen Moltmann, 金 均鎭訳『生命の御霊』、三五八頁以下。
18. Jürgen Moltmann, 李 信建訳『生命の泉』大韓基督教書会、二〇〇〇年、五三頁以下。

19. Christian Schütz, *op. cit.*, p. 202.
20. Heribert Mühlen, *Der Heilige Geist als Person* (Münster: Aschendorffsche Verlagsbuchhandlung, 1966), p. 157.

第18章　聖霊の活動と賜物

1. Hasn Urs von Balthasar, *Klarstellungen. Zur Prüfung der Geister* (Freiburg: Herder Verlag, 1971), p. 17.
2. Horst G. Pöhlmann, 李 信建訳『教義学』信仰と知性社、二〇一二年、四一四頁以下。
3. Eduard Schweizer, 金 均鎮訳『聖霊』大韓基督教書会、一九八二年、三〇頁以下。
4. Jürgen Moltmann, 金 均鎮訳『創造における神』韓国神学研究所、一九八七年、二八頁以下。
5. Hans-Joachim Kraus, *Heiliger Geist* (München: Kösel Verlag, 1986), pp. 106ff.; Eduard Schweizer, Heiliger Geist, Suttgart (Berlin: Kreuz Verlag, 1978), p. 35.
6. Christian Schütz, *Einführung in die Pneumatologie* (Darmstadt: Wisssenschaftliche Buchgessellschaft, 1985), p. 242.
7. Eduard Schweizer, *op. cit.*, pp. 148ff.
8. Christian Schütz, *op. cit.*, pp. 164ff.
9. Jürgen Moltmann, 李 信建訳『生命の泉』大韓基督教書会、二〇〇〇年、一三五頁以下。
10. Christian Schütz, *op. cit.*, pp. 244ff.
11. Eduard Schweizer, *op. cit.*, p. 145.
12. Claus Westermann, “Geist im Alten Testament,” in: *Evangelische Theologie (EvTh)* 41. Jg. (München: Chr. Kaiser, 1981), pp. 223ff.
13. Yves Gongar, *Der Heiliger Geist* (Freiburg: Herder Verlag, 1982), pp. 157ff.

14. Walter Kasper, G. Sauter, *Kirche – Ort des Geistes* (Freiburg: Heder Verlag, 1976), pp. 44ff.
15. Christian Schütz, *op. cit.*, p. 249ff.
16. Jürgen Moltmann, 朴 鳳琅ほか四人訳『聖霊の力における教会』韓国神学研究所、一九八〇年、四七頁。
17. Karl Barth, *KD*, IV/1, pp. 718ff; IV/2, p. 695; IV/3, pp. 780ff.
18. Yves Gongar, *op. cit.* pp. 167ff.
19. Eduard Schweizer, *op. cit.*, pp. 126, 130.

第19章　聖礼典とは何か

1. Günter Bornkamm, "*μυστηριον*," in: Gerhard Kittel (Hrsg.), *Theologisches Wörterbuch zum Neuen Testament(ThW zum NT)*, Bd. IV (Stuttgart: Kohlhammer Verlag, 1979), p. 821.
2. Wolfhart Pannenberg, *Thesen zur Theologie der Kirche* (München: Claudius-Verlag, 1974), p. 39.
3. Karl Barth, "Die Lehre von den Sakramenten," in: Georg Merz (Hg.), *Zwischen den Zeiten 7*(München: Kaiser Verlag, 1929), p. 439.
4. Karl Barth, *KD*, II/1, p. 58.
5. Jürgen Moltmann, 朴 鳳琅ほか四人訳『聖霊の力における教会』韓国神学研究所、一九八〇年、二二三頁以下。
6. Eberhard Jüngel, Karl Rahner, *Was ist ein Sakrament?* (Freiburg: Herder Verlag, 1971), p. 71.
7. Karl Rahner, *Grundkurs des Glaubens* (Freiburg: Herder Verlag, 1984), pp. 397ff.
8. Horst G. Pöhlmann, 李 信建訳『教義学（*Abriss der Dogmatik*）』信仰と知性社、二〇一二年、四二三頁以下。

9. Paul Althaus, *Die christliche Wahrheit* (Güthersloh: Bertelsmann, 1948), pp. 542ff.

10. 一九六〇年代、教会一致運動は世界教会協議会の「信仰と職制委員会」の努力により前進した。この運動の一環として世界教会協議会は、一九七五年にアフリカのナイロビで開催した第五回総会で、洗礼・聖餐・職務に関して世界の教会から意見を集め揃えた後、一九八二年に南米ペルーの首都リマで開催した「信仰と職制委員会」総会で合意文書を提出するにことになり、一度修正した後に公式文書として採択した。この文書における核心主題が、洗礼・聖餐・職務（Baptism, Eucharist and Ministry）であり、「リマ文書」は略称として「BEM文書」とも呼ばれる。この文書は、一六世紀宗教改革によって分裂して四分五裂の状態の中から教会一致を目指して巨歩を踏み出した快挙と言える。世界教会協議会の信仰と職制委員会編、鄭 良模訳「リマ文書：聖餐、一九八二年」、神学思想、六八号、韓国神学研究所、一九九〇年春。

11. Jürgen Moltmann, 朴 鳳琅ほか四人訳『聖霊の力における教会』、二五五頁以下。

12. Karl Barth, *Die kirchliche Lehre von der Taufe. Theologische Existenz heute. Neue Folge. Heft Nr. 4*(Müinchen: Chr. Kaiser, 1947).

13. Heinrich Schlier, "Zur kirchlichen Lehre von der Taufe," in: Heinrich Schlier, *Die Zeit der Kirche* (Freiburg: Herder Verlag, 1956), pp. 107ff.

14. Jürgen Moltmann, 朴 鳳琅ほか四人訳『聖霊の力における教会』、二六二頁。

15. Karl Barth, *KD*, IV/4, pp. 213ff.

16. Joachim Kahl, *Das Elend des Christentums* (Reinbek: Rowohlt, 1968), p. 121.

17. Jürgen Moltmann, 朴 鳳琅ほか四人訳『聖霊の力における教会』、二五三頁。

第20章　だれが教会であろうか

1. Wolfgang huber, 李 信建訳『教会』韓国神学研究所、一九九〇年、八〇頁。
2. Hans Küng, 李 洪根訳『教会とは何か』ブンド出版社、一九七八年、五六頁以下。
3. カトリック教会に対する詳しい批判に関しては次を参考にせよ。Emil Brunner, 朴 永範訳『教会を誤解しているのか？（原題：*Das Missverständnis der Kirche*）』図書出版デソ、二〇一三年、六一頁以下、一四五頁以下；李信建『教会に対する誤解と理解』信仰と知性社、二〇一二年、四七頁以下。カトリック教会の神学者ハンス・キュングは、使徒的な使命の反復と承継とは認めるが、使徒職の承継と反復とは否認する。これは法的、社会的な意味における承継でも少数の個人によるものでもなく、全教会の承継である。これは、霊的な承継として恩寵であると同時に課題である。そしてペテロの首位権も歴史的に立証し難い。重要なのは、権利と権限や承継の連鎖それ自体ではなく、遂行、実践、現実の奉仕である。それでペテロの職責はただ奉仕として、そして他人に対して排他的に主張されない限り容認することができる。Hans Küng, 李 洪根訳『教会とは何か』、二〇〇頁以下、二三八頁以下。
4. Karl Barth, “Verheißung und Verantwortung der christlichen Gemeinde im heutigen Zeitgeschehen,” (Zürich: Evangelischer Verlag, 1944), in: Ders., *Eine Schweizer Stimme 1938-1945* (Zürich: Evangelischer Verlag, 1945), pp. 307ff.
5. 教会を聖殿か建物と誤解する危険性に関しては、李 信建『教会に対する誤解と理解』、二〇頁、を参考せよ。
6. Dietrich Bonhoeffer, *Sanctorum Communio* (München: Chr. Kaiser, 1960), pp. 92ff.; Dietrich Bonhoeffer, *Akt und Sein* (München: Chr. Kaiser, 1976), pp. 90ff.; Dietrich Bonhoeffer, *Nachfolge* (München: Chr. Kaiser, 1981), pp. 37ff. 訳あ

り、森　平太訳『キリストに従う』新教出版社、二〇〇三年。

7. Karl Barth, *KD*, IV/2, p.739.

8. Pope Pius XII, *Mystici Corporis Christi* (Freiburg: Herder Verlag, 1947), pp. 57, 66ff, 80.; 李 信建『カール・バルトの教会論』ハンドゥル出版社、二〇〇〇年、二二三頁以下。

9. Hans Küng, 李 洪根訳『教会とは何か』、一四五頁以下。

10. Max Keller, *Volk Gottes als Kirchenbegriff* (Köln: Benzinger Verlag, 1970), pp. 252ff.; Nils Alstrup Dahl, *Das Volk Gottes* (Darmstadt: Wissenschaftliche Buchgesellschaft, 1963), pp. 5ff. 旧約聖書において、神のヤハウェとイスラエルとの関係は、ヤハウェの子、ヤハウェの息子たちと娘たち、婚姻、ぶどうの木、ぶどう園、羊の群れなどのような多様な表象を通して描写される。そしてイスラエルがヤハウェの所有の民だということは、イスラエルの神、我が神、あなたの神、アブラハムとイサクとヤコブの神、先祖たちの神、イスラエルの聖なる者、イスラエルの主、イスラエルの父、イスラエルの裁き主、イスラエルの王、イスラエルの創造者、イスラエルの助け主、イスラエルの救い主、イスラエルの盾と避け所と砦と岩などのような多様な用語を通して表れる。

11. Jürgen Moltmann, 朴 鳳琅ほか四人訳『聖霊の力における教会』韓国神学研究所、一九八〇年、一三八頁以下。

12. 同書、一三八頁以下。

13. からだ (*soma*) という単語は新約聖書においてパウロによってのみよく用いられる。パウロはからだを軽んじるコリント教会における熱狂主義者たちに立ち向かってからだの重要性を弁護する。からだは神と隣人に対する開放性と相互交流の中にいる人間とを表現する。人間は自身ではなく神と隣人に対する開放性において完成される。Eduard Schweizer, "Die Leiblichkeit des Menschen: Leben – Tod – Auferstehung," in: *Evangelische Theologie (EvTh)*, 29 Jg. (München: Chr. Kaiser, 1969), pp. 174ff.

14. Karl Barth, *KD*, IV/1, p. 738.
15. Karl Barth, *Gotteserkenntnis und Gottesdienst nach reformatorischer Lehre* (Zürich: Evangelische Buchhandlung, 1938), pp. 170ff.
16. Jürgen Moltmann, 朴 鳳琅ほか四人訳『聖霊の力における教会』、一四二頁以下。
17. Jürgen Moltmann, 金 均鎭訳『イエス・キリストの道』大韓基督教書会、一九九〇年、三八九頁。
18. Karl Barth, *KD*, IV/3, pp. 865ff.
19. *Ibid*., p. 872.
20. Jürgen Moltmann, 金 均鎭・金明容訳『イエス・キリストの道』、三九八頁。
21. 同書、四二六頁以下。

第21章　教会はどのような秩序を持つか

1. この問題に関しては、特に次を参考せよ。Werner Georg Kümmel, *Kirchenbegriff und Geschichtsbewußtsein in der Urgemeinde und bei Jesus* (Göttingen, Vandenhoeck & Ruprecht, 1968); Gerhard Lohfink, 鄭 漢橋訳『イエスはどのような共同体を願ったのか?』ブンド出版社、一九八五年。
2. Hans Küng, 李 洪根訳『教会とは何か』ブンド出版社、一九七八年、七二頁以下。
3. Josef Finkenzeller, *Von der Botschaft Jesu zur Kirche Christi* (München, Don Bosco Verlag, 1974) を参考せよ。
4. Hans Küng, 李 洪根訳『教会とは何か』、七九頁以下。

5. Karl Barth, *KD*, IV/2, p. 742.; IV/3, pp. 906ff.
6. Hans Küng, 李 洪根訳『教会とは何か』、九六頁以下。
7. Josef Finkenzeller, *op. cit.*, pp. 48ff.
8. ここでは次の資料を要約しょう。Eduard Schweizer, *Gemeinde und Gemeindeordnung im Neuen Testament* (Zürich: Zwingli Verlag, 1959), pp. 148ff.
9. Ernst Käsemann, "Einheit und vielfalt in der neutestamentlichen Lehre von der Kirche," in: Ders., *Exegetische Versuche und Besinnungen*, II (Göttingen: Vandenhoeck & Ruprecht, 1964), p. 265.
10. *Ibid.*, p. 265.
11. ギリシアの社会において、職務を意味する多様な単語、すなわち「アルケー(αρχη, 指導、統治, 権威)」、「ティメー(*τιμη*, 高位の職)」、「テロス(*τελος*, 職務の完全な権限)」、「レートゥルギア(*λειτουργια*, 市民の奉仕行為)」などがあるにもかかわらず、新約聖書は教会における奉仕の職責を表すために、「ディアコニア(*διακονια*)」を最も広く用いる。Eduard Schweizer, *op. cit.*, pp. 154ff.
12. Ernst Käsemann, "Amt und Gemeinde im Neuen Testament," in: Ders., *Exegetische Versuche und Besinnungen*, I (Göttingen: Vandenhoeck & Ruprecht, 1964), pp. 109ff.
13. エルンスト・ケーゼマンによれば、キリスト論はあらゆる教会論の永遠の尺度である。この方の言葉を、聴衆に対して自由に、そして直接的に伝えることは全ての教会の権限の最高の関心、越えられない限界、教会の交わりの結実でなければならない。あらゆる教会の伝統と職務とは、私たちにキリストの声を聞かせる限りにおいてのみ権威を持つことができる。十字架につけられたこの方は、私たちの恣意性の終わり、あらゆる恩寵の源泉、信仰の裁き主、不敬な者の救い主である。収税人と罪人を訪ねて行き、不敬な者のために死なれたこの方に従うことのみが教会論の尺度であり、敬虔、道徳、祭儀、組織、深い瞑想、広い影響力が尺度にはなれない。Ernst Käsemann, "Einheit und viefalt in der neutestamentichen Lehre von der Kirche," pp. 226ff.

第22章　世界の中における教会の務め

1. Karl Barth, *KD*, IV/1, pp. 728ff.
2. これはカール・バルトが告白教会の抵抗期に作成した「バルメン宣言」（一九三四年）における教会理解である。教会はイエス・キリストが言葉とサクラメントにおいて、聖霊によって、主として、今日働き給う兄弟たちの共同体である。ここで「兄弟」の概念は男女の性的区分よりは、男女を包括するものとして理解されるべきである。李 信建『カール・バルトの教会論』ハンドゥル出版社、二〇〇〇年、一四六頁以下。
3. Nils Alstrup Dahl, *Das Volk Gottes* (Darmstadt: Wissenschaftliche Buchgesellschaft, 1963), p. 8.
4. Hans-Joachim Kraus, *Theologie der Psalmen*, Biblischer Kommentar Altes Testament (BKAT), Bd. 15/3 (Neukirchen-Vluyn: Neukirchener Verlag, 1979), pp. 83ff.
5. Karl Barth, *KD*, IV/2, pp. 756ff.
6. *Ibid.*, p.872.
7. Dietrich Bonhoeffer, *Widerstand und Ergebung* (München: Chr. Kaiser, 1970), p. 306.
8. Hans Küng, 李 洪根訳『教会とは何か』ブンド出版社、一九七八年、二七二頁以下。
9. Gerhard Lohfink, 鄭 漢橋訳『イエスはどのような共同体を願ったのか？』ブンド出版社、一九八五年、二一八頁以下。

10. Karl Barth, *KD*, IV/3, pp. 991ff.

11. バルトによれば、この三つの要素（認識、連帯、義務）は、まさに教会が世界のために存在すべき予備的形態と根である。Ibid., pp. 878ff.

12. ジェームズ・A・ウォートン (James A. Wharton) は、これを預言者的証言の代弁と共に「二重の代弁 (Double vulnerability)」と呼ぶ。殷 俊寛「韓国の教会、このままでいいのか？」、韓国基督教学会編『転換期における韓国の教会と神学』信仰と神学 第三集、一九八八年、三三頁以下。

13. Karl Barth, *KD*, IV/3, pp. 967ff.

14. *Ibid.*, p. 1002ff.

15. 李 信建『教会に対する誤解と理解』信仰と知性社、二〇一二年、二〇一頁以下。

16. Wolfgang huber, 李 信建訳『教会』韓国神学研究所、一九九〇年、一七四頁。

17. Hendrikus Berkhof, "Die Verantwortung der Kirche für die Welt nach der Bibel," in: Alan Richardson, Wolfgang Schweitzer (Hrsg.), *Die Autorität der Bibel heute* (Zürich: Gotthelf Verlag, 1951), pp. 294ff.

18. Wolfhart Pannenberg, *Theologie und Reich Gottes* (Gütersloh: Gerd Mohn, 1971), p. 42.

19. Karl Barth, *KD*, IV/3, pp. 1023ff.

20. Wolfhart Pannenberg, *op. cit.*, pp. 31ff.

21. Karl Barth, *KD*, IV/3, pp. 1021ff.

22. *Ibid.*, p. 815.

第23章　終末信仰の根拠と準拠

1. Rudolf Bultmann, 徐 南同訳『歴史と終末論』大韓基督教書会、一九六八年、九頁以下。
2. Jürgen Moltmann, 李 信建訳『希望の神学』大韓基督教書会、二〇〇二年、二五二頁以下。
3. Karl Barth, *Der Römerbrief* (München: Chr. Kaiser, 1922), p. 298.
4. Jürgen Moltmann, 李 信建訳『希望の神学』、二一頁以下。
5. 同書、一一一頁以下。
6. 同書、一二六頁以下。
7. 同書、一四五頁。
8. 李 信建『終末論の歴史と主題』信仰と知性社、二〇一一年、三八頁以下。
9. 同書、五三頁以下。
10. Jürgen Moltmann, 李 信建訳『希望の神学』、二三三頁。
11. 同書、二一二頁。
12. 同書、二一二頁以下。
13. 同書、一八二頁以下。
14. Jürgen Moltmann, 李 信建訳『希望の神学』、二〇二頁以下。
15. Carl Braaten, 蔡 偉訳『歴史と解釈学』大韓基督教書会、一九六九年、二三四頁。
16. Jürgen Moltmann, 李 信建訳『希望の神学』、二一一二頁以下。

第24章　歴史の終末と完成

1. 李 信建『終末論の歴史と主題』信仰と知性社、二〇一一年、一三二頁以下。
2. Charles Harold Dodd, *The Parables of the Kingdom* (London: Nisbet, 1936). 和訳あり、室野　玄一・木下　順治共訳『神の国の譬』日本基督教出版局、一九六四年。
3. Carl Braaten, 蔡 偉訳『歴史と解釈学』大韓基督教書会、一九六九年、二七四頁。
4. Charles Harold Dodd, *The Founder of Christianity* (New York: MacMillan Co., 1970).
5. Johannes Weiß, *Die Predigt Jesu vom Reiche Gottes* (Göttingen, Vandenhoeck & Ruprecht, 1892). ヨハネス・ヴァイスは、後で自分の見解を若干修正した。彼は神の国の終末論的な説明を徹底的に固持したが、ユダヤ教的表象においては以前より強くその不適合性を指摘し、そして神との親しい交わりにかかわる思想を引き入れた。
6. Jürgen Moltmann, 李 信建訳『希望の神学』大韓基督教書会、二〇〇二年、四七頁。
7. Albert Schweitzer, *Von Reimarus zu Wrede. Eine Geschichte der Leben-Jesu-Forschung* (Tübingen: JCB Mohr 1906), p. 322.
8. George Eldon Ladd, 李 泰勳訳『イエスと神の国』エマオ、１９８５、一七頁。
9. Jürgen Moltmann, 李 信建訳『希望の神学』、四八頁。
10. Carl Braaten, 蔡 偉訳『歴史と解釈学』、二一三頁。ヴァイスとシュヴァイツァーは、キリスト教的終末論の中心的意味を再発見したという意味深長な貢献を残したが、決して徹底的であったとは言えない。なぜなら彼らは終末論を決定的に廃棄してしまったからである。同書、四九頁。
11. Karl Barth, *Der Römerbrief* (München: Chr. Kaiser Verlag, 1922), p. 481.
12. Karl Barth, *Auferstehung der Toten* (München: Chr. Kaiser Verlag, 1924), pp. 61ff.

13. Jürgen Moltmann, 李 信建訳『希望の神学』、六一頁。
14. 李 信建『カール・バルトの教会論』ハンドゥル出版社、二〇〇〇年、一二九頁以下を参考せよ。
15. Rudolf Bultmann, 徐 南同訳『歴史と終末論』大韓基督教書会、一九六八年、一九五頁以下。
16. Carl Braaten, 蔡 偉訳『歴史と解釈学』、二一七頁以下。
17. Jürgen Moltmann, 李 信建訳『希望の神学』、八頁。
18. Paul Tillich, 金 京洙訳『永遠の今』大韓基督教書会、一九七三年、八四頁以下。
19. Paul Tillich, *Systematische Theologie*, III (Berlin: Walter de Gruyter, 1966), pp. 395ff.
20. Carl Braaten, 蔡 偉訳『歴史と解釈学』、二二七頁以下。
21. Oscar Cullmann, 金 根洙訳『キリストと時間』太学社、一九八七年。
22. Carl Braaten, 蔡 偉訳『歴史と解釈学』、二一六頁。
23. Joachim Jeremias, 許 焱訳『イエスの比喩』ブンド出版社、一九七四年。
24. Werner Georg Kümmel, *Verheißung und Erfüllung* (Zürich: Zwingli Verlag, 1956)
25. 鄭 容燮『みことば神学と歴史神学』韓国神学研究所、一九九五年、一一一頁以下。
26. Jürgen Moltmann, 李 信建訳『希望の神学』、九六頁。
27. 同書、二四九頁。
28. Franz-Josef Nocke, *Eschatologie* (Düsseldorf: Patmos Verlag, 1982), pp. 51ff.
29. モルトマンによれば、終末論的パルシアはキリストの復活の宇宙的顕現である。キリストの未来はその方の中における者たちの未来である。キリストの中における者たちは、今は苦難と弱さとによってキリストの恥辱に与るが、その日にはキリストと共に栄光を受けるであろう。Jürgen Moltmann, 金 均鎮・金明容訳『イエス・キリストの道』大韓基督教書会、一九九〇年、四四九頁。
30. 李 信建『カール・バルトの教会論』、一五二頁以下。
31. 同書、一七二頁以下。
32. Jürgen Moltmann, 金 均鎭・金明容訳『イエス・キリストの道』、四〇八頁以下。
33. Jürgen Moltmann, 金 均鎭訳『創造における神』大韓基督教書会、一九八七年、二四八頁以下。
34. Jürgen Moltmann, 金 均鎭訳『来られる神』大韓基督教書会、一九九七年、四五三頁以下。

第25章　個人の終末と完成

1. Friedo Ricken, "Die Unsterblichkeitsgewißheit in Platons Phaidon," in: Rabanus Maurus-Akademie (Hrsg.), *Stichwort Tod*, (Frankfurt: Josef Knecht, 1979), pp. 98ff.
2. Medard Kehl, *Eschatologie*, (Würzburg: Echter Verlag, 1986), pp. 268ff.
3. Gisbert Greshake, Gerhard Lohfink, *Naherwartung, Auferstehung, Unsterblichkeit* (Freiburg: Herder Verlag, 1982), pp. 91ff.
4. Karl Rahner, 金 壽福訳『死の神学』カトリック出版社、一九八二年、一五頁以下。
5. 同書、二八頁。
6. Herbert Vorgrimler, 沈 相泰訳『死：今日のキリスト教的死の理解』聖パオロ出版社、一九八五年、六三頁以下。
7. Medard Kehl, *op. cit.*, p. 125.
8. Herbert Vorgrimler, *op. cit.*, p. 72.

9. Medard Kehl, *op. cit.*, pp. 125ff.
10. *Ibid.*, pp. 127ff.
11. Jean Calvin, 金 種洽ほか三人訳『基督教綱要』センミョンウマルスム社、一九八六年、二八八頁以下。
12. Heinrich Quistorp, 李 喜淑訳『カルヴァンの終末論』聖光文化社、一九八六年、一一四頁以下。
13. Oscar Cullmann, 全 景淵訳『霊魂不滅か、死者の復活か』香隣社、一九七五年、一二頁以下。
14. Medard Kehl, *op. cit.*, pp. 272ff.
15. Karl Barth, *Dogmatik im Grundriß* (München: Chr. Kaiser Verlag, 1947), p. 180.
16. Karl Barth, *KD*, III/2, p. 428.
17. Paul Tillich, *Systematische Theologie*, III (Berlin: Walter de Gruyter, 1966), p. 463.
18. Eberhard Jüngel, *Tod* (Stuttgart: Kreuz Verlag, 1971), pp. 145ff.
19. Medard Kehl, *op. cit.*, pp. 275ff.
20. Gisbert Greshake, 沈 相泰訳『終末信仰：死より強い信仰』聖パオロ出版社、一九八〇年、九九頁以下。
21. Gisbert Greshake, Gerhard Lohfink, *op. cit.*, pp. 59ff.

訳者のあとがき――『組織神学入門』の日本語訳出版にあたって

1999年。イギリスに渡る前、日本に立ち寄った十日間に私の心の内にある一つの願いが生じた「もし主が道を開いてくださるなら、いつか日本宣教のためにも献身しよう」。それからちょうど10年。宣教師として日本に来ることになった。神のなさる御業はなんと不思議なことだろうか。来日当初はまったく日本語が話せず、大阪YMCA日本語学校で日本語を学びながら大阪キリスト栄光教会（福田章男師）をベースとして働かせていただいた。福音宣教を目指し日本と韓国の間における理解と協力、そして平和を増進するための架け橋となろうとする思いで歩んできた。そのため、教会内の活動だけではなく、両国のキリスト教界における神学書や信仰書を翻訳し、両国に紹介することの必要性を感じ励むこととした。そんな中、2016年『日本キリスト宣教史』（中村敏著、いのちのことば社、2009年）という本を翻訳し、韓国語版を出版することができた。このほかにも神学校での働きの傍ら様々な翻訳や執筆の活動を続けてきている。

この度、韓国の神学者によって書かれた『組織神学入門』日本語版が出版されるにあたって、一言感謝の気持ちと期待を表明させていただきたい。

韓国での神学生時代のことである。信仰の個人的次元を越えて共同体的次元の重要性に目を開かせ、教会と世界をより広く深く見通し理解して、バランスのとれた健全な信仰実践ができるよう指導してくださった何人かの恩師に出会うことができたのは、私にとっては本当に幸いで感謝なことである。その恩師の方々のお一人であり、この本の著者でもある李《リ》信建《シンコン》先生のもとで学ばせていただいたことは非常に感慨深いことである。この場を借りて感謝を申し上げたい。

私にとって日本という国は、宣教地であると同時に、多くの殉教者を出した歴史と神学を持つ、学ばなければならない国でもある。二十世紀に入り、欧米の最新の神学とその動向は、日本という国を通して接する場合がほとんどであったと言えよう。実にかつての韓国の神学界における学者たちの中には、日本の神学校に留学した者が少なくない。そして、日本語で翻訳された欧米の神学書や、日本の神学者による神学書がしばしば韓国に紹介されてきた。しかし、韓国の教会が成長すると共に神学界も次第に成長し、多くの者が欧米諸国に留学した結果、近年は韓国の神学界のレベルは以前と異なり、世界の神学界との神学交流が活発に行えるほどになっている。日本のみならず、韓国においても今抱える課題としては、欧米など外国から輸入したキリスト教神学に安住せず、それを乗り越えて、普遍性を保つと共に自らの文脈を十分に保つ神学を持つことではないだろうか。

この課題に取り組むためにも、日韓の神学界の間により活発な交流が行われ、互いに成長し世界教会の一端を担うことができるようにと祈る。

こういうわけで、韓国の神学者によるこの『組織神学入門』の翻訳書出版は実に有意義なことと思われる。今回の働きはたった一冊の翻訳書を出版したに過ぎないかもしれないが、されども日韓の間に置かれた一人の宣教師として、架け橋としての確かな一歩であることを覚え、これからも頑張っていきたい。

本書の『組織神学入門』は、キリスト教の膨大な教義を扱う組織神学の項目や体系をまとめて一冊に収め整えたものである。各々の教義について詳しい議論は展開されていないが、古代から現代までのキリスト教の教理の全体的な内容とその流れがわかるようになっているため、キリスト教教理の入門書として十分である。また本書には様々な現代神学者たち、すなわちカール・バルト、ディートリヒ・ボンヘッファー、ユルゲン・モルトマンなどの声もよく反映されている。キリスト教の教義に関心を持っている方々に読んでいただければ感謝なことである。

最後に、本書の出版ができるまでの過程で手伝ってくださった方々に感謝を申し上げたい。不十分な翻訳原稿を少しでも日本語らしく読まれるようにと校正をもって協力してくださった山本 浩先生と大地一弘先生、出版費用を後援してくださった韓国の教会や韓国の方々、編集から出版まで協力してくださったヨベル社の安田正人様や関係者の方々に感謝を申しあげたい。そして日韓の間において宣教活動ができるように、いつもキリストの愛をもって温かく支えてくださる韓国における多数の教会、また主の栄光と教会のリバイバルを共に求めて次世代の献身者を育て上げることに励んでおられる新潟聖書学院の教師と神学生との共同体にこの場を借りてお礼を申し上げる。そしてあわれみと恵みをもっていつもこの小さな者の歩みを守り導いてくださる天の御父なる神様に感謝と誉れをささげ、本書が日韓の間においてよく用いられるよう祈る。

2020年5月　新潟聖書学院より

朴《パク》　昌洙《チャンス》

著者紹介

李 信建（Lee・Shinkeun/ リ・シンコン） shinklew@daum.net

1953 年韓国の釜山生まれ。ソウル神学大学 (1977 年卒業)・延世大学連合神学大学院 (1979 年卒業) で学び、テュービンゲン大学より神学博士号 (Th. D.) 取得 (1987 年) してソウル神学大学の組織神学教授 (1994 年 ~2018 年) を務めた。

著書：『カール・バルトの教会論』(1989 年・2000 年)、『神の国とイデオロギー』(1990 年)『組織神学入門』(1992 年・2007 年・2014 年)、『神の国の倫理』(1991 年)、『窓辺に座っている青年 (説教集)』(1993 年)、『一般信徒に読められる神学』(1998 年)、『神の国の地平の上にある神学と教会』(1998 年)、『子ども神学』(1998 年・2017 年)、『全き霊性』(2002 年)、『公正のため再び来れれる』(2007 年)、『人間の本質と運命』(2010 年)、『終末論の歴史と主題』(2011 年)、『教会への誤解と理解』(2012 年)、『イエスの正体と意味』(2013 年)、『救いとは何か』(2016 年)。

訳書：『教義学』(H・G・ペールマン)、『教会』(ヴォルフガング・フーバー)、『カール・バルトの政治神学』(U・ダンネマン)、『古代教会と東方教会』(レイムント・コッチェ)、『今日私たちにキリストは誰か』(J・モルトマン)、『聖霊の力にある教会』(J・モルトマン)、『モルトマン自伝』(J・モルトマン)、『三位一体と神の歴史』(J・モルトマン)、『生命の泉：聖霊と生命神学』(J・モルトマン)、『私はどう変わったのか』(J・モルトマン)、『希望の神学』(J・モルトマン)、『カール・バルトの神学黙想』(リハルト・グルノブ)、『ディートリヒ・ボンヘッファーの黙想』(D・ボンヘッファー)、『聖徒の交わり』(D・ボンヘッファー)、『私について来なさい』(D・ボンヘッファー)、『倫理学』(D・ボンヘッファー) など。

訳者紹介

朴 昌洙（パク・チャンス） Johncspark @ gmail.com

1969 年韓国の光州生まれ。馬山上南聖潔教会協同牧師。新潟聖書学院専任教師。ソウル神学大学及び同神学大学院とイギリス・バーミンガム・クイーンズ・カレッジで学び、イギリスで宣教師として活動し、2009 年から来日して教育宣教師として活動している。

著書：『小さき者よ、来なさい』、『宣教実験』、『Born Free』（共著）

訳書：『日本キリスト教宣教史（韓国語版）』（中村 敏著）、『日韓の架け橋となった日本のキリスト者 10 選』（中村 敏著）など。

キリスト教神学とは何か　組織神学入門

2020年6月10日 初版発行

著　者 ── 李 信健 Lee・Shinkeun

翻訳者 ── 朴 昌洙

発行者 ── 安田正人

発行所 ── 株式会社ヨベル　YOBEL, Inc.
〒113-0033 東京都文京区本郷4-1-1　菊花ビル5F
TEL03-3818-4851　FAX03-3818-4858
e-mail : info@yobel. co. jp

印刷所 ── 中央精版印刷株式会社

定価は表紙に表示してあります。
本書の無断複写（コピー）は著作権法上での例外を除き、禁じられています。
落丁本・乱丁本は小社宛にお送りください。
送料小社負担にてお取り替えいたします。

配給元—日本キリスト教書販売株式会社（日キ販）
〒162 - 0814　東京都新宿区新小川町9 -1
振替00130-3-60976　Tel 03-3260-5670

© 朴 昌洙, 2020　Printed in Japan
ISBN978-4-909871-16-9 C0011

聖書は、断りのない限り聖書 新改訳（新日本聖書刊行会発行）を使用しています。

ヨベルの既刊書（税別）

フリッツ・ブーリ　岡田聡訳　**実存の神学**

実存の哲学か、実存の神学か？

シュヴァイツァー、ヤスパースらから影響を受け、ブルトマン、バルトらとの対決のなか、自らの「哲学的神学」を形成したフリッツ・ブーリ。本邦初訳！。

四六判・一六八頁・一五〇〇円　ISBN978-4-909871-14-5

スタンリー・ハワーワス　東方敬信訳

世界の注目を集めた「ギフォード講義」**宇宙の筋目に沿って**　教会の証しと自然神学

礼拝とは神の王国を先取りする行為なのだ。

自然神学に関する研究の舞台として名高いセント・アンドリュース大学「ギフォード講義」。そこに、礼拝を中心におく神学的倫理学の確立を強く説き、証しする共同体としての教会の今日的意義を熱く展開させた碩学、スタンリー・ハワーワスによる講義！　待望の邦訳！

Ａ５判変型・四一六頁・二八〇〇円　ISBN978-4-909871-13-8

デニス・アレクサンダー　小山清孝訳　**創造か進化か**　我々は選択せねばならないのか

進化論は聖書と衝突するか⁉

科学と信仰の親密な関係を構築・再考する最良の手引き書。

キリスト教信仰と相容れないとされてきた〈進化〉が、生物多様化のメカニズムを解読できる優れた理論であり、神の創造の業と平和的に共存できることを、ゲノム学や遺伝学など分子生物学の最先端の知識を駆使して明快に説き、欧米のキリスト教世界に新風を吹き込んだ好著、待望の邦訳！

Ａ５判・五〇四頁・二八〇〇円　ISBN978-4-909871-12-1